# FAVOR
## IMERECIDO

# JOSEPH PRINCE

# FAVOR IMERECIDO

*Seu benefício sobrenatural
para uma vida bem-sucedida*

Edição publicada mediante acordo com FaithWords, New York, New York. Todos os direitos reservados.

**Diretor**
Lester Bello

**Autor**
Joseph Prince

**Título original**
*Unmerited Favor*

**Tradução**
Idiomas & Cia / Claudio F. Chagas

**Revisão**
Idiomas & Cia / Edna Guimarães,
João Guimarães, Ana Lacerda,
Daiane Rosa e Janaína Mansilha

**Diagramação**
Julio Fado
Ronald Machado (Direção de arte)

**Design capa (adaptação)**
Fernando Rezende
Ronald Machado (Direção de arte)

**Impressão e Acabamento**
Promove Artes Gráficas

Primeira edição — Setembro de 2012
2ª Reimpressão — Novembro de 2015

**BELLO**
PUBLICAÇÕES

Rua Vera Lúcia Pereira, 122 Goiânia
Cep: 31.950-060 - Belo Horizonte
MG/Brasil - Tel.: (31) 3524-7700
contato@bellopublicacoes.com.br
www. bellopublicacoes.com.br

Copyright desta edição
© 2012 em língua portuguesa por Bello
Comércio e Publicações Ltda-ME
com a devida autorização de
Joseph Prince Teaching Resources
e todos os direitos reservados.
Para distribuição no Brasil.

Publicado em inglês por Charisma House
Charisma Media/Charisma House Book
Group, 600 Rinehart Road, Lake Mary,
Florida, 32746 USA www.charismahouse.com

© 2010, 2011 por Joseph Prince.
Todos os direitos reservados.
Disponível em outros idiomas pelo site:
https://store.josephprinceonline.com/
int/c-117-other-languages.aspx

Todos os direitos reservados. Nenhuma parte desta publicação poderá ser reproduzida, distribuída ou transmitida sob qualquer forma ou meio, ou armazenada em base de dados ou sistema de recuperação, sem a autorização prévia por escrito da editora.

Exceto em caso de indicação em contrário, todas as citações bíblicas foram extraídas da Bíblia Sagrada Almeida Revista e Atualizada, da Sociedade Bíblica do Brasil, © Copyright 1993. Outras versões utilizadas: NVI (Nova Versão Internacional, Editora Vida), ACF (Sociedade Bíblica Trinitariana do Brasil) e AMP (Amplified Version, traduzida livremente do inglês por inexistência de correspondente em português). **Todos os itálicos e negritos nas citações bíblicas não constam nos originais da Bíblia e são grifos do autor.**

---

Dados Internacionais de Catalogação na Publicação (CIP)

Prince, Joseph
P955     Favor imerecido: seu benefício sobrenatural
para uma vida bem-sucedida / Joseph Prince;
tradução de Cláudio F. Chagas / Idiomas & Cia. –
Belo Horizonte: Bello Publicações, 2015.
328p.
Título original: Unmerited favor

ISBN: 978-85-61721-91-6

1. Sucesso – Aspectos religiosos. I. Título.

CDD: 158.1
CDU: 171

# Dedicatória

Este livro é amorosamente dedicado a:

WENDY
Após todos esses anos, ainda fico ansioso por voltar para casa e encontrar você. Se tivesse de escolher novamente, ainda seria você.

JESSICA
Você é o motivo de o papai sentir-se incrivelmente abençoado.

DARREN
Sua sabedoria deu asas a este ministério.

NEW CREATION CHURCH
Vocês me ajudaram a ver por que Jesus ama a Igreja e a chama de Sua noiva. Obrigado por seu apoio e amor.

# Sumário

| | | |
|---|---|---|
| Introdução | | **9** |
| Capítulo 1 | A Definição de Sucesso | **17** |
| Capítulo 2 | Tudo Que Você Toca É Abençoado | **27** |
| Capítulo 3 | Garanta o Seu Sucesso | **39** |
| Capítulo 4 | Sucesso Além das Suas Circunstâncias | **49** |
| Capítulo 5 | Praticando a Consciência da Presença de Jesus | **61** |
| Capítulo 6 | Seu Direito ao Favor Imerecido de Deus | **75** |
| Capítulo 7 | A Paz de Deus para o Seu Sucesso | **85** |
| Capítulo 8 | Aliançado para Ser Bem-sucedido na Vida | **95** |
| Capítulo 9 | A Aliança do Favor Imerecido de Deus Conosco | **107** |
| Capítulo 10 | Aperfeiçoado pelo Favor Imerecido | **125** |
| Capítulo 11 | Transformando a Próxima Geração | **141** |
| Capítulo 12 | Nossa Parte na Nova Aliança | **157** |
| Capítulo 13 | Como o Favor Imerecido É Banalizado | **175** |
| Capítulo 14 | O Segredo para o Bom Sucesso | **189** |
| Capítulo 15 | O Homem Abençoado *Versus* o Homem Amaldiçoado | **201** |
| Capítulo 16 | Andando na Bênção de Abraão | **215** |

| | | |
|---|---|---|
| Capítulo 17 | Tornando-se Herdeiro do Mundo | **229** |
| Capítulo 18 | Ocupação Consigo *Versus* Ocupação com Cristo | **243** |
| Capítulo 19 | A Oração do Servo Sem Nome | **255** |
| Capítulo 20 | Sabedoria Divina para o Sucesso | **273** |
| Capítulo 21 | Grandemente Abençoado, Altamente Favorecido, Profundamente Amado | **289** |
| Capítulo 22 | O Segredo do Amado | **303** |

| | |
|---|---|
| Palavras Finais | **317** |
| Notas | **321** |

# Introdução

Este livro é sobre Jesus. É sobre o Seu apaixonado amor por você e o Seu desejo de que tenha sucesso na vida. Mas, antes de prosseguirmos, deixe-me fazer-lhe uma pergunta: **você acredita que Jesus está interessado no seu sucesso?**

Reflita sobre isso durante um momento.

Meu amigo, fico muito feliz por termos a oportunidade de conversar sobre isso hoje, porque quero que saiba que Jesus tem prazer em abençoar você. É Seu maior prazer ver você abençoado em todas as áreas da vida![1] Agora, não estabeleça um limite para as Suas bênçãos em sua vida. As bênçãos do Senhor não são (como alguns podem, erroneamente, crer) vistas apenas em coisas materiais. Jesus está infinitamente interessado no seu total bem-estar. Ele está interessado em sua família, carreira, realização na vida, casamento, ministério… a lista é enorme!

No que se refere aos seus desejos, esperanças e sonhos, não existe um detalhe que seja minúsculo demais, pequeno demais ou insignificante demais para Jesus. Confie em mim, se algo for importante para você, é importante para Ele! Ainda que você o busque em oração para tirar aquela pequena espinha do nariz, Ele não vai olhar para você e responder com zombaria: "Ei, camarada, você não sabe que Eu tenho o universo inteiro para governar? Venha a Mim quando tiver um pedido maior em oração." De maneira alguma! Mil vezes não! Jesus nunca ridicularizará ou zombará das suas preocupações por considerá-las banais. Ele nunca nos trata com desdém ou desconsideração. Ele não é como alguns dos seus supostos "amigos", que podem ter prazer em rir das suas imperfeições. Se algo aborrece você, também o "aborrece".

Jesus é alguém com quem você pode ser totalmente real. Você pode andar com Ele e ser você mesmo, sem pretensão ou encenação. Jesus sempre o ama e você pode conversar com Ele sobre qualquer coisa. Ele gosta de conversar a respeito dos seus sonhos, aspirações e esperanças. Ele quer curá-lo dos traumas do seu passado com os quais você pode estar lutando. Ele está interessado nos seus atuais desafios. Ele quer chorar com você quando está triste e alegrar-se com você em todas as suas vitórias.

Jesus é a personificação do amor e da ternura. Tome cuidado para não confundir Sua ternura com as imagens efeminadas e fracas que você viu representadas em algumas pinturas tradicionais dele. Ele é ternura e força em uma única embalagem. Ele é brandura e majestade, humanidade e deidade, veludo e aço. Nós, às vezes, quando tentamos ser assertivos e fortes, passamos como um trator sobre os sentimentos das pessoas e acabamos ferindo-as com nossas palavras. Quando tentamos ser ternos, exageramos na simpatia e nos reduzimos a capachos dos quais os outros podem tirar vantagem.

Vamos esquecer-nos de nós mesmos e olhar para Jesus. Ele poderia forçar severamente um bando de fariseus conspiradores a recuar em determinado momento, desafiando-os ao dizer: "Aquele que dentre vós estiver sem pecado seja o primeiro que lhe atire pedra."[2] No momento imediatamente seguinte, esse mesmo Jesus pode fitar os olhos de uma mulher quebrantada pega em adultério e, com compaixão ressoando profundamente em Sua voz, perguntar-lhe: "Mulher, onde estão aqueles teus acusadores? Ninguém te condenou? Nem eu tampouco te condeno; vai e não peques mais."[3]

Esse é o nosso Deus!

Ele incorpora todas as qualidades heroicas de que a humanidade sente falta. Porém, em vez de buscar a Jesus, muitas pessoas do mundo contentam-se com imitações Hollywoodianas baratas de heroísmo baseadas em ideais artificiais de "virilidade".

Em um momento, um Jesus cansado podia dormir profundamente em um barco de pesca acossado pelo vento, sem dar atenção às agitadas águas galileias que batiam contra a desafortunada embarcação. Porém, no momento imediatamente seguinte, você o vê olhando com firmeza as ondas impetuosas, com Seus fortes braços de carpinteiro levantados ao céu. Com Sua única declaração de absoluta autoridade sobre céu e terra, as ondas se submeteram e se acalmaram instantaneamente, formando um plácido espelho de calmaria.[4]

Jesus é 100% Homem e, ao mesmo tempo, 100% Deus. Como Homem, Ele compreende e se identifica com tudo pelo que você passou, está passando e passará nesta vida. Ele sabe, por exemplo, o que significa estar fatigado ao fim de um longo dia. Contudo, como um Deus amoroso, todo Seu poder, autoridade e recursos estão do seu lado.

Você sabe que é importante para Jesus? Saiba, com total certeza em seu coração, que Jesus o conhece perfeitamente e, ainda assim, aceita e ama você perfeitamente. Quando você começar a compreender isso, perceberá que é verdadeiramente esse favor imerecido — esse favor de Jesus que você sabe que não merece, não mereceu e não pode obter por si mesmo — que aperfeiçoará cada imperfeição e fraqueza em sua vida. Se você está enfrentando desafios, como carência em qualquer área, dependências, medos, enfermidades ou relacionamentos rompidos, o favor imerecido de Jesus lhe protegerá, livrará, prosperará, trará restauração e proverá. Seu favor imerecido transformará você completamente, e é a bondade de Deus, não suas lutas e seus esforços próprios, que levarão você a viver vitoriosamente para a Sua glória.

Vários anos atrás, compartilhei com minha igreja que existiam, essencialmente, duas maneiras em que alguém pode conduzir a sua vida. A primeira é depender inteiramente de seus esforços; a outra é depender completamente do favor imerecido e das bênçãos de Deus. Quanto a mim e à minha casa, a escolha é absolutamente clara. Dependo totalmente do Seu favor imerecido em todas as áreas da minha vida — meu casamento, família, igreja e tudo mais em que eu possa estar envolvido.

Agora, *você* tem uma escolha a fazer — viver sua vida com base inteiramente em seus próprios esforços ou inteiramente no favor imerecido de Jesus. Só existem duas maneiras — ou você depende do "favor merecido" por meio dos seus esforços ou você é abençoado pela graça, que é um **favor imerecido,** por meio da cruz e da obediência a Jesus Cristo! A primeira é a maneira do mundo. A segunda é a maneira de Deus.

A maneira do mundo para alcançar o sucesso baseia-se na meritocracia. A maneira de Deus para atingir o sucesso na nova aliança está em direta contradição com a do mundo e se baseia em Seu favor imerecido. Você não pode conquistá-lo. Você não pode ter direito a ele. E, certamente, não pode merecê-lo. Ele vem pela graça de Deus e pelo poder daquilo que foi cumprido no Calvário. A maneira de Deus vai contra a corrente de todo sistema do mundo que você já conheceu ou do qual dependeu. Os caminhos de Deus são mais elevados e sempre levam a um bom e duradouro sucesso.

Meu amigo, não existe caminho intermediário. Você não pode misturar seus próprios esforços com a graça de Deus. Escolha Seu favor imerecido e toda a glória recairá sobre Jesus. Todo sucesso, oportunidade, bênção ou avanço, seja em sua saúde, família ou carreira — sucesso em todos os aspectos da sua vida — vêm por meio do Seu favor imerecido. Nunca de você!

*"Mas, pastor Prince, não deveria existir uma parte para o homem fazer e outra parte para Deus realizar? Não deveria o homem dar o melhor de si e deixar Deus fazer o restante?"*

Fico feliz por você ter feito essa pergunta!

Você pode observar que quando as pessoas dizem que o homem tem um papel a desempenhar, o que elas acabam fazendo é vir com uma lista de exigências às quais o homem precisa atender para qualificar-se para as bênçãos de Deus. Elas dizem coisas como: "Para que Deus responda às suas orações, você precisa fazer isso e aquilo, e não fazer isso e aquilo". E essa lista de "faças" e "não faças" para qualificar uma pessoa às bênçãos de Deus aumenta o tempo todo.

Agora, vamos parar bem aí. Essa lista de exigências à qual você precisa atender para que Deus lhe abençoe não soa terrivelmente familiar? Creio que muitos daqueles que insistem nessas exigências são pessoas sinceras e bem-intencionadas. Entretanto, o que elas estão fazendo é direcionar os outros de volta à velha aliança da lei, quer saibam disso ou não!

É assim que a lei de Moisés funciona. Sob a velha aliança, as bênçãos de Deus dependiam de o homem cumprir uma lista de exigências. No entanto, nós não estamos mais sob a velha aliança da lei.

Esse não é o Cristianismo. A **nova aliança**, sob a qual estamos hoje, baseia-se totalmente na remoção dos nossos pecados pelo sangue de Jesus! "Portanto, se o sangue de bodes e de touros e a cinza de uma novilha, aspergidos sobre os contaminados, os santificam, quanto à purificação da carne, **muito mais o sangue de Cristo**, que, pelo Espírito eterno, a si mesmo se ofereceu sem mácula a Deus, purificará a nossa consciência de **obras mortas**, para servirmos ao Deus vivo!"[5] Depender dos seus próprios esforços para merecer o favor de Deus é considerado "obras mortas". O desejo de Deus é que dependamos totalmente do favor imerecido de Jesus.

Apenas para esclarecer, não sou eu, Joseph Prince, que estou encontrando falhas na velha aliança. O próprio Deus disse: "Porque, se aquela primeira aliança [a aliança da lei] tivesse sido sem defeito, de maneira alguma estaria sendo buscado lugar para uma segunda [a aliança da graça]."[6] A vida cristã de hoje não se baseia no que você está, ou não, fazendo. A realidade é que a vida cristã não é uma religião. Ela diz respeito a ter um relacionamento totalmente fundamentado em receber O QUE O PRÓPRIO DEUS FEZ NA CRUZ! Quando você receber totalmente o que Jesus **fez** por você, seu "fazer" fluirá sem esforço.

Ouça o que o grande apóstolo da graça, Paulo, teve a dizer a esse respeito: "Mas, pela graça de Deus, sou o que sou; e a sua graça, que me foi concedida, não se tornou vã; antes, trabalhei muito mais do que todos eles; todavia, não eu, mas a graça [o favor imerecido] de Deus comigo."[7] Então, meu amigo, em resposta à sua pergunta, eu diria para não se preocupar com qual é a "parte do homem". Concentre-se, como Paulo, somente na parte de Jesus — Sua graça e Seu favor imerecido em sua vida — e você acabará recebendo do Senhor a energia para orar mais, ler mais a Bíblia e servir mais a Deus e à sua comunidade, simplesmente porque o favor imerecido de Deus não está em vão na sua vida. Você também perceberá que até mesmo o exercício externo de tudo que realiza não vem de si, mas pela Sua graça transbordando de você.

Algumas pessoas pensam que a graça comprometerá a santidade de Deus. Absolutamente não! Os padrões estabelecidos pela graça são muito mais elevados do que os padrões da lei de Moisés. Quando você está sob a graça, atende sem esforço e até excede em muito às expectativas da lei de Moisés! Está entendendo isso? Se você for capaz de compreender o que estou dizendo nesta introdução, já foi abençoado!

Agora, deixe-me encerrar esta introdução. Não sei se isso também ocorre com você, mas eu sinto a presença de Jesus ao escrever-lhe essas palavras. Liberei o que Ele colocou em meu coração para você. Quero dar-lhe uma premissa das passagens bíblicas para este livro, porque você pode estar se perguntando por que um livro que tem a intenção de falar sobre favor imerecido só está falando em Jesus!

Se tem uma Bíblia, abra-a em 2 Pedro 1:2. Estou usando a *Amplified Version*, mas é importante que você mesmo veja isso na Palavra de Deus:

**Graça [favor de Deus] e paz** [que é o perfeito bem-estar, todo o bem necessário, toda a prosperidade espiritual, e a liberdade de medos, paixões agitadoras e conflitos morais] **vos sejam multiplicadas,** no pleno [total, pessoal, preciso e correto] **conhecimento de Deus e de Jesus, nosso Senhor.**

2 Pedro 1:2, Amp

É realmente simples assim. O favor imerecido de Deus fluirá como um rio caudaloso a toda área ressequida da sua vida, seja seu corpo físico, casamento, carreira ou finanças, **quando você vir Jesus!** Quanto mais você crescer no conhecimento do nosso amoroso Salvador Jesus Cristo e do Seu trabalho concluído na cruz, mais o favor imerecido de Deus se multiplicará em sua vida. E é o Seu favor imerecido que lhe fará desfrutar um sucesso que excede sua inteligência natural, qualificações e capacidade!

Existem muitas obras de qualidade escritas por grandes homens de Deus sobre o favor, mas o que eu quero que veja neste livro é que o favor imerecido de Deus não é um tópico. Ele não é um ensinamento. O FAVOR IMERECIDO DE DEUS É O EVANGELHO! O favor imerecido de Deus não é um indivíduo. Ele é uma PESSOA E SEU NOME É JESUS. Quando você tem Jesus, tem favor imerecido! Jesus e favor imerecido não existem separadamente. O favor imerecido está incorporado em todo o Seu ser e em Sua obra terminada no Calvário.

É uma infelicidade a palavra "graça" na igreja moderna ter sido transformada em um assunto teológico ou classificada como uma doutrina. No vernáculo moderno, a palavra "graça" também tem sido abusada e desvalorizada. Por exemplo, você recebe "quinze minutos de graça" antes de começar a ser cobrada a tarifa de estacionamento de um *shopping center*. Como isso banaliza a palavra "graça"!

Para ajudar você a compreender a plenitude da graça, usarei as palavras "favor imerecido" e "graça" como sinônimas neste livro, porque a graça é o inconquistável e imerecido favor de Deus. Para ajudar você a ver a graça sob uma nova luz, toda vez que eu citar a Bíblia neste livro e a palavra "graça" aparecer, acrescentarei, entre parênteses, "favor imerecido". Quero que você comece a compreender e ver a graça (favor imerecido) em sua plenitude.

Este livro fala sobre o seu benefício sobrenatural para uma vida bem-sucedida. Confio em que, ao terminar de lê-lo, você começará, de fato, a crer que Deus está pessoalmente interessado no seu sucesso. Você é Seu precioso filho e Ele quer vê-lo bem-sucedido e reinando em vida. Quando você crer nisso, também começará a depender do Seu favor imerecido para ter sucesso em todas as áreas da vida.

Oro para que, ao mergulhar nas páginas deste livro, você comece a ver mais de Jesus e a vivenciar o Seu favor imerecido de uma maneira inédita. Prepare-se para vivenciar hoje o sucesso sobrenatural de Deus por meio do Seu favor imerecido!

# CAPÍTULO 1

# *A Definição de Sucesso*

O sufocante sol egípcio abrasa o movimentado mercado. O aroma peculiar de temperos sopra sobre as incontáveis fileiras de mercadores anunciando suas porcelanas e tesouros trazidos de lugares longínquos. Olhando por sobre a multidão, você encontrará uma colorida variedade de pessoas: dançarinos, músicos, ladrões, atarefadas donas de casa, batedores de carteiras e ricos fazendeiros, todos juntos comprando, barganhando, olhando e examinando minuciosamente os incontáveis objetos em exposição. Tudo, desde intrincadas criações em metais preciosos até o gado, tem um preço. De fato, um escravo pode ser seu por 20 peças de prata. Aqui não existem regras para uma troca justa. Uma oferta mais alta lhe fará obter o que desejar. Uma oferta inferior lhe deixará com as mãos vazias.

Em meio a esse rebuliço na praça principal, em pé ao lado da fonte está um rapaz de uns 17 anos, com o pescoço e as mãos firmemente atados com cordas grossas. Pelas queimaduras da corda em seus punhos e pescoço, você pode adivinhar que os mercadores não foram gentis ao se dirigirem ao mercado a tempo de exibirem seu prêmio. Eles ouviram um rumor de que

*Potifar, um alto oficial da corte de Faraó, planeja fazer uma compra hoje. O jovem está atordoado após muitos dias de caminhada. Suas pernas se dobram o tempo todo sob o peso de seu corpo, seus braços estão cansados dos constantes puxões e sua boca está ressecada devido aos secos ventos do deserto. Ele está em uma terra desconhecida, onde as pessoas falam um idioma incompreensível. Sem nenhuma posse, nem sequer uma tanga para cobrir suas partes íntimas, ele é amarrado e exibido, totalmente nu. Dentro em pouco, ele será inspecionado como um animal contra a sua vontade e vendido para toda uma vida de escravidão.*

*Ainda assim, o próprio Deus chama esse jovem, cujo nome era José, de um homem próspero!*

Agora, pense nisso por um momento e imagine-se na cena desse mercado egípcio. Se você estivesse entre os muitos curiosos espectadores na praça principal, consideraria esse jovem, que está prestes a ser vendido como escravo, "um homem próspero" ou bem-sucedido?

É claro que não!

Contudo, Deus diz, em Suas próprias palavras, que José era um homem bem-sucedido.

> E José foi levado ao Egito, e Potifar, oficial de Faraó, capitão da guarda, homem egípcio, comprou-o da mão dos ismaelitas que o tinham levado lá. **E o SENHOR estava com José, e foi homem próspero**; e estava na casa de seu senhor egípcio.
>
> GÊNESIS 39:1,2

## O Sucesso É Resultado de Quem Você Tem

A definição de Deus para o sucesso é contrária à definição do mundo. As grandes corporações dos Estados Unidos medem o sucesso a partir do que **você** fez, realizou e acumulou. Esse sistema se baseia totalmente em **você** concentrar todo o seu tempo, energia e recursos em merecer títulos e colecionar realizações.

Agora, nós temos testemunhado como esse acúmulo autoindulgente levou à crise das instituições de crédito, ao declínio dos bancos de investimentos e a um desastre financeiro internacional generalizado.

Amigo, quero incentivá-lo a começar a ver que o modelo de sucesso do mundo é instável e está construído sobre um alicerce abalável. Ele pode ter a aparência exterior da boa vida, mas é temporal e todos nós já vimos como a riqueza transitória do mundo pode se dissipar como fumaça e, facilmente, escorrer pelos dedos como as movediças areias do deserto.

---

*A presença do Senhor na sua vida é que faz de você um sucesso!*

---

Em Gênesis 39:2, fica claro que o sucesso não é **o que** você tem, mas **quem** você tem! José, literalmente, não tinha nada no sentido material, mas, ao mesmo tempo, tinha tudo, porque o Senhor estava com ele. As coisas materiais que você acumulou ou está desesperadamente tentando acumular não fazem de você um sucesso. É a presença do Senhor em sua vida que faz você ser um sucesso!

Precisamos aprender a parar de buscar coisas e começar a buscar Deus. Deus considera o seu relacionamento com Ele a única coisa que você precisa para ter todo tipo de sucesso em sua vida. Não consigo imaginar um pior lugar para começar do que o de José. Ele estava completamente nu. Não tinha coisa alguma! Nenhuma conta em banco, nenhuma qualificação educacional, nenhuma conexão natural com pessoas de influência, nada. Graças a Deus, a Bíblia registra uma imagem de José que começou com nada, para que você e eu possamos ter esperança hoje. Se você pensar que, como José, você não tem nada, bem, pode começar a crer no poder da presença do Senhor em sua vida. Comece a buscar Jesus e reivindique para si essa promessa da Bíblia!

Deixe-me mostrar-lhe como pode personalizar essa promessa em sua vida. Coloque seu nome na promessa de Deus para você:

"O Senhor está com _____ e eu sou uma pessoa próspera."

Agora, leia isso em voz alta para si mesmo. Leia em voz alta cem vezes, se for preciso, e comece a enxergar isso como a sua realidade. Cole essa promessa no espelho e, toda manhã, ao escovar os dentes, lembre-se de que hoje, ao ir trabalhar, ao ir à escola, ao começar o dia cuidando de seus filhos em casa (ou o que tenha de fazer), o Senhor está com você. E, porque Ele está com você, VOCÊ JÁ É UM SUCESSO! Quando você tem Jesus em sua vida, não está mais tentando ser um sucesso; você é um sucesso!

## Salvá-lo é a Descrição de Cargo de Deus

Deixe-me compartilhar com você uma poderosa verdade oculta no nascimento de Jesus. Quando Maria ficou noiva de José, antes de eles terem qualquer intimidade como marido e mulher, ela engravidou pela ação do Espírito Santo. José, sendo um homem justo e não querendo expor Maria ao constrangimento, pensou em uma maneira de "deixá-la secretamente".[1]

Tenha em mente que, naquele momento, José ainda não sabia que a criança fora concebida pelo Espírito Santo. Ele pensou que Maria tinha cometido fornicação. Contudo, esse homem justo não estava disposto a expô-la. Naquele tempo, se descobrissem que uma pessoa tivera relações sexuais antes do casamento, ela seria morta por apedrejamento. Essa era a cultura e a lei do povo judeu. Porém, José amava a sua futura esposa Maria e quis proteger sua dignidade e preservar sua vida da melhor maneira que conseguisse.

Quando José estava refletindo sobre essas coisas, um anjo do Senhor apareceu-lhe em sonho e disse: "José, filho de Davi, não temas receber Maria, tua mulher, porque o que nela foi gerado é do Espírito Santo. Ela dará à luz um filho e lhe porás o nome de **Jesus**, porque ele salvará o seu povo dos pecados deles."[2] O nome "Jesus" em hebraico é *Yeshua*, que contém uma abreviação de *Yahweh*, o nome de Deus em hebraico. Então, o nome "Jesus" significa, literalmente,

"Javé é o nosso Salvador" ou "O Senhor é o nosso Salvador"! Que lindo nome!

Toda vez que você chama o nome de Jesus, o nome que está acima de todo nome, está chamando o próprio Deus para salvá-lo. Salvar você é a descrição de cargo de Jesus! Qualquer que seja o desafio ou a circunstância, qualquer que seja a crise que você esteja atravessando — física, financeira ou emocional — pode chamar o nome de Jesus e o próprio Deus Todo Poderoso o salvará!

Amigo, você pode dedicar tempo a conhecer os nomes de Deus, que Ele revelou sob a velha aliança, como *Elohim, El-Shadai, El-Elyon, Jeová-Jireh, Jeová-Rafá* e *Jeová-Nissi*. Você pode fazer um estudo completo acerca dos nomes de Deus. Não tenho nada contra isso. Também ensino sobre os nomes de Deus em minha igreja, mas nenhum desses nomes terá significado para você se não souber que o próprio Deus Todo-Poderoso, Jesus, deseja salvar você, primeiramente de todos os seus pecados e, depois, de todos os seus desafios.

Deus é, realmente, Todo-Poderoso, mas se você não estiver confiante de que Ele está interessado em seu sucesso, Seu poder não significará nada para você. Então, não precisa memorizar todos os nomes de Deus da velha aliança. Você precisa é de uma total revelação de que Jesus, na nova aliança, é seu Salvador! Tiger Woods é famoso pelo quê? Golfe! David Beckham é famoso pelo quê? Futebol! (Não, ele é famoso por fazer propaganda de produtos!) Jesus é famoso pelo quê? Salvar você!

---

### *Jesus é seu Salvador!*

Isso não é tudo, amigo. A Bíblia diz mais: "... tudo isto aconteceu para que se cumprisse o que fora dito pelo Senhor por intermédio do profeta: Eis que a virgem conceberá e dará à luz um filho, e ele será chamado pelo nome de **Emanuel** (que quer dizer: Deus conosco)."[3] Ora, é muito interessante notarmos que o nome de Jesus não é apenas

Jesus! Seu nome é também Emanuel, que significa que o Deus Todo-Poderoso está conosco.

## Jesus É Emanuel, o Deus Todo-Poderoso Conosco

Um querido irmão compartilhou comigo que, mesmo sendo crente, ele tinha um problema com o álcool anos atrás. Todas as noites ele saía para beber a ponto de, no dia seguinte, não conseguir sequer lembrar-se de como voltara para casa. Ele tentou tudo que pôde para parar de beber, mas fracassou repetidas vezes.

Um dia, ele saiu com alguns amigos para um jogo de *squash* e, depois do jogo, deitou-se no chão para descansar. Enquanto descansava, sentiu a presença de Jesus vir sobre ele e, naquele exato momento, o Senhor quebrou sua dependência do álcool e removeu completamente o seu desejo de beber!

Hoje, esse irmão que o Senhor libertou do alcoolismo é um dos principais líderes da minha igreja. Não é verdade que Deus escolheu as coisas fracas do mundo para envergonhar as fortes, e as coisas loucas do mundo para envergonhar as sábias?

Amigo, toda a nossa luta, força de vontade, disciplina e esforço próprio não são capazes de fazer o que a presença do Senhor pode fazer em um instante. E quem sabe se enquanto falamos sobre Jesus agora mesmo, Sua presença não levará embora algo destrutivo em sua vida? Veja, você não é transformado pelo seu esforço. Você é transformado olhando para Jesus e crendo que Ele ama você e deseja salvá-lo.

Agora, o que significa dizer "Deus conosco"? Precisamos compreender isso da mesma maneira que o povo hebreu teria compreendido. Existe algo lindo aqui — esse é o segredo de Emanuel! A mente judaica entende que, quando o Senhor está **com você**, você torna-se bem-sucedido em todo empreendimento em sua vida. Não confie simplesmente nas minhas palavras. Busque nas crônicas da história judaica. A Bíblia registra que, sempre que o Senhor **estava**

**com eles** em uma batalha, os filhos de Israel nunca eram derrotados e toda campanha militar terminava em estrondoso sucesso.

De fato, na batalha de Jericó, a cidade foi tomada por eles apenas com um grito![4] Por quê? O Senhor estava com eles. Mesmo em batalhas nas quais estavam em minoria numérica, eles triunfaram porque o Senhor estava com eles. Não é diferente no contexto moderno. Quando a Bíblia diz que Jesus está com você, Ele está com você para ajudá-lo, para assisti-lo, mudar as coisas em seu benefício e fazer boas coisas acontecerem para você. Ele não está com você, como alguns erroneamente acreditam, para condenar, julgar ou encontrar falhas! Quando o Deus Todo-Poderoso estiver com você, boas coisas acontecerão em você, à sua volta e através de você. Já vi isso muitas e muitas vezes!

*Quando o Deus Todo-Poderoso estiver com você, boas coisas acontecerão em você, à sua volta e através de você.*

Bem cedo, em minha adolescência, aprendi a verdade do que significa ter o Senhor comigo. Uma das primeiras verdades que o Espírito Santo me ensinou foi Gênesis 39:2 — "O Senhor era com José, que veio a ser homem próspero..." Então, sabe o que fiz? Comecei a declarar esse versículo todos os dias e dizia em voz alta: "Jesus está comigo; então, tudo que eu fizer prosperará." Eu estava praticando a presença de Jesus. Uma coisa é concordar mentalmente que Jesus está com você, mas outra coisa é começar a estar consciente da presença de Jesus. Você pode começar a praticar a Sua presença declarando-a em voz alta.

## Pratique a Sua Presença e Veja o Seu Poder

Você sabe que o melhor momento para agradecer a Jesus por Sua presença é quando não "sente" a Sua presença? Quando se trata da presença de Jesus, não siga as suas sensações. As sensações podem ser enganosas. Siga a Sua promessa de que Ele é Emanuel!

Você já ouviu a história do noivo que abordou seu pastor quase imediatamente após a cerimônia do casamento? Ele foi ao seu pastor e disse:

— Pastor, posso falar com o senhor por um segundo?

— Claro — respondeu o pastor.

O noivo disse:

— Sabe, eu não me **sinto** casado.

O pastor o pegou pelo colarinho e rosnou:

— Escute, garoto. Você ESTÁ casado, quer sinta, quer não, entendeu? Receba, pela fé, que você está casado!

---

*As sensações não se baseiam na verdade.*
*A Palavra de Deus é a verdade!*

---

Veja, amigo, você não pode se guiar pelas suas sensações. Você segue a verdade e a verdade é que Deus prometeu: "De maneira alguma te deixarei, nunca, jamais te abandonarei."[5] Então, o melhor momento para praticar a Sua presença é justamente quando você **sente** que Jesus está a mil quilômetros de distância. Lembre-se de que as sensações não se baseiam na verdade. A Palavra de Deus é a verdade!

Logo depois de terminar o ensino médio, fui professor em tempo parcial em uma escola de primeiro grau, onde me colocaram como responsável por uma classe de crianças de 10 anos. Lembro-me de um dia em que, ao praticar a Sua presença, ajoelhei-me na sala de estar e orei: *Senhor, quero apenas agradecer-te por sempre estar comigo.* Estava ajoelhado quando o Senhor me disse para orar especificamente por uma das minhas alunas que faltara à escola naquele dia.

Ora, é muito comum as crianças faltarem à aula de vez em quando, por diversos motivos, e eu nunca fora levado pelo Senhor a orar especificamente por qualquer delas. Essa menina era a primeira! O Senhor me disse muito claramente para orar para que a Sua proteção estivesse sobre essa menina e para que Ele a cobrisse com o Seu precioso sangue.

No dia seguinte, houve uma grande comoção na escola e descobri que a menina fora raptada por um conhecido assassino em série, exatamente naquela tarde em que o Senhor me dissera para orar por ela. O assassino, Adrian Lim, raptara várias crianças para serem oferecidas como sacrifícios ao diabo. Ele acreditava que Satanás lhe daria poder quando oferecesse o sangue dessas crianças a ele.

Alguns dias depois, essa menina da minha classe apareceu em todos os veículos de mídia do país, porque fora miraculosamente libertada. Infelizmente, ela foi a única menina libertada. Todas as outras meninas raptadas foram brutalmente assassinadas.

Quando ela voltou às aulas, perguntei-lhe como ela fora posta em liberdade. Ela me contou que seu raptor estava "orando" sobre ela quando, de repente, parou e lhe disse: "Os deuses não querem você." Ela foi rapidamente libertada naquela noite. É claro, você e eu sabemos por que os "deuses" não a quiseram — ela estava coberta e protegida pelo sangue de Jesus!

Ouça o que estou dizendo aqui. Atualmente, no mundo todo, o diabo está tentando destruir uma nova geração porque tem medo de que as pessoas jovens do novo milênio assumam o controle do mundo para Jesus. É por isso que temos de cobrir os nossos filhos com a proteção de Jesus.

Estou compartilhando tudo isso com você porque quero que veja a importância e o poder de praticar a Sua presença. Como professor naquele tempo, minha classe era minha responsabilidade, exatamente como a minha congregação é minha responsabilidade hoje. Pense comigo: de que maneira, com meu conhecimento e inteligência finitos, eu poderia ter sabido que um de meus alunos corria grave perigo? Não é possível! Mas, porque o Senhor, que sabe todas as coisas, estava comigo, Ele me fez ser um professor bem-sucedido.

De maneira semelhante, seja qual for o seu papel ou a sua vocação, seja professor, líder de negócios ou dona de casa, quero que você saiba que Jesus está com você e deseja torná-lo um sucesso. Agora, lembre-se, tudo isso aconteceu comigo antes de eu me tornar um pastor em tempo integral; então, não pense que esse favor imerecido de Jesus é somente para pastores. Amado, Seu favor imerecido é para vocês. O Senhor Emanuel está **com você**.

---

*Seja qual for o seu papel, Jesus está com você e deseja torná-lo um sucesso.*

---

Como você pode ver, não se trata de nós; trata-se dele. Se Jesus estiver conosco, Ele nos dará sucesso em tudo que fizermos e nos fará ter bons resultados em todas as áreas de nossas vidas, para a glória de Deus. Se Deus pôde fazer isso por José, um rapaz vendido como escravo, Ele pode fazê-lo por você! Deixe que essa seja a sua realidade:

"O Senhor está _____ e eu sou uma pessoa bem-sucedida."

Ao conscientizar-se do fato de que Jesus é com você, você o verá conduzindo-o ao sucesso em tudo que precisar fazer!

## CAPÍTULO 2

# *Tudo Que Você Toca É Abençoado*

Agora, espero que você possa ver que a definição de sucesso de Deus é contrária à definição do mundo. O mundo olha para **o que** você tem, enquanto Deus vê **quem** você tem. O sistema do mundo se baseia no que você fez, enquanto Deus olha para o que Jesus fez na cruz por você. Parece simples, mas não o despreze só por ser simples. O evangelho é simples e são necessários teólogos para complicá-lo!

Você pode fazer uma escolha de viver a sua vida dependendo de si mesmo para merecer, conquistar, realizar, lutar por e acumular riqueza e sucesso de acordo com a definição do mundo, ou você pode tomar hoje uma decisão de viver a sua vida dependendo integral e completamente de Jesus, Seu merecimento e Sua realização na cruz para todo o seu sucesso. Essencialmente, chegamos à pergunta da dependência. De quem você depende hoje — de si mesmo ou de Jesus? Você quer lutar sozinho ou quer que o Deus Todo-Poderoso, o Criador dos céus e da terra, lute por você?

Veja que, quando você depende de si mesmo, **você carrega** toda a tensão, os fardos e as ansiedades que as circunstâncias ao seu redor possam lhe apresentar. Contudo, se a sua dependência estiver em Jesus para todo sucesso em sua vida, a Bíblia registra uma linda promessa para você: "Não andeis ansiosos de coisa alguma; em tudo, porém, sejam conhecidas, diante de Deus, as vossas petições, pela oração e pela súplica, com ações de graças. E a paz de Deus, que excede todo o entendimento, guardará o vosso coração e a vossa mente em Cristo Jesus."[1] Quando Jesus é a sua fonte de sucesso, não existe tensão e a paz de Deus fortalece o seu coração e a sua mente. A palavra "paz" em hebraico é *shalom*. Seu significado inclui paz, prosperidade, saúde, integridade, sanidade e segurança. Que poderosa Fortaleza temos em Jesus!

### Está em Crise? Jesus Pode Resgatar Você

Amigo, as circunstâncias à sua volta podem parecer desoladoras. Sua conta bancária pode ter secado. Você pode ter perdido a sua fonte de renda devido a reestruturações na empresa e pode não ter ideia de como pagará o aluguel do próximo mês. Talvez o financiamento da sua casa possa estar atrasado e você corra o risco de perdê-la logo. Você pode estar enterrado em dívidas de cartão de crédito e os amigos em quem você confiava podem tê-lo decepcionado. Talvez você tenha acabado de receber um diagnóstico médico devastador. O mundo todo parece estar desmoronando à sua volta e você se sente esmagado, frustrado e desapontado.

Agora, o que você pode fazer? Amado, é tempo de você tirar a atenção de si mesmo e olhar para Jesus. Na sua frustração, você pode estar imaginando: *O que Jesus pode fazer por mim? Ele pode resgatar-me da crise em que estou?* A resposta certa é — sim, Ele pode! Foi isso o que Ele fez por José e, certamente, pode fazer o mesmo por você!

## José — A Menina dos Olhos de Seu Pai

Continuemos a extrair poderosas verdades da vida de José contada na Bíblia. Sua história começa em Gênesis 37. Seu pai não fez segredo do fato de amar mais a José do que aos seus outros filhos e fez uma túnica talar multicor, que foi dada somente a José. As palavras hebraicas para "túnica talar multicor" são *kethoneth pac*. A expressão significa um manto feito de pedaços de diversas cores. O manto é uma longa túnica com mangas, usadas por rapazes e moças da classe alta, uma vestimenta de distinção.[2] Assim, essa túnica se distinguia da vestimenta comum dos trabalhadores, usada por seus irmãos mais velhos. A túnica de José não era tecida com o linho grosso utilizado para roupas normais, mas habilmente tecida com linho fino, de alta qualidade. Por que isso é importante? É importante porque não somente significava que José tinha roupas de melhor aparência que as dos seus irmãos, mas também significava que a túnica era um sinal, para todos, de que José desfrutava de maior *status* aos olhos de seu pai.

Essa túnica de linho fino destacava José de seus irmãos em termos das suas responsabilidades na família. Ela significava que, diferentemente de seus irmãos, José não precisava trabalhar nos campos e cuidar do rebanho. Tudo que ele tinha de fazer era atender a seu pai e dar-lhe prazer. Que tremenda descrição de função! É por isso que vemos José principalmente junto a seu pai enquanto seus irmãos trabalhavam sob o sol sufocante.

Portanto, a túnica de José fala de uma posição especial de favor e descanso junto a seu pai. Não admira, então, que cada vez que os irmãos de José o viam vestido com essa túnica eles se lembrassem de que seu pai amava mais a José do que a qualquer um deles. Tomados de ciúme e inveja, eles odiavam José e não eram capazes de conversar com ele em paz. Além disso, José contou a seus irmãos os dois sonhos que ele recebera do Senhor, os quais só exacerbaram seu ódio por ele. Eles ridicularizaram seus sonhos raivosamente e zombaram dele, dizendo: "Reinarás, com efeito, sobre nós? E sobre nós dominarás realmente?"[3]

## José É Traído por Seus Irmãos

Um dia, quando os irmãos de José estavam fora, cuidando das ovelhas de seu pai nos campos de Dotã, eles viram José aproximar-se a certa distância e acenar inocentemente para eles. Eles sabiam que ele fora enviado por seu pai para ver se estavam trabalhando e arderam de indignação ao se lembrarem de que aquele pequeno delator fizera um relato negativo a Jacó na última vez em que viera espioná-los.

Tomados de raiva e ciúme de José, seus irmãos conspiraram para matá-lo. Eles disseram um ao outro: "Vem lá o tal sonhador! Vinde, pois, agora, matemo-lo e lancemo-lo em uma destas cisternas; e diremos: Um animal selvagem o comeu; e vejamos em que lhe darão os sonhos."[4]

Com olhos brilhantes e inocentes, José foi em direção a seus irmãos, pronto para abraçá-los. Sem aviso, seus irmãos o agarraram e, violentamente, o despiram de sua bela túnica. Debatendo-se o tempo todo, ele foi arrastado até uma cisterna próxima e lançado em suas cavernosas profundezas.

Qualquer noção de que seus irmãos pudessem estar lhe pregando uma peça se dissipou da mente de José quando eles retornaram um pouco mais tarde, deixando seu corpo amordaçado e amarrado nas mãos de um grupo de mercadores midianitas a caminho do Egito. Na próxima vez em que vemos José, ele está amarrado com cordas e é vendido como uma peça de carne em um mercado egípcio.

## Não É o Fim Quando o Senhor Está Com Você

Você tem conhecimento de alguém que esteja em situação pior que a de José nesse momento? Todo o mundo parecia ter desabado à sua volta. Poucos dias antes, ele estava nos braços de seu pai, mas, agora, seus irmãos o haviam traído. Tudo que ele possuía fora arrancado dele. Ele foi reduzido a um simples escravo em uma terra estranha.

*Não é o que você tem, mas quem você tem que faz toda a diferença.*

Foi esse o fim de José? No esquema natural das coisas, certamente parecia que sim. No entanto, mesmo com todas as probabilidades contra José, o Senhor estava longe de terminar. No capítulo anterior, aprendemos que, mesmo nessa terrível situação, o Senhor estava com José e, nesse momento escuro e sombrio da vida de José, o Senhor o chamou de homem bem-sucedido! Lembre-se, não é o que você tem, mas **quem** você tem que faz toda a diferença.

*"Como o Senhor pode fazer prosperar um jovem escravo sem um único centavo ou bem?"*

Bem, continuemos com a história de José. Gênesis 39:3 nos conta: **"Vendo Potifar que o Senhor era com ele e que tudo o que ele fazia o Senhor prosperava em suas mãos."** Essa é uma poderosa declaração, que oferece uma promessa para a qual você pode crer em Jesus, em todas as áreas da sua vida. Você é capaz de imaginar-se prosperando em cada projeto, atribuição e até incumbência que realizar? Suas mãos se tornam mãos de bênção. Você toca os membros da família e eles são abençoados. Sua empresa pode estar com dificuldade para gerenciar um projeto difícil, mas, uma vez colocado em suas mãos, ele se torna abençoado. Você se torna uma bênção esperando para acontecer a alguém, aguardando para acontecer a alguma coisa, onde quer que vá!

## A Presença de Deus em Tudo Que Fazemos

Agora, como isso irá ocorrer? O Senhor Jesus fará isso acontecer quando você depender dele da mesma maneira que José dependeu. José nada possuía. Ele não podia confiar em suas habilidades ou experiência (ele nunca fora escravo) e também não podia confiar em suas conexões naturais (seu pai estava fora de questão, porque acreditava que José fora morto por um animal selvagem). Tudo que José tinha era a presença do Senhor, e ele dependeu da manifestação da Sua presença, do Seu poder e da Sua glória através dele!

---

*Quando a presença de Deus é manifestada em sua vida,*
*a Sua glória resplandece através de você.*

---

É disso que você e eu necessitamos — uma manifestação da Sua presença em tudo que fazemos! Veja, uma coisa é ter a Sua presença (todos os cristãos têm a Sua presença, porque o aceitaram como seu Senhor e Salvador pessoal), mas quando a Sua presença é **manifestada em sua vida**, a Sua glória resplandece através de você!

## Até Potifar, um Pagão, Podia Ver

Não se esqueça de que o senhor de José, Potifar, não acreditava em Deus. Ele era um egípcio que adorava ídolos. Contudo, quando a presença manifesta do Senhor resplandeceu gloriosamente através da obra das mãos de José, até mesmo esse pagão descrente pôde ver os resultados tangíveis da unção especial, do poder e da bênção do Senhor sobre a vida de José. Potifar maravilhou-se e não teve como não reconhecer que o Senhor estava com José e que "... tudo o que ele fazia o Senhor prosperava em suas mãos".

Ora, não é interessante Potifar não ter meramente concluído que José era um bom funcionário? Em vez disso, Potifar podia ver que não eram as habilidades de José, mas o Senhor que prosperava tudo o que José fazia. Gênesis 39:3 nos conta que "... tudo o que ele fazia o Senhor prosperava em suas mãos". Isso não podia ser "discernimento espiritual" de Potifar — ele não era crente e não tinha discernimento espiritual sobre as coisas de Deus. Então, isso me diz que Potifar deve ter testemunhado resultados tangíveis realmente de outro mundo. Ele deve ter visto resultados tão espetaculares, que ele sabia estarem além da capacidade de um ser humano comum!

Talvez Potifar tivesse ordenado que José cavasse novos poços para a sua casa e cada poço que José cavara dera água, mesmo em meio a uma seca. Talvez o campo de que José cuidara dera colheitas absurdamente maiores do que as colheitas dos campos ao redor. Talvez Potifar vira como José clamara ao seu Deus quando os filhos da casa sofreram de alguma epidemia no país e eles foram curados. Seja qual for o caso, Potifar soube que os prósperos resultados que testemunhara não eram decorrentes das capacidades naturais de José. Eles tinham de ser devidos ao fato de que o Senhor estava com José e que Deus fizera tudo prosperar nas mãos de José. Não é maravilhoso?

## Deseje Ter o Tipo de Resultado de Jesus

Minha oração pessoal e meu desejo para o meu ministério é ter o mesmo tipo de resultado que José teve. Em tudo que faço, quero que as pessoas vejam Jesus e somente Jesus! Quando oro por uma criança doente, certamente não quero o resultado que minhas próprias mãos podem produzir. Se o resultado for o que Joseph Prince pode produzir sozinho, posso garantir a você que a criança continuará doente. Não, eu quero o resultado que só Jesus pode produzir! Quando prego sobre Jesus e Sua obra consumada, minha oração é que a congregação da minha igreja e aqueles que assistem aos nossos programas em todo o mundo não ouçam o que **eu** tenho a dizer, mas, em vez disso, o que **Jesus** está dizendo aos seus corações através de mim.

*Deseje os resultados que só Jesus pode produzir!*

Sou apenas um vaso e minhas palavras isoladas não têm poder. Porém, diante da Palavra do Senhor, pecadores renascem e são salvos por toda a eternidade. Corpos doentes são curados. Demônios fogem, casamentos são restaurados e famílias são reconciliadas. Dívidas são sobrenaturalmente canceladas, medos desaparecem por causa do Seu perfeito amor, corações são encorajados, a esperança é restaurada e a alegria é renovada. Agora, ESSE é o tipo de resultado de Jesus que quero e, por Seu extraordinário e imerecido favor, temos visto todas essas bênçãos acontecerem em nossa igreja semana após semana!

## Não as Nossas Obras, Mas o Favor Imerecido de Deus

Infelizmente, o mundo e até mesmo alguns cristãos não compreendem o que significa depender de Jesus. Por exemplo, algumas pessoas pensam que Joseph Prince fez crescer a igreja New Creation de 150 membros para mais de 20 mil membros atualmente, devido a alguma estratégia inteligente ou um plano abrangente de crescimento ao longo de 10 anos. Certa vez, um pioneiro cristão de meu país me perguntou o que eu estava fazendo para a igreja crescer. Respondi que era tudo pela graça — o favor imerecido de Jesus. Ele replicou: "Sim, sim, eu sei que é pela graça, mas, de verdade, o que você está fazendo?"

*Quando você parar de fazer e começar a depender do divino favor de Deus, começará a vivenciar os resultados de Jesus.*

Infelizmente, em muitos círculos cristãos, "graça" se tornou um clichê. Veja, as pessoas estão ocupadas com "fazer". Elas sempre querem saber o que você está fazendo certo para obter os seus resultados. O objetivo deste livro é incentivá-lo a não se concentrar no que está fazendo, mas em olhar para Jesus. Pare de tentar merecer as bênçãos de Deus e comece a depender do favor imerecido de Jesus para cada sucesso em sua vida. Quando você parar de fazer e começar a depender do Seu divino favor, creia-me, começará a vivenciar o tipo de resultado de Jesus.

Da mesma maneira, estou crendo no tipo de resultado de Jesus em *sua* vida enquanto escrevo este livro. Não quero que leia o que eu tenho a lhe dizer. Quero que receba aquilo que creio que Jesus colocou em meu coração para você. Sou apenas um direcionador e estou escrevendo este livro para direcionar você à pessoa de Jesus! É a Sua presença manifesta, Seu glorioso poder operando em seu coração e através das suas mãos que fará que tudo que você toque prospere com o tipo de resultado de Jesus, de tal maneira que até o seu crítico mais mordaz terá de concluir que o Senhor está com você e está prosperando a obra das suas mãos!

Amado, pare de olhar para as circunstâncias externas ou para a posição em que você está. Não importa se o seu chefe é crente ou não, Jesus pode fazer TUDO que você fizer prosperar quando depender do Seu favor imerecido em sua carreira! E, creia-me, quando isso começar a acontecer, seu chefe perceberá que existe algo especial em você. Você se destacará em uma multidão! Lembre-se de que o mesmo Senhor que estava com José está com você hoje. Seu nome é Jesus e, porque Jesus está **com** você, você pode esperar ser bem-sucedido em tudo que fizer!

---

*Porque Jesus está com você, espere ser bem-sucedido em tudo que fizer!*

---

Por exemplo, quando você é colocado como coordenador de um projeto de vendas, creia que sua equipe de vendas atingirá níveis recordes jamais atingidos em sua organização. Quando estiver supervisionando as finanças de uma empresa, creia que você encontrará vias legais para ajudar sua companhia a economizar em despesas operacionais e aumentará seu fluxo de caixa como nunca. Quando for colocado em um cargo de desenvolvimento de negócios, creia que Jesus fará com que as portas que sempre estiveram fechadas para a sua empresa sejam abertas a você, devido ao Seu favor imerecido que está sobre a sua vida. Talvez a sua empresa seja apenas uma pequena empresa de Tecnologia da Informação no Vale do Silício, mas, por alguma razão, todos os chefões da Microsoft, da IBM e da Oracle gostam de você. Eles não sabem dizer o porquê, simplesmente existe algo especial em você que os faz competirem para encontrar maneiras de colaborar com você, deixando-o livre para escolher!

*Dependa de Jesus e só de Jesus se quiser vivenciar Seu sucesso.*

Meu amigo, este é o favor imerecido de Deus em ação. Na esfera natural, você pode não estar qualificado nem ter experiência, mas lembre-se de que todas as suas desqualificações existem na esfera do natural. Mas você, amado, vive e atua na dimensão sobrenatural! O Senhor Jesus está com você em todas as áreas e em todo o tempo. Você é uma pessoa de sucesso aos olhos do Senhor e à medida que depender dele, Ele fará prosperar tudo que as suas mãos tocarem.

## Sem Ele, Nada Podemos Fazer.
## Sem Nós, Ele Nada Fará

Antes de terminar este capítulo, quero ensinar-lhe um poderoso princípio para ajudá-lo a compreender o coração de Deus para o seu sucesso. Creio que, agora, você não tem em seu coração qualquer dúvida de que Jesus está infinitamente interessado no seu sucesso. Contudo, pode estar imaginando: *se é assim, por que nem todo cristão que conheço está vivenciando o tipo de sucesso de Jesus em sua vida?*

Em mais de duas décadas de ministério, aprendi isto com o Senhor: **sem Ele, nada podemos fazer. Sem nós, Ele nada fará.** O que isso significa é, simplesmente, que precisamos reconhecer o fato de que, se não dependermos de Jesus, não pode haver qualquer sucesso real, duradouro e permanente — sem Ele, não somos capazes. A Bíblia nos diz que, se o Senhor não edificar a casa, nós trabalhamos em vão.[5]

Os crentes que querem vivenciar o sucesso que vem de Deus precisam reconhecer essa verdade e começar a depender de Jesus e somente de Jesus.

Alguns crentes podem não demonstrar, mas, em seus corações, eles creem que, mesmo sem Jesus, podem ser bem-sucedidos. Crendo e agindo com base nisso, eles caem do lugar elevado da graça de Deus (Seu favor imerecido) de volta para a lei, de volta para tentar merecer sucesso por seus próprios esforços. A Palavra de Deus nos diz: "De Cristo vos desligastes, vós que procurais justificar-vos na lei; da graça [favor imerecido] decaístes."[6]

Essas são palavras sérias de advertência. Quando você começa a depender dos seus próprios méritos e esforços para merecer o favor de Deus, volta ao sistema da lei. Você é cortado de Cristo e deixa de ter o Seu favor imerecido operando em sua vida. Não me entenda mal; Jesus ainda está com você (de maneira alguma ele o deixará, nunca o abandonará),[7] mas, ao depender dos seus próprios esforços, você lança fora da sua vida o Seu favor imerecido.

Então, o que quero dizer com "Sem nós, Ele nada fará"? Bem, Jesus é um cavalheiro. Ele não empurrará Seu favor imerecido e sucesso pela sua garganta abaixo. Ele precisa que você lhe permita trabalhar em sua vida. Jesus espera pacientemente que você confie nele. Ele espera pacientemente que você dependa do Seu favor imerecido, assim como José confiava e dependia inteiramente da presença do Senhor, até que a Sua presença manifesta assumiu o controle e a Sua glória se irradiou sobre tudo que José tocou.

Amado, aprendamos rapidamente que, sem Jesus, não conseguimos ser bem-sucedidos e, se escolhermos não responder ao Seu favor imerecido, Ele não o forçará a nós. O favor imerecido de Deus flui continuamente em nossa direção e Jesus está aguardando que esgotemos nossos recursos e dependência de nós mesmos. Ele está esperando que você pare de lutar e de tentar "merecer" de alguma forma o Seu favor, e apenas dependa dele. Assim, comece a descansar no favor imerecido de Jesus e a vivenciar a manifestação de Sua presença e glória em tudo que você tocar!

## CAPÍTULO 3

# *Garanta o Seu Sucesso*

Tão importante quanto estarmos interessados no tipo de **resultado** de Jesus em nossas vidas é desejarmos o tipo de **sucesso** de Jesus. Deus não quer que tenhamos um sucesso que nos esmague. Estou certo de que você já ouviu muitas histórias de pessoas que recebem uma herança inesperada ou acertam o primeiro prêmio da loteria. Contudo, para algumas dessas pessoas a riqueza repentina não ofereceu uma vida melhor. Em vez disso, em muitos casos, sabemos que a riqueza corrompeu e destruiu suas vidas.

Com frequência, essas pessoas não foram capazes de administrar seu assim-chamado sucesso e acabaram deixando suas esposas e permitindo que suas famílias se desfizessem diante de seus olhos. Talvez elas tenham comprado todo tipo de coisas e morado em mansões. Não obstante, elas ainda sentiam uma sensação crônica de solidão, vazio e insatisfação. A triste realidade é que muitos desses que se arriscaram com tal riqueza repentina esbanjaram tudo; alguns até foram à bancarrota. Esse tipo de resultado não é, claramente, o tipo de resultado de Jesus nem o tipo de sucesso de Jesus. Deixe-me esclarecer desde o início: Deus não acha um problema você ter dinheiro, mas não quer que o dinheiro possua você!

*"Mas, pastor Prince, como você pode dizer que Deus não acha um problema nós termos dinheiro? A Bíblia não diz que o dinheiro é a raiz de todos os males?"*

Espere um instante, isso não está na Bíblia. Sejamos biblicamente precisos. O que a Bíblia diz é: "Porque **o amor ao dinheiro** é a raiz de todos os males..."[1] Você consegue perceber a diferença? Ter dinheiro não torna você ruim. É a obsessão e o intenso amor pelo dinheiro que levam a todos os tipos de males. O fato de uma pessoa não ter dinheiro no bolso não significa que ela seja santa. Ela pode muito bem estar pensando, sonhando e cobiçando dinheiro o dia todo. Você não precisa ter muito dinheiro para ter amor por dinheiro. Se uma pessoa está sempre comprando bilhetes de loteria, indo a cassinos e apostando no mercado de ações, essa pessoa claramente tem amor por dinheiro. Ela é obcecada por obter mais dinheiro.

---

*Deus quer abençoá-lo para que você seja uma bênção!*

---

Quando Deus chamou Abraão, disse-lhe: "... te abençoarei... sê tu uma bênção!"[2] Você e eu, crentes da nova aliança em Cristo, somos chamados descendentes de Abraão[3] e, como Abraão, somos chamados para sermos uma bênção. Agora, como podemos ser uma bênção se não formos abençoados em primeiro lugar? Como podemos ser uma bênção para outras pessoas quando estamos sempre acamados por uma doença, vivendo em condições mínimas, nunca tendo o suficiente para a nossa família e sempre tendo de pedir emprestado aos outros? De jeito nenhum. Deus quer você saudável, forte e com recursos financeiros mais do que suficientes, para que possa ser generoso com seus parentes, com seus amigos, com a comunidade ou qualquer pessoa necessitada de ajuda. Como você pode estar em posição de ajudar os outros se precisa de toda ajuda que pode conseguir? Definitivamente, mal ter para si mesmo não é o melhor de Deus para você. Deus quer abençoá-lo para que você seja uma bênção!

## O Evangelho de Jesus Cristo Traz
## Cura e Provisão Sobrenaturais

*"Ah, pastor Prince, agora sei que você é um desses pregadores do evangelho da prosperidade de saúde e riqueza!"*

Não existe "evangelho da prosperidade". Só há um evangelho: o evangelho de Jesus Cristo. Por meio da obra consumada de Jesus na cruz, você pode depender dele para que Sua vida de ressurreição pulse e flua em seu corpo físico, desde o topo da cabeça até a planta dos pés. Enfermidades e doenças não vêm de Deus. Na cruz, Jesus tomou sobre si não somente os nossos pecados, mas também nossas doenças e enfermidades, e "pelas suas pisaduras fomos sarados!"[4]

Isso não é tudo, amigo. Na cruz, Jesus tomou sobre si a maldição da pobreza! Isso é o que a Palavra de Deus declara: "... pois conheceis a graça [favor imerecido] de nosso Senhor Jesus Cristo, que, sendo rico, se fez pobre por amor de vós, para que, pela sua pobreza, vos tornásseis ricos."[5] Leia 2 Coríntios 8. O capítulo inteiro trata de dinheiro e de ser uma bênção financeiramente para os necessitados. Então, não deixe que alguém lhe diga que o versículo se refere a riquezas "espirituais".

Uma das coisas que frequentemente lembro aos membros de minha igreja é: sempre leia um versículo em seu contexto, porque, quando você tira o "texto" do seu "contexto", ele se torna um "pretexto"! Não deixe que usem de pretextos para afastá-lo das bênçãos de Deus em sua vida. Deixe-me perguntar-lhe novamente: como você pode ser uma bênção para alguém quando está sempre doente e sempre pegando emprestado de uma pessoa para pagar a outra? Amigo, o diabo é quem quer você doente e pobre, mas o Deus que eu conheço pagou um grande preço para redimir você da maldição da doença e da pobreza!

Vamos compreender como Deus lida conosco do ponto de vista dos **relacionamentos**. Como pai ou mãe, como você ensinaria aos seus filhos caráter e paciência? Com doenças e enfermidades? É claro que não! Existem clínicas psiquiátricas onde internamos pais que agem assim! Novamente, como pai ou mãe, como você ensinaria às suas crianças humildade? Amaldiçoando seus filhos com pobreza para o restante da vida deles? De jeito nenhum! Agora, não é surpreendente como tudo se torna claro quando começamos a pensar do ponto de vista de um pai ou de uma mãe e colocamos nossos filhos em cena?

Quando começar a pensar em termos de relacionamento, tudo convergirá e você começará a ver as coisas pela perspectiva de Deus. Ele é o nosso Pai que age na base do relacionamento e, mediante o Seu favor imerecido em nossas vidas, aprendemos caráter, paciência e humildade ao abrirmos mão de nossos próprios esforços e dependermos dele. Quanto mais conhecemos nosso Pai, mais nos tornamos semelhantes a Ele. É assim que Deus nos faz crescer de glória em glória em todas as áreas de nossas vidas. É simplesmente por observarmos a Ele![6]

Você sabe que, como pais, sempre procuramos o melhor para os nossos filhos. Quanto mais nosso Pai celestial deseja o melhor para nós, Seus preciosos filhos? Da mesma forma que você quer que seus filhos sejam saudáveis, Deus quer que você desfrute da Sua divina saúde. E, da mesma maneira que você quer que seus filhos sempre tenham mais que o suficiente, Deus quer que você desfrute da Sua provisão sobrenatural. Quando Ele enviar a provisão, prepare-se para uma rede se rompendo de tão cheia de peixes.[7] Prepare-se para doze cestos cheios de sobras![8] A Bíblia nos dá uma perspectiva mais clara em Mateus 7:11 — Se vocês, como pais imperfeitos, "sabeis dar boas dádivas aos vossos filhos, quanto mais vosso Pai, que está nos céus, dará boas coisas aos que lhe pedirem"!

---

*Da mesma maneira que você quer que seus filhos sempre tenham mais que o suficiente, Deus quer que você desfrute da Sua provisão sobrenatural.*

---

Agora, venha comigo até a Unidade de Terapia Intensiva de qualquer hospital. Veja as pessoas ofegantes e gemendo de angústia a despeito dos analgésicos administrados continuamente aos seus corpos devastados. Veja a mulher inconsolável, que acaba de perder o marido, chorando histericamente no corredor. Então, olhe nos meus olhos e diga-me se você realmente pensa que essa é a obra do nosso Pai amoroso.

Depois, venha comigo pelas vielas infestadas de malária de qualquer favela e veja as crianças procurando comida em montes de lixo e, gratamente, comendo qualquer pedaço de alimento jogado fora que consigam encontrar. Veja as meninas forçadas a se prostituírem e as cicatrizes nos corpos de pais desesperados que não tiveram outra escolha senão venderem seus órgãos para conseguir dinheiro para sobreviver. Então, olhe nos meus olhos de novo e diga-me que você acredita que a pobreza vem do nosso Pai.

Vamos lá meu amigo, até o mundo tem mais bom senso do que alguns cristãos! Veja o que pessoas como Bill e Melinda Gates, Warren Buffett e Bono têm feito. Elas estão usando sua fama, seus recursos e seu tempo para combater a doença e a pobreza. E, aqui, temos crentes completamente cegados por crenças legalistas, dizendo-nos que a doença e a pobreza vêm de Deus. Espero que você esteja começando a ver quão distorcido e embaraçoso esse ensinamento é.

---

*Deus não é contra você ter dinheiro e bens materiais. Ele é contra o dinheiro e as coisas possuírem você.*

---

Amigo, entenda bem: Deus abomina a doença e detesta a pobreza. Ele deu tudo que tinha para aniquilar a doença e a pobreza quando nos deu Seu único Filho, Jesus Cristo, para morrer na cruz por nós. Ele colocou todo o pecado da humanidade, bem como a maldição da doença e da pobreza no corpo de Jesus. Agora mesmo, a humanidade só precisa responder à obra consumada de Jesus e seus pecados serão perdoados, seus corpos físicos serão curados e sua pobreza fará parte do passado!

Deus quer que você seja abençoado no espírito, na alma e no corpo. Ele não é contra você possuir dinheiro e bens materiais. Mas, permita-me esclarecer: Ele é contra o dinheiro e as coisas **possuírem você**. Frequentemente, digo o seguinte à minha igreja: use o dinheiro e ame as pessoas. Não ame o dinheiro e use as pessoas. Deus quer você e sua família totalmente abençoados e com mais do que o suficiente para ser uma bênção. Mas, ao mesmo tempo, Ele quer ter a certeza de que o sucesso não o destruirá e não fará a sua família desintegrar-se. Para garantir o seu sucesso, mantenha seu coração ardendo de paixão por Jesus e por Sua presença, em vez de em bens materiais vazios.

## Como Garantir o Sucesso — Mantenha Seus Olhos em Jesus

A Palavra de Deus diz: "... buscai... em primeiro lugar, o seu reino e a sua justiça, e todas estas coisas vos serão acrescentadas."[9] Ora, o que é o reino de Deus? O apóstolo Paulo nos diz, em Romanos 14:17, que o reino de Deus não é comer e beber, mas "... justiça, e paz, e alegria no Espírito Santo".

A Palavra de Deus promete que, quando você mantiver seus olhos fixos em Jesus e buscar o reino de Deus, que é a justiça de Jesus, Sua paz e Sua alegria, "todas estas coisas" serão acrescentadas a você. "Estas coisas" se referem ao que você comerá, beberá e vestirá. Jesus nos diz que você não tem de ser consumido por essas preocupações. Se o seu Pai alimenta até as aves do céu, embora elas não semeiem, colham ou ajuntem em celeiros, quanto mais Ele cuidará de você, que tem muito mais valor, para Ele, do que as aves![10]

Amado, apenas mantenha seus olhos em Jesus e em Sua obra acabada na cruz. Ele não somente acrescentará as coisas de que você necessita nesta vida, mas também fará você alguém bem-sucedido. Agora, abra comigo o livro de Jeremias para ver o que o Senhor diz a respeito de ter riquezas, sabedoria e poder.

Não se glorie o sábio na sua sabedoria, nem o forte, na sua força, nem o rico, nas suas riquezas; mas o que se gloriar, **glorie-se nisto: em me conhecer e saber que eu sou o** Senhor e faço misericórdia, juízo e justiça na terra; porque destas coisas me agrado, diz o Senhor.

— Jeremias 9:23, 24

Que sejamos um povo que não dependa da nossa própria sabedoria, poder e riquezas (em suma, dos nossos próprios méritos), mas que nosso motivo de orgulho (dependência) esteja em entendermos e conhecermos Jesus. Saiba que Ele é cheio de graça e está repleto de favor imerecido para nos dar. Saiba que Ele executa justiça contra todas as injustiças. Saiba que Ele próprio é justo e nos reveste com Suas vestes de justiça. Quanto mais você se concentrar em contemplar Jesus em toda a Sua benignidade e menos se esforçar para conquistar as coisas por seus próprios méritos, mais seguro você se tornará para obter maior sucesso em sua vida.

---

*Quanto mais você se concentrar em contemplar Jesus em toda a Sua benignidade e menos se esforçar para conquistar as coisas por seus próprios méritos, mais seguro você se tornará para obter maior sucesso.*

---

Vamos continuar nosso estudo sobre a vida de José. Ainda existem muitas pedras preciosas escondidas em sua vida, que ainda não abordamos, e quero que veja o que significa quando um homem está seguro para o sucesso. No capítulo anterior, vimos como a presença do Senhor manifestada em sua vida fez prosperar tudo que José fazia. Os resultados que José produzia eram tão espetaculares, que até Potifar, um descrente sem discernimento espiritual, podia testemunhar que o Senhor estava com José. Potifar não era tolo. Quando ele viu que tudo que José tocava prosperava: "... logrou José mercê perante ele, a quem servia; e ele o pôs por mordomo de sua casa e lhe passou às mãos tudo o que tinha. E, desde que o fizera mordomo de sua casa e sobre tudo o que tinha, o SENHOR abençoou a casa do egípcio por amor de José; a bênção do SENHOR estava sobre tudo o que tinha, tanto em casa como no campo."[11]

Amigo, o favor imerecido que você tem do Senhor transbordará e alcançará as pessoas à sua volta. Em sua carreira, quando Jesus fizer prosperar tudo que suas mãos tocarem, você receberá favor de seu chefe e isso levará a aumento e promoção acelerados. Creia que devido a *você*, filho de Deus, fazer parte dessa empresa, a organização prosperará e será abençoada. Por amor a você, o Senhor abençoará a empresa em que você está.

## A Diferença entre o Favor Imerecido de Deus e o Favoritismo das Pessoas

Vimos que José era um homem bem-sucedido porque o Senhor estava com ele e porque ele dependia do favor imerecido de Deus. Também é importante que você reconheça que há uma significante diferença entre o **favor imerecido** de Deus e o **favoritismo** das pessoas.

O favor imerecido de Deus se baseia inteiramente no mérito de Jesus e nós o recebemos através da Sua obra concluída na cruz. Nada fizemos para merecer o Seu favor. Ele é totalmente imerecido. O favoritismo, porém, cheira a esforço próprio. As pessoas que dependem do favoritismo para terem uma promoção precisam recorrer à bajulação, à política, às táticas de manipulação, às calúnias maldosas e a todo tipo de concessões apenas para conseguir o que querem. Elas envidam todos os seus esforços para abrir portas para si mesmas e, nesse processo, elas se perdem.

Deus tem um caminho mais elevado e melhor para você. Ele se entristece em ver Seus filhos preciosos rastejando como bajuladores apenas para avançarem na vida. Se uma porta se fechar, deixe! Creia com total confiança que Deus tem um caminho melhor para você. Você *não tem* de depender de favoritismo para manter as oportunidades abertas para si quando tem ao seu lado o favor imerecido de Deus!

Era assim que José agia. Ele dependia do Senhor para ter sucesso, e não do favoritismo, que teria feito com que ele fizesse concessões no que dizia respeito às suas convicções. Quando a mulher de Potifar ficou tentando seduzir José a dormir com ela, José permaneceu firme no fundamento do favor imerecido. Por falar nisso, creio que José enfrentou uma tentação real. Não se esqueça de que Potifar era um oficial de alto escalão, o capitão da guarda e um homem de posição, influência e riqueza. Como um homem do mundo, não teria se casado com uma mulher feia por conta de sua beleza interior e certamente não teria se casado com alguém que aparentasse ser idosa! Ele teria definitivamente escolhido uma mulher jovem e bela para ser sua esposa, e ela provavelmente era uma das mulheres mais bonitas daquela terra.

Então, não existe dúvida de que ela era uma tentação real para José e foi por isso que José teve de fugir! Essa mulher não tentou José apenas uma vez. A Bíblia nos conta que ela falava a José todos os dias, seduzindo-o para deitar-se com ela.[12] Mas, José recusou-se, dizendo: "Ele [Potifar] não é maior do que eu nesta casa e nenhuma coisa me vedou, senão a ti, porque és sua mulher; como, pois, cometeria eu tamanha maldade e pecaria contra **Deus**?"[13]

A partir de suas palavras, fica claro que José conhecia a fonte de seu sucesso, favor e bênçãos. Ele não considerava sujeitar-se à mulher de Potifar uma grande maldade e pecado contra *Potifar* somente, mas também contra *Deus*. Ele sabia que toda bênção que recebera era resultado do **favor do Senhor** em sua vida. Ele sabia que não fora Potifar quem o promovera de um humilde escravo para tornar-se o capataz de todas as propriedades de Potifar. Fora o Senhor!

## Tenha um Relacionamento Vivo com Jesus e Ande nos Seus Caminhos

Ora, isso é realmente lindo. Às vezes, pessoas me perguntam: "Pastor Prince, se você não ensinar os Dez Mandamentos à sua igreja, o que governará essas pessoas?" Amigo, o próprio Senhor as governará! Olhe para a vida de José. Ele viveu muitos anos antes de os Dez Mandamentos serem entregues a Moisés no Monte Sinai. Não obstante, ele pôde olhar para a linda esposa de Potifar, que estava se jogando para cima dele, e dizer: "como... cometeria eu tamanha maldade e pecaria contra Deus?"

Isso tudo aconteceu muito antes de existir um mandamento que dizia "Não adulterarás".[14] A pergunta é: quem ensinou José? Quem lhe ensinou que o adultério era uma grande maldade contra Deus? Pense nisso. Ele era um rapaz viril, longe de sua casa, e sabia que dormir com a esposa de Potifar lhe daria muitos privilégios se ele quisesse depender do favoritismo. Ele poderia ter ficado amargurado com Deus e com seus irmãos, que o haviam traído. Ele poderia ter escolhido tirar toda a vantagem da situação que se apresentava, uma vez que parecia ter sido abandonado pelas únicas pessoas com as quais ele se importava. Ninguém estava por perto e ninguém saberia. Contudo, adivinhe? José tinha um relacionamento com Deus. Ele tinha um relacionamento com o Rei dos reis. Ele sabia que o Senhor estava com ele em cada passo do caminho e que o Senhor não o abandonara.

---

*Saber que Jesus é o seu sucesso torna você seguro para o sucesso!*

---

Como você pode ver, nós não podemos ter um relacionamento com a lei, com duas tábuas de pedra, mas podemos ter um relacionamento vivo com Jesus e Ele imprimirá as Suas leis em nossas mentes e as inscreverá em nossos corações,[15] fazendo com que andemos nos Seus caminhos que levam à vida. José não era governado pelos Dez Mandamentos. Tudo que ele tinha era um relacionamento vivo com o Senhor. Saber que Jesus era o seu sucesso tornou José seguro para o sucesso!

## CAPÍTULO 4

# *Sucesso Além das Suas Circunstâncias*

A presença de Jesus é tudo que você necessita. É emocionante desfrutar da Sua presença diariamente em tudo que você faz. A Bíblia registra a história de um grupo de amigos que abriu o teto de uma casa para poder desviar-se da multidão que bloqueava seu caminho para Jesus e levar seu amigo paralítico perante Ele para ser curado.[1] Eu amo esse espírito de "custe o que custar" para estar na presença de Jesus. Mas, sabe? Atualmente, não temos de escalar montanhas, atravessar a nado vastos oceanos ou sequer abrir telhados para estar em Sua presença. Bem onde você está, Jesus, o seu Emanuel, está com você!

Há uma poderosa pergunta retórica na Bíblia e incentivo você a memorizá-la:

> "Se Deus é por nós, quem será contra nós?"
>
> — ROMANOS 8:31

É lamentável ainda haver, nos dias de hoje, alguns crentes que se perguntam: "Deus é realmente por mim?" Bem, amigo, a Palavra de Deus NÃO diz "**talvez** Deus seja por nós" ou "**esperamos** que Deus seja por nós". Ela simplesmente diz: "Se Deus é por nós, quem será contra nós?" De fato, quando Deus é por você, que oposição pode ter êxito contra você? Quando o próprio Deus luta a seu favor, defende-o e o vinga, que adversidade ou adversário pode se levantar contra você? Nenhum! Aleluia!

*"Mas, pastor Prince, como foi que Deus veio a ficar ao nosso lado? Embora hoje eu seja cristão, ainda fracasso e não consigo atingir os santos padrões de Deus. Ainda perco a paciência no trânsito de quando em quando e, de tempos em tempos, ainda fico bravo com minha mulher e meus filhos. Por que Deus deveria estar ao meu lado quando fracasso? Você não sabe que Deus é santo?"*

Grande pergunta. Deixe-me dizer-lhe por quê. A resposta se encontra na cruz. O sangue que Jesus Cristo, o Filho de Deus, derramou na cruz colocou Deus ao seu lado. Hoje, Deus pode **ser** por você mesmo quando você fracassa, porque o sangue de Jesus o lavou, deixando-o mais branco que a neve!

Você já assistiu ao filme de Cecil DeMille, *Os Dez Mandamentos* ou ao desenho animado *O Príncipe do Egito*? Lembra-se do que aconteceu na noite da Páscoa? Os filhos de Israel colocaram o sangue do cordeiro nas vergas das portas. O que o sangue fez? O sangue colocou Deus do lado deles! Nenhuma das famílias que havia aplicado o sangue nas vergas das suas portas precisou temer a morte de seus primogênitos.

---

*Deus é por você hoje por causa do sangue do Cordeiro perfeito — Jesus Cristo.*

---

Agora, pense nisto um momento. Os filhos primogênitos de Israel foram poupados naquela noite devido ao seu comportamento e conduta perfeitos ou foram poupados devido ao sangue do cordeiro? É claro que foi devido ao sangue do cordeiro!

Ele **é por você** hoje por causa do sangue do Cordeiro perfeito — Jesus Cristo. É por isso que, como crentes hoje, não temos de lutar por nós mesmos. Gosto de dizer isso da seguinte forma: "Se Deus é por nós, quem pode vir com sucesso contra nós?" Lembre-se sempre de que Deus está ao seu lado hoje devido ao sangue de Jesus. Sua santidade e justiça que os homens temem estão, agora, ao seu lado devido ao sangue de Jesus. Seu favor imerecido está ao seu lado e todos os recursos do Seu favor são seus devido ao sangue de Jesus! Ora, quem pode ter êxito em vir contra você? Nenhuma doença, nenhuma enfermidade, nenhum credor, nenhuma acusação maligna, nenhuma fofoca — nenhuma arma forjada pode ter êxito em se levantar contra você![2]

## Você Não Pode Conquistar o Favor de Deus Porque Ele É um Presente

*"Bem, pastor Prince, Jesus está com algumas pessoas porque elas fazem muitas coisas boas. Eu não faço muitas coisas boas para Deus ou para os outros; então, como Jesus pode estar comigo?"*

Algumas pessoas creem que fazer muito por obras de caridade ou efetuar atos de bondade fará com que Deus fique ao seu lado. De alguma maneira, elas têm essa ideia de que, se tiverem doado quantias significantes aos pobres ou dedicado voluntariamente seu tempo a servir na igreja, todos esses atos as farão merecer o favor de Deus e o farão estar ao lado delas. Amigo, falemos abertamente sobre isso. Deus não está com você devido ao que você faz ou não faz, ou devido ao que você fez ou não fez. Esse tipo de pensamento ainda coloca o foco sobre você. O amor de Deus por você é incondicional. Trata-se de relacionamento, não de regras.

Por outro lado, o legalismo trata de regras que você precisa observar e com que frequência você deve fazer algo. Tudo diz respeito a você:

você fazer ou não fazer algo para conquistar o favor de Deus e tê-lo ao seu lado. O cristianismo se torna uma vida de legalismo para os cristãos que creem que, se passarem um longo tempo lendo a Bíblia, orando, jejuando ou fazendo serviço voluntário na igreja, obterão mais favor de Deus. Eles pensam que todas as suas obras farão com que Deus esteja ao seu lado e responda às suas orações.

Mas, você realmente pensa que pode mover o braço de Deus com as suas boas obras? Deixe-me perguntar-lhe: Deus responde às suas orações devido ao seu merecimento ou ao merecimento de Jesus? Ele está ao seu lado devido ao seu merecimento ou ao merecimento de Jesus? Perceba que é importante estabelecer corretamente essas verdades fundamentais e não ficar de um lado para o outro tentando **merecer** o favor de Deus quando Ele quer que **recebamos** tudo através do Seu favor imerecido. Estou dizendo que você não deve ler a Bíblia, orar, jejuar ou servir ao Senhor na igreja? Não, mil vezes não! Tudo que estou dizendo é que, quando você fizer essas coisas, faça-as por **desejo** do seu coração, não porque seu coração se sente **obrigado** pelo legalismo.

Pense comigo neste momento. Você gostaria que seu cônjuge dedicasse tempo a ficar com você porque ele ou ela quer, ou porque ele ou ela tem *obrigação* de fazer isso? Você acha que nosso Deus amoroso é diferente? Jesus não está interessado em obras impulsionadas por um senso de legalismo. Ele está interessado em você querer dedicar um tempo de qualidade para ficar com Ele em Sua Palavra, de maneira que Ele possa conversar com você, encorajá-lo e transferir-lhe a sabedoria necessária para aquele dia. Não se trata de você cumprir uma quota diária de leitura da Bíblia, acumular minutos de oração suficientes ou jejuar durante tempo suficiente para qualificar-se para as bênçãos de Jesus. Absolutamente, não.

Se você fizer tudo isso, deverá ser porque tem uma revelação permanente de que a presença de Jesus está com você, uma compreensão de que Seu favor imerecido está sobre você e uma certeza de que Ele está ao seu lado. E, devido a essa transbordante abundância de reconhecimento pelo Seu amor, do qual você não é merecedor, você deseja ouvir Sua voz e buscar Sua face. Você começa a confiar no Senhor com todo o seu coração e a não se apoiar em seu próprio entendimento. Você começa a reconhecer o Senhor em todos os seus caminhos e a permitir que Ele endireite as suas veredas.[3] Não é surpreendente como o homem, cegado pelos próprios esforços, consegue transformar em trabalho algo tão lindo como dedicar tempo de qualidade a Jesus?

---

*A presença de Jesus em sua vida é um dom gratuito de Deus. Não existe qualquer número de boas obras que você possa fazer para merecer o Seu favor.*

---

Amigo, Deus está **com você** hoje devido ao Seu precioso Filho, Jesus. Porque Deus amou o mundo de tal maneira, que **deu** Seu único Filho, cujo nome é Emanuel. Deus nos deu Jesus. A presença de Jesus em sua vida é um dom gratuito de Deus. Não existe qualquer número de boas obras que você possa fazer para conquistar a presença de Jesus. Não há qualquer número de boas obras que você possa fazer para merecer o Seu favor. A presença dele em sua vida é um dom gratuito. Agora, devido a você não ter feito coisa alguma para merecer a Sua presença em sua vida, não existe **nada** que você possa fazer, nem **nada** que fará que a Sua presença o abandone. Já tendo recebido Jesus em seu coração, Ele de maneira alguma deixará, e nunca abandonará você![4]

*"Mas, pastor Prince, Jesus não me deixa quando eu fracasso?"*

Não, Jesus está bem ao seu lado para encorajá-lo e restaurar a sua integridade. Você poderá dizer: "Mas, eu não mereço!" É isso mesmo. É isso que o torna o Seu **favor imerecido** na sua vida. Existe um belo salmo que diz: "O Senhor firma os passos do homem bom e no seu caminho se compraz; se cair, não ficará prostrado, porque o Senhor o segura pela mão."[5] Quando você fracassa, Jesus está lá para levantar você. Diferentemente de alguns de seus assim chamados "amigos", Ele não se afasta simplesmente. Você pode contar com Ele. Ele é um amigo fiel e confiável. Mesmo quando você falha com Ele, Ele está ali ao seu lado, pronto para levantar você e restaurar a sua integridade. Amém! A Bíblia fala sobre um amigo que é "mais chegado que um irmão".[6] É Jesus!

## A Troca Divina

Houve um tempo, sob a lei do Antigo Testamento, em que Deus só estaria com você quando você estivesse em total obediência. Mas, quando você falhava, Ele o deixava. Hoje, porém, você e eu estamos sob uma aliança totalmente diferente e Deus nunca nos deixará. Por quê? Devido ao que Jesus fez na cruz. Na cruz, Ele se tornou a nossa oferta queimada. Ele levou sobre si os nossos pecados e recebeu a nossa punição. O julgamento de Deus contra os nossos pecados recaiu sobre Jesus, que foi abandonado na cruz por seu Pai para que hoje nós possamos ter a presença constante e incessante de Deus em nossas vidas.

Jesus exclamou: "Deus meu, Deus meu, por que me desamparaste?" Para que você e eu saibamos exatamente o que aconteceu na cruz.[7] Foi ali que ocorreu a divina troca. Na cruz, Jesus recebeu os nossos pecados e abriu mão da presença de Deus, enquanto nós tomamos a justiça de Jesus e recebemos a presença de Deus que Jesus tivera. A presença de Deus agora nos pertence por toda a eternidade. Que troca divina!

---

*Quando você faz as coisas certas, Ele está com você. Mesmo quando você falha, Ele ainda está com você!*

---

Veja comigo o que a Bíblia diz a respeito da nossa herança em Cristo: "... porque ele tem dito: De maneira alguma te deixarei, nunca

**jamais** te abandonarei. Assim, afirmemos confiantemente: O Senhor é o meu auxílio, não temerei; que me poderá fazer o homem?"[8] Que confiança podemos ter hoje! Você sabe o que significa "nunca" aqui? Significa que, quando você está para cima, Ele está com você. Quando você está para baixo, Ele está com você. Quando você está contente, Ele está com você. Quando você está triste, Ele está com você. Quando você faz as coisas certas, Ele está com você. Mesmo quando você falha, Ele ainda está com você! É esse o significado de Jesus ter dito que **nunca** deixaria, nem abandonaria você!

Caso você ainda não esteja convencido, deixe-me mostrar-lhe o que diz o texto original em grego. Quando Deus disse: "De maneira alguma te deixarei, nem te abandonarei", um "duplo negativo"[9] foi utilizado para transmitir o mais forte senso de "nunca" possível na língua grega. As palavras gregas utilizadas são *ou me*, que, em essência, significam "nunca nunca" ou "nunca jamais". E esse duplo negativo aparece duas vezes nessa afirmação do Senhor. *Ou me* é utilizada tanto para "nunca" quanto para "nem". Em outras palavras, Deus está dizendo: "Eu nunca jamais te deixarei e nunca jamais te abandonarei!" A versão da Bíblia em língua inglesa *Amplified Bible* transmite a força do que Deus realmente quis dizer:

> Eu não vou, de forma alguma, deixar você nem desistir de você, nem deixá-lo sem apoio. Não, não, não, em qualquer grau, o desampararei, nem abandonarei, nem decepcionarei (não relaxarei Meu poder sobre você)! [Certamente que não!]
>
> — Hebreus 13:5, AMP

Uau! Foi isso que Jesus fez por nós! Ele nos deu a presença constante de Deus! Meu amigo, ponha isso em seu coração de uma vez por todas — Deus **nunca** o deixará! Deus **nunca** o abandonará! E se ouvir alguém lhe dizer que você pode perder a presença de Deus, pare de ouvi-lo. Não deixe que essa pessoa roube de você a certeza da presença de Deus em sua vida. Quando Deus diz "nunca jamais", Ele *quer dizer* "nunca jamais", e o nosso Deus não pode mentir!

## Não Avalie a Presença de Deus e Seu Favor Imerecido com Base nas Circunstâncias que o Cercam

Agora que você sabe que a presença de Deus em sua vida é uma constante garantida, quero que reconheça que você não pode avaliar a presença de Deus e Seu favor imerecido em sua vida com base nas circunstâncias que o cercam. Para ajudá-lo a compreender o que isso significa, continuemos nosso estudo sobre a vida de José e retomemos a história no ponto em que paramos no capítulo anterior.

José acaba de recusar as investidas da esposa de Potifar e, como diz o velho ditado: "O inferno não conhece fúria maior que a de uma mulher desprezada"! Ela maliciosamente acusou José de tentar violentá-la, exibindo como "evidência" as vestes que ele havia deixado em suas mãos ao fugir dela. Quando Potifar ouve a mulher contar sua versão da história, sua raiva é despertada e ele prende José, destitui-o do lugar de autoridade que lhe concedera e o lança na prisão.

Simplesmente coloque-se no lugar de José. O que está acontecendo aqui? Tudo isso parece familiar demais, não é mesmo? Com a lembrança dolorosa de seus irmãos lançando-o no poço ainda fresca em sua mente, ali está José de novo, lançado em uma masmorra embora fosse inocente. Qualquer pessoa comum ficaria amargurada com Deus! A maioria das pessoas perguntaria: "Onde está Deus? Por que Ele o levou até tão longe, apenas para abandoná-lo? Como isso pode acontecer? Onde está a justiça diante dessa falsa acusação?"

Mas José não era uma pessoa comum! Ele sabia que o Senhor nunca o deixaria ou o abandonaria. José não considerou as circunstâncias que o cercavam, mas manteve o foco na presença do Senhor. Independentemente de ser ou não um escravo comum, capataz na casa de Potifar ou, agora, um prisioneiro encarando a perspectiva de prisão perpétua por um crime que nem sequer cometeu, José não avaliou o favor imerecido de Deus em sua vida com base nas circunstâncias. Em vez de amargurar-se, manteve sua esperança no Senhor. Em vez de jogar a toalha e desistir de Deus e da vida, ele manteve sua confiança, sabendo que todo o seu sucesso estava na presença do Senhor.

E, amigo, como o Senhor o libertou! Quero que você leia isto por si mesmo para ver o que o Senhor fez por José:

> O Senhor, porém, era com José, e lhe foi benigno, e lhe deu mercê perante o carcereiro; o qual confiou às mãos de José todos os presos que estavam no cárcere; e ele fazia tudo quanto se devia fazer ali. E nenhum cuidado tinha o carcereiro de todas as coisas que estavam nas mãos de José, porquanto o Senhor era com ele, e tudo o que ele fazia o Senhor prosperava.
>
> — Gênesis 39:21-23

## Com o Favor de Deus, Você Não Pode Deixar de Prosperar

Quando o favor imerecido de Deus está sobre você, onde quer que esteja, como estava sobre José, (1) você só encontrará favor, (2) tudo o que fizer prosperará e (3) você só terá aumento e promoção além daquilo que possa imaginar!

Você é capaz de ver que esse era o padrão constante na vida de José? Não importava se ele era escravo ou prisioneiro. O mesmo se aplica a você. Quando o favor imerecido de Deus está sobre você, você é como uma bola de borracha em uma poça d'água. As circunstâncias naturais podem tentar afundá-lo e mantê-lo sufocado debaixo d'água, mas o favor imerecido de Deus sempre fará você ir para o topo!

Não fique desanimado com as suas atuais circunstâncias. Eu sei que, às vezes, as coisas podem parecer sombrias, tristes e, talvez, até devastadoras, mas ainda não acabou, meu amigo. Escrevi este livro para dizer-lhe que ainda não acabou! Não creio, um só momento, que dentre os milhões de livros que estão sendo publicados neste momento, você esteja segurando este aqui por acaso ou coincidência. Esta é uma missão divina e creio que Deus está dizendo a você: "Não desista. Ainda não acabou!"

Existem muitos momentos em que os pontos mais baixos da sua vida são, na verdade, as plataformas de lançamento para a maior promoção de Deus em sua vida. Foi assim com José! Vamos voltar o filme e observar as impressões digitais do Senhor através dos altos e baixos da vida de José. Se ele não tivesse sido traído por seus irmãos, não teria sido vendido como escravo. Se não tivesse sido vendido como escravo, ele não teria estado na casa de Potifar. Se não estivesse na casa de Potifar, não teria sido jogado em uma prisão egípcia reservada especificamente aos prisioneiros do rei. Se não estivesse naquela prisão específica, não teria interpretado os sonhos dos oficiais de Faraó. Se não tivesse interpretado seus sonhos, não teria sido convocado a interpretar o sonho de Faraó dois anos depois. Se não tivesse interpretado o sonho de Faraó, este não teria promovido José para tornar-se seu primeiro-ministro sobre todo o império egípcio!

*Os pontos mais baixos da sua vida são as plataformas de lançamento para a maior promoção de Deus em sua vida.*

Foi isso o que Faraó disse a José: "Visto que Deus te fez saber tudo isto, ninguém há tão ajuizado e sábio como tu. Administrarás a minha casa, e à tua palavra obedecerá todo o meu povo; somente no trono eu serei maior do que tu... Vês que te faço autoridade sobre toda a terra do Egito."[10] Quando olhamos para trás, fica claro que o Senhor transformara o momento mais sombrio de José em seu melhor momento!

A presença de Deus com José e o Seu favor imerecido fizeram com que José fosse promovido do poço ao palácio, do monte de esterco à colina do Capitólio, da casa de sapê à Casa Branca. Pare de olhar para as circunstâncias e pare de permitir que elas o desanimem. O mesmo Senhor que era com José é com você neste exato momento. Você não pode fracassar! Espere e verá o sucesso além das suas circunstâncias atuais!

## Capítulo 5

# *Praticando a Consciência da Presença de Jesus*

Vejamos algumas maneiras práticas de como você pode começar a **vivenciar** a presença manifesta de Deus em sua vida praticando estar **consciente** da Sua presença. Uma coisa é saber teoricamente que Deus está com você, mas para vivenciar a Sua presença, você precisa aumentar a sua consciência da Sua presença praticando estar ciente dela!

Isso não é difícil. De fato, não deve requerer esforço. Você sabe que, mesmo quando leu ou está lendo sobre Jesus neste momento, você praticou e está praticando a presença de Jesus? Ao ler sobre Jesus e descobrir o que Ele diz a respeito de você na Sua Palavra, você se tornou, sem qualquer esforço, mais consciente da Sua presença com você neste momento.

E, ao pensar sobre Jesus mais e mais, começará a vivenciar uma paz que nunca teve, uma força inédita e uma alegria que você não é capaz de descrever com palavras. A sabedoria começa a fluir e sua capacidade de tomada de decisão fica mais aguda. Apenas por ser exposto à presença do Filho do Deus vivo, o avanço pelo qual você vinha lutando ocorre sobrenaturalmente.

Amigo, as árvores não se esforçam para produzir frutos. Em vez disso, com uma quantidade adequada de exposição à luz do sol e de água, os frutos são produzidos sem esforço. De maneira semelhante, com adequada exposição à luz do Filho de Deus e à água viva da Palavra de Deus, bons frutos são produzidos em sua vida sem esforço. Sua vitória é um fruto. Seu sucesso é um fruto. Sua saúde é um fruto. Harmonia familiar é um fruto. Sucesso na carreira é um fruto. Todos esses bons frutos nascem apenas por você estar na presença do Senhor! Estresse, depressão e raiva se esvanecem e não dominam mais os seus pensamentos. A preocupação não encontra base de apoio em sua mente. A consciência do perfeito amor de Jesus por você remove todo vestígio de ansiedade e medo. Você se sente e começa a comportar-se como a nova criatura em Cristo que é, independentemente das suas circunstâncias atuais. Aleluia!

## A Presença de Deus Está com Você Para Fazer de Você um Sucesso, Não Para Encontrar Falhas em Você

Algo muito singular e precioso acontece quando você vê que o Senhor está com você. Confie no Senhor para abrir seus olhos a fim de vê-lo ao seu lado na situação que você está vivendo, e quanto mais você o vir, mais Ele se manifestará. Se você está prestes a se comprometer com um acordo de negócios importante, eu lhe garanto que se puder ver o Senhor ali com você, a sabedoria dele fluirá através da sua vida e Ele lhe dará a percepção sobrenatural necessária para perceber quaisquer lacunas, detalhes ou cláusulas rescisórias que estejam faltando nesse contrato que você está prestes a assinar.

Quando você envolver Jesus na situação e reconhecer a Sua presença, você o sentirá intervir em qualquer decisão que esteja prestes a tomar, através da ausência ou da presença da Sua paz. Às vezes, tudo pode parecer estar em ordem na superfície, mas de algum modo, você pode sentir uma inquietação no seu interior todas as vezes que pensa na decisão que precisa tomar. O meu conselho seria que você não se precipitasse. Veja bem, a partir do momento em que envolve o Senhor na situação, a falta de paz que você sente muitas vezes é a Sua direção para protegê-lo. Você pode até mesmo estar no meio de uma discussão com o seu cônjuge, mas no instante em que tomar consciência da presença do Senhor, suas palavras mudarão. De alguma forma, haverá uma contenção sobrenatural que você sabe que não vem de si mesmo. Isso também é o Senhor!

---

*A presença de Deus está com você para orientá-lo, guiá-lo, levá-lo a tornar-se mais semelhante a Cristo e para fazer de você um sucesso em todos os esforços que empreender.*

---

Antes de continuarmos, apenas tenho de dizer o seguinte: é importante você erradicar a noção de que o Senhor está presente para **procurar defeitos** em você. Você pode ter sido criado em um ambiente em que seus pais estavam constantemente implicando com seus defeitos e apontando seus erros, mas não projete esta característica no Senhor. Deus conhece todas as suas particularidades, mas Ele o ama perfeitamente porque o vê através das lentes da cruz, onde Seu Filho removeu todos os fracassos da sua vida!

Então, até mesmo sua atual discussão com o seu cônjuge é lavada pelo sangue de Jesus. A presença do Senhor está com você, **não** para julgá-lo ou para bater na sua cabeça no momento em que falhar. Não, meu amigo, a Sua presença está com você para orientá-lo, guiá-lo, levá-lo a tornar-se mais semelhante a Cristo e para fazer de você um sucesso em todos os esforços que empreender.

Não importa onde você está, o Senhor está com você. Mesmo em meio aos seus medos, quando está sozinho em seu quarto, Ele está lá com você. No momento em que começar a ter consciência da Sua presença e cultivar a Sua presença, todos os seus medos, ansiedades e preocupações se derreterão como manteiga em um dia quente ou, como disse o salmista Davi: "Derretem-se como cera os montes, na presença do SENHOR..."[1]

Você não pode, por meio de um processo psicológico, abandonar o medo ou as preocupações. Você não pode, simplesmente, dizer a si mesmo: "Ei, pare de preocupar-se. Não há nada com que se preocupar." Isso simplesmente não funciona. A dívida ainda estará diante de você e seus problemas ainda serão intransponíveis como sempre, independentemente de quanto tente levantar-se psicologicamente. É isso o que o mundo está tentando fazer, mas não funciona. É necessária a presença do Senhor para manter você livre de preocupações.

Jesus não está lhe pedindo para levantar-se psicologicamente e viver em um estado de negação. De maneira alguma! Ele está lhe dizendo: "Em meio à sua aflição, eu sou o seu escudo. Eu sou o seu defensor. Eu sou a sua fortaleza. Eu sou o seu refúgio. Eu sou o seu suprimento. Eu sou a sua cura. Eu sou o seu provedor. Eu sou a sua paz. Eu sou a sua alegria. Eu sou a sua sabedoria. Eu sou a sua força. Eu sou a glória e aquele que exalta a sua cabeça!"[2] Amém! Ele não está lhe pedindo para fingir que os fatos não existem. Ele quer que você perceba que ELE ESTÁ COM VOCÊ!

Quando você souber que Ele está com você e por você, e você colocar os problemas nas Suas poderosas mãos, começará a ter uma avaliação mais precisa do real tamanho dos seus problemas. Quando os seus problemas estavam em suas mãos, o peso e a carga deles podem ter esmagado você. Mas, quando você envolve Jesus na situação, os problemas antes monumentais se tornam microscópicos em Suas mãos!

## O Amor de Deus por Você é Pessoal, Detalhista e Profundo

Você sabe por que existem, hoje, muitos crentes que não lançam suas ansiedades sobre o Senhor? É porque eles não têm uma revelação de que Ele se importa com eles. Veja o que diz a Sua Palavra: "... lançando sobre ele toda a vossa ansiedade, **porque ele tem cuidado de vós.**"[3] A menos que tenha absoluta confiança de que Jesus se importa com você, você não lançará as suas ansiedades sobre Ele. Apenas pense: você pediria ajuda a um parente ou amigo em um tempo de necessidade se não estivesse confiante de que a pessoa responderia ao seu chamado? Jesus se importa com você. Quando você recorrer a Ele, saiba que tem Sua total atenção com todos os recursos do céu para apoiá-lo!

Talvez você esteja pensando neste exato momento: "Bem, tenho certeza de que Jesus tem coisas mais importantes para fazer do que se importar com o meu problema." Espere aí. Dizendo isso, você acabou de demonstrar que não crê realmente que Jesus se importa com você. Agora, vejamos o que a Bíblia diz: "Até os cabelos da vossa cabeça estão todos contados. Não temais! Bem mais valeis do que muitos pardais."[4]

Eu amo minha doce filha Jessica e me importo com ela. Mas, por mais que eu a ame e me importe com o seu bem-estar, nunca, nem uma vez sequer, contei o número de fios de cabelo de sua cabeça! Ela não sabe quão grande bênção tem sido para mim. Amo beijá-la, cheirar seu cabelo e abraçá-la apertado. Contudo, em todo o meu grande amor por ela, nunca me dediquei a contar o número de fios de cabelo de sua cabeça em todos esses anos!

Mas, você sabe que o seu Pai celestial conta os muitos fios de cabelo de sua cabeça? Eu realmente espero que você esteja começando a entender o coração de Jesus e que não generalize Seu amor por você. Seu amor por você é abrangente. Se Ele se importa o suficiente para manter a contagem dos cabelos da sua cabeça, existe alguma coisa pequena demais para você conversar com Ele?

---

*Deus está vital e intensamente interessado nos mínimos detalhes diários de sua vida.*

O amor de Deus por você é infinitamente detalhista. Jesus disse que nenhum pardal cai ao chão sem o consentimento do Pai. Acaso você não tem mais valor que um pardal? Será que Deus é um Deus que dá corda no relógio e o deixa sozinho funcionando até Jesus voltar? Será que Ele só se envolve com os grandes acontecimentos do mundo? Será que Ele só está envolvido com os acontecimentos significativos da nossa vida, como a nossa salvação, ou Ele está vital e intensamente envolvido nos detalhes minuciosos diários da sua vida? O que você acha? A Bíblia diz que Ele chama Suas próprias ovelhas pelo nome.[5] Meu amigo, o Seu amor por você é pessoal, detalhista e profundo!

## Veja Jesus em Meio a Tudo Que Você Faz

Quando você estudar a sua Bíblia sabendo que o Senhor está com você, ficará maravilhado como a Palavra de Deus se torna viva. É assim que leio a Palavra. Não estudo apenas para preparar mensagens para pregar aos domingos. Vou à Palavra para beber das águas vivas de Jesus. Estou consciente de que Jesus está ao meu lado, ensinando-me e falando ao meu coração; posso dizer a você que nós temos as melhores conversas durante esses tempos e que sempre saio dessas ocasiões sentindo-me refrigerado e energizado.

A leitura da Sua Palavra se tornou um ótimo tempo pessoal de intimidade entre Jesus e eu. Fico completamente perdido e absorvido em Sua presença, a ponto de perder a noção do tempo. Não sei lhe dizer o número de vezes em que olhei meu relógio após mergulhar na Sua Palavra e percebi que já eram cinco horas da manhã! Você conhece a sensação de estar se deliciando com uma xícara de café com leite com amigos que você ama e estar se divertindo tanto, rindo e compartilhando, que o tempo parece simplesmente desaparecer? Bem, você pode deliciar-se com a presença de Jesus da mesma maneira!

Ao ter consciência de que Jesus está com você, ler a Bíblia já não parece mais uma tarefa ou obrigação. Você não vai se surpreender olhando para o relógio batendo tic-tac... tic-tac... tic-tac... tic-tac...

e se sentindo como se uma eternidade tivesse passado e, no entanto, foram apenas cinco minutos! É assim que nos sentimos quando estamos realizando uma tarefa — como se o tempo tivesse parado e mal pudéssemos esperar para acabar com aquilo. O estudo da Bíblia separado da Sua presença é uma obra morta. Mas quando é como estar com o seu melhor amigo, parece que não há tempo suficiente!

Então, veja o Senhor em meio a tudo que você faz e aprenda a colocá-lo em cena. Ele faz tudo ficar lindo em sua vida. Quando você olha para o seu passado, as cicatrizes de ontem ainda podem estar latejando em suas recordações. Talvez você tenha sofrido abuso sexual quando criança ou tenha sido emocionalmente ferido por alguém em quem confiava. Ao olhar para trás agora, você ainda pode se sentir raivoso, frustrado e decepcionado, tudo ao mesmo tempo, e a dor ainda pode perfurar seu coração. Mas, em meio à sua dor, quero desafiá-lo a começar a envolver Jesus. Veja o Senhor abraçando você e curando suavemente os seus ferimentos. Jesus está bem aí restaurando você, colocando coragem em seu coração e removendo toda a sensação de vergonha e culpa.

Amado, Ele quer que você saiba que o seu passado não vai determinar o futuro que Ele tem para você. Quando você envolver o Senhor e colocá-lo em suas águas amargas, Ele transformará a amargura em doçura. Foi isso que o Senhor fez pelos filhos de Israel. Quando eles chegaram a um lugar chamado Mara, não podiam beber as suas águas porque eram amargas. Moisés clamou ao Senhor e o Senhor mostrou-lhe uma árvore, que Moisés lançou dentro das águas. Quando ele fez isso, a Bíblia diz que "as águas se tornaram doces".[6]

---

*Seu passado não determinará o futuro que Deus tem reservado para você.*

---

Por que as águas não potáveis, de sabor desagradável, se tornaram refrescantes e doces? A resposta está na árvore que foi lançada nelas.

A árvore é uma imagem da cruz em que o nosso Senhor Jesus foi pregado, levando sobre si cada coração partido e cada ferroada de traição. Quando você coloca Jesus na sua situação, Ele pode transformar toda experiência amarga em algo doce! Fale com Ele e permita que Sua presença restaure você hoje!

## Quando Você Praticar estar Consciente da Presença de Jesus, Sua Glória, Beleza e Poder Recairão Sobre Você

Davi é um maravilhoso exemplo de alguém que falava com o Senhor e praticava a Sua presença o tempo todo. Mesmo quando adolescente cuidando das ovelhas de seu pai no campo, ele cantava salmos e hinos ao Senhor e tocava sua harpa.

Em 1 Samuel 16, a Bíblia registra que o rei Saul estava muito perturbado e seus servos lhe disseram que ele estava sendo incomodado por um espírito angustiante. Então, eles o aconselharam a trazer Davi perante si para tocar harpa para ele, dizendo que espíritos malignos fugiam quando Davi tocava a harpa. Um dos servos deu uma brilhante descrição de Davi como alguém que "... sabe tocar e é forte e valente, homem de guerra, sisudo em palavras e de boa aparência; e o SENHOR é com ele".[7] Você sabe por que Davi era capaz de fazer Saul tornar-se revigorado apenas tocando sua harpa? Você sabe por que Davi era capaz de receber tantos elogios? Creio que a chave está na última parte do versículo: "o SENHOR é com ele."

Alguns anos depois que Windy e eu nos casamos, houve um incidente que jamais esquecerei. Eu estava a caminho de casa um dia e entrei em um elevador lotado. Depois de mim um grupo de senhoras se espremeu dentro do mesmo elevador quando ele parou no andar seguinte e, oh céus, aqueles perfumes usados por elas eram insuportáveis!

---

*Você não pode estar na presença do Senhor sem que a Sua glória, majestade, beleza, poder, amor e paz recaiam sobre você.*

---

De qualquer forma, quase tonto e prestes a sufocar, cheguei em casa e beijei Wendy com o meu costumeiro: "Olá querida, estou de volta." Ela olhou para mim e disse: "Isto é perfume de mulher. Conheço esse perfume." Eu lhe disse: "Ouça, querida, ouça... de verdade, o que acaba de acontecer..." É por isso que é tão importante haver confiança no seu casamento!

Estou certo de que você já passou por algo semelhante. Você já atravessou um restaurante ou outro lugar cheio de fumaça? Você pode não fumar, mas seu cabelo e suas roupas ficam impregnados com o cheiro da fumaça quando atravessa o local. Da mesma maneira, você não pode estar na presença do Senhor sem Sua glória, Sua majestade, Sua beleza, Seu poder, Seu amor e Sua paz recaírem sobre você. Você começa a "cheirar" como Jesus, a ser poderoso como Ele e a ser cheio de paz como Ele! Não admira que Atos 4:13 contenha o seguinte registro a respeito de Pedro e João: "Ao verem a intrepidez de Pedro e João, sabendo que eram homens iletrados e incultos, [as autoridades do povo e os anciãos de Israel] admiraram-se; e reconheceram **que haviam eles estado com Jesus.**"

## Esteja Consciente da Presença de Jesus em sua Carreira

Onde quer que você esteja, seja o que for que você faça, com a presença do Senhor e o Seu favor imerecido cobrindo-o, não há como você não ser um sucesso. Quando comecei a trabalhar aos vinte e poucos anos, ficava praticando a consciência da presença de Jesus. Dedicava-me a pensar que Ele estava presente, ao meu lado, e em pouco tempo tornei-me o primeiro vendedor da minha empresa. Eu não apenas fechava os negócios mais importantes para a minha empresa, como também garantia a maior frequência de transações de vendas.

Comecei como um dos funcionários mais mal pagos da empresa, mas constantemente o Senhor me promovia e me dava diferentes fontes de rendimento dentro da própria empresa, até que me tornei um dos funcionários mais bem pagos da organização. Por favor, compreenda que não estou compartilhando isso com você para enaltecer-me. Eu sei, sem sombra de dúvida, que todos os sucessos que tive em minha carreira profissional são resultado da presença e do favor imerecido de Jesus em minha vida.

Contei sobre minha carreira profissional (antes de entrar no ministério em tempo integral) para que você não pense que obtive bom sucesso pessoal do Senhor somente por ser pastor. Não. Como mencionei, qualquer que seja a sua vocação, você pode vivenciar a presença de Jesus e Seu favor imerecido, e **Ele** fará de você um sucesso!

Tanto faz você ser *chef*, motorista ou consultor. Deus está ao seu lado para abençoá-lo e torná-lo um sucesso. É claro que compreende que estou me referindo somente a profissões moralmente corretas. Você não pode depender do favor imerecido de Deus se estiver em um ramo de negócio que exija que você transija da moral cristã. Se estiver envolvido em uma indústria moralmente corrupta ou em um emprego que espera que você minta ou engane, o meu conselho para você é: saia! Você não precisa depender de um emprego que o coloca em uma posição moralmente comprometedora para obter sua renda. Deus o ama intimamente e Ele tem algo muito melhor reservado para você. Confie nele.

Deus está aqui para salvar você da autodestruição. Ele quer lhe dar bom sucesso e o ama demais para vê-lo permanecer em um emprego que lhe força a fazer concessões. A Bíblia diz: "Mais vale o bom nome do que as muitas riquezas; e o ser estimado é melhor do que a prata e o ouro."[8] Deus tem um caminho mais elevado e um plano melhor para a sua vida!

## Reconheça a Presença de Jesus Dando Graças a Ele e Valorizando-o

Existem cristãos que sabem, em teoria, que Jesus está com eles, mas não praticam ativamente reconhecer a Sua presença. Para mim, pessoalmente, uma das melhores maneiras de praticar a presença do Senhor é agradecê-lo em todo tempo. Você pode dar graças a Ele por tudo. Apenas diga: *Senhor, eu Te agradeço por esse lindo pôr do sol; agradeço por teu amor e por rodear-me de boas coisas e bons amigos.*

Não há limite para o que você possa ser-lhe grato, pois toda boa dádiva e todo dom perfeito de que desfrutamos hoje provêm diretamente dele.[9] Mesmo que tenha tido um dia difícil no trabalho e esteja enfrentando um desafio aparentemente impossível, você pode praticar a Sua presença. No momento em que perceber que seu coração está pesado de preocupação e sua mente está atormentada por ansiedade, compartilhe seu desafio com Jesus e agradeça a Ele por esse problema não ser maior do que as Suas mãos. Comece a entregar isso a Ele e a depender dele para receber Sua força, Seu poder e Sua paz.

Ao fazer isso, você já está praticando a consciência da presença do Senhor. E ao honrar a Sua presença e ao se comportar como quem acredita que Ele realmente está com você, Ele vê isso como prova da sua fé nele. Assim Ele intervém em seu favor para seu êxito em qualquer situação em que você esteja.

É triste quando os cristãos se comportam como alguns maridos que levam suas esposas a uma festa, apenas para ignorá-las completamente. Suas esposas podem estar ali fisicamente, mas esses sujeitos estão tão envolvidos com seus amigos, conversando sobre a bolsa de valores, a economia ou sobre o último jogo de futebol, que suas esposas poderiam muito bem não estar com eles.

Senhoras, vocês conhecem homens assim? Agora, homens que estão lendo este livro, eu sei que vocês não são assim, então, não se ofendam, está bem? Eu sei que você estima e ama sua esposa. O que estou querendo ilustrar é que o simples fato de alguém estar com você fisicamente não significa que a pessoa se sinta valorizada por você. A valorização só ocorre quando você começa a reconhecer a presença daquela pessoa.

O que gosto de fazer é olhar para Wendy do outro lado do salão lotado de pessoas e, quando nossos olhos se conectam através do salão, é como se o restante das pessoas desaparecesse instantaneamente e somente Wendy permanecesse. Quero que ela saiba que a valorizo por vir comigo àquele jantar ou àquela reunião. Não estou afirmando ser sensível a Wendy o tempo todo, mas que existem momentos em que eu quero fazer uma afirmação que a faça sentir-se especial. Ela é especial para mim, mas realmente valorizá-la e fazê-la sentir-se especial é outra coisa totalmente diferente. De qualquer maneira, como todos os maridos, ainda estou crescendo nesse aspecto.

*O que você aprecia adquire valor aos seus olhos.*

Agora, o que significa a palavra "valorizar"? Ela significa "aumentar em valor". Se você valoriza alguém, a pessoa aumenta em valor aos seus olhos. Amigo, o Senhor já está com você; por isso, comece a praticar a Sua presença. Comece agradecendo-lhe, valorizando-o e aumentando o Seu valor aos seus olhos.

O que Davi quis dizer com "Engrandecei o Senhor comigo…"?[10] Podemos aumentar o tamanho de Deus? É claro que não. O Senhor já é muito grande. Mas, o problema é que, às vezes, o nosso conceito sobre Ele é demasiadamente pequeno. Isso me lembra da história de um menino brincando na praia. Ele corria alegremente para lá e para cá entre seu castelo de areia e o mar, despejando balde após balde de água no fosso que cavara em torno de seu castelo de areia. Na hora de ir embora, seu rostinho se anuviou e ele agarrou a manga da blusa de sua mãe, preocupado. "Mamãe", disse ele, "acho que o mar pode estar se esvaziando porque tirei muitos baldes de água dele".

Estejamos conscientes disso ou não, é assim que, às vezes, enxergamos Deus. Ficamos receosos de tirar dele, não sabendo que Seus recursos são infindáveis. Tornamo-nos como aquele menininho que temeu secar o oceano com seu baldinho de plástico. Então, Davi disse: "Ei, irmãos, venham, engrandeçamos o Senhor. Façamo-lo maior em nossos corações, em nossas mentes, em nossa consciência.

Venham, engrandeçam o Senhor comigo!" Não podemos tornar o Senhor maior do que Ele já é, mas certamente podemos torná-lo maior em nossa consciência sendo mais e mais conscientes da Sua presença conosco.

## Conheça o seu Comandante

É interessante ouvir como alguns cristãos falam. Você pode ouvi-los falar sobre o que o diabo lhes fez, como ficaram realmente furiosos com o diabo e como passaram a noite inteira repreendendo o inimigo. Esses cristãos também podem andar por aí dizendo às pessoas o que o diabo tem lhes dito, mas você não os ouve realmente falar sobre o que **o Senhor** tem lhes dito. Sabe de uma coisa? Eles estão sintonizados na frequência errada!

Em vez de engrandecerem Jesus e a Sua presença e estarem conscientes dele, eles estão engrandecendo o diabo e tendo mais consciência do diabo do que de Jesus. É realmente triste! Eles estão sempre conversando sobre guerra e o diabo. Você sabe que a melhor guerra para engajar-se é engrandecer o Senhor Jesus em sua vida? A Bíblia declara: "Levanta-se Deus; dispersam-se os seus inimigos…".[11] Amém!

Recentemente, tive uma conversa com uma médica a respeito de guerra espiritual. Ela me disse: "Quando existe uma patologia em seu corpo, você precisa saber o nome médico correto para poder orar contra ela com precisão". Depois, ela me disse, com certa presunção: "Como alguém que esteve no exército, você deveria saber que a estratégia militar mais importante é conhecer o seu inimigo."

Sorri para ela e disse: "Na verdade, creio que a mais importante estratégia militar não é conhecer o seu inimigo, mas conhecer o seu comandante e as suas instruções para você."

Você conhece seu comandante, Jesus Cristo? Você sabe, com total certeza, que Sua presença e Seu favor imerecido estão com você? Comece a praticar a presença de Jesus em sua vida hoje e veja quanta diferença Ele trará à sua situação!

# Capítulo 6

# *Seu Direito ao Favor Imerecido de Deus*

Não há dúvida de que todos os crentes desejam vivenciar o favor imerecido de Deus em suas vidas. Todos queremos ter sucesso em nossos casamentos, famílias, carreiras e ministérios. Todos nós desejamos desfrutar das melhores e mais ricas bênçãos de Deus. Anelamos Sua provisão, saúde e poder fluindo poderosamente em nossas vidas e sabemos que todas essas bênçãos são abrangidas pelo favor imerecido de Deus. Quando Seu favor imerecido está ao seu lado, nada pode se opor a você. Mas, se o Seu favor é imerecido, como podemos qualificar-nos para ele? Se não podemos conquistá-lo ou merecê-lo, como podemos estar confiantes de que temos Seu favor imerecido?

Ao longo da história da igreja, encontramos muitos escritos de qualidade a respeito de como os crentes podem vivenciar o favor de Deus. Fomos ensinados a pensar grande, ser positivos e esperar tratamento preferencial. Dou graças a Deus pelos ministros cristãos e escritores que estão desafiando os crentes a esperarem o favor de

Deus em suas vidas nos dias de hoje. Tenho sido muito abençoado por tais ministérios que trazem tremenda esperança e encorajamento ao corpo de Cristo.

Necessitamos de mais ministérios da nova aliança, como esses, no mundo todo, ministérios cheios da pessoa de Jesus, exaltando a cruz e exaltando a obra acabada de Cristo. Necessitamos de ministérios que lembrem os crentes que Deus não está mais bravo com eles, porque seus pecados e todas as suas falhas — passados, presentes e até mesmo futuros — foram perfeitamente pregados e julgados na cruz. Estamos fartos de ministérios que se baseiam na antiquada lei, que representam Deus imprecisamente como alguém áspero e irritado.

Uma das principais coisas que desejo fazer neste livro é construir sobre os ensinamentos existentes a respeito do favor de Deus e dar aos crentes um firme fundamento sobre **por que eles têm direito ao favor imerecido** de Deus em suas vidas hoje. Você sabe as respostas para as perguntas abaixo?

Por que você pode esperar que coisas boas aconteçam?

Por que você pode desfrutar o favor imerecido de Deus?

Por que você pode pedir grandes coisas a Deus?

## Sua Justiça em Cristo É seu Direito ao Favor Imerecido de Deus

Amado, suas respostas são todas encontradas no monte Gólgota, o lugar da caveira. Esse é o lugar em que o Homem sem pecado tornou-se pecado para que você e eu pudéssemos nos tornar a justiça de Deus nele. Sua justiça em Cristo é o **seu direito** ao favor imerecido de Deus.

Você pode esperar o bem...

Você pode desfrutar do favor imerecido de Deus...

Você pode pedir coisas grandes a Deus...

... porque você se tornou a justiça de Deus através do sacrifício de Jesus na cruz!

Não apenas confie em mim. É importante que você leia e conheça a Bíblia por si mesmo:

> Aquele que não conheceu pecado [Jesus Cristo], ele [Deus] o fez pecado por nós; para que, nele [Jesus Cristo], fôssemos feitos justiça de Deus.
>
> — 2 CORÍNTIOS 5:21

Sua justiça em Cristo é o firme alicerce sobre o qual você pode edificar as suas expectativas de receber o favor imerecido de Deus. Deus o vê através da lente da cruz do Seu Filho e, assim como Jesus é merecedor de bênçãos, paz, saúde e favor, você também é![1]

## A Definição Correta de Justiça

Existe muita compreensão incorreta sobre a definição de "justiça" nos dias de hoje. Muitos crentes associam justiça a uma lista de coisas que eles têm de fazer e, se cumprirem toda a lista, sentem-se "justos". No entanto, quando eles falham em termos das suas ações ou do seu comportamento, sentem-se "injustos". Porém, essa é a definição e a compreensão erradas de justiça.

Voltemos ao que a Bíblia tem a dizer. Leia novamente 2 Coríntios 5:21. Não somos justos porque **procedemos corretamente**. Nós nos **tornamos justos** devido ao que **Jesus** fez por nós na cruz. Portanto, a "justiça" não se baseia em **fazermos** as coisas certas. Ela se baseia inteiramente no procedimento correto de Jesus. Cristianismo não é **fazer a coisa certa** para tornar-se justo. Ele diz respeito a **crer corretamente** em Jesus para tornar-se justo.

Você percebe que fomos condicionados a associar ser abençoados a agir corretamente? A maioria dos sistemas de crenças baseia-se em um sistema de mérito pelo qual você precisa cumprir certos requisitos — dar aos pobres, fazer o bem a outros e cuidar dos menos privilegiados — para atingir um determinado estado de justiça. Tudo isso parece muito nobre, um ato de abnegação e realmente exerce certo apelo à nossa carne, pois ela gosta de sentir que as nossas boas obras conquistaram a nossa justiça.

Mas Deus não está olhando para a sua nobreza, para os seus sacrifícios ou para as suas boas obras para justificá-lo. Ele só está interessado na humildade de Jesus na cruz. Ele olha para o perfeito sacrifício do Seu Filho no Calvário para justificar você e para torná-lo justo! Tentar ser justificado por suas boas obras e tentar dar o melhor de si para guardar os Dez Mandamentos para se tornar justo é negar a cruz de Jesus Cristo. É como dizer: "A cruz não basta para me justificar. Preciso depender das minhas boas obras para me purificar e para me tornar justo diante de Deus."

Existe um lindo versículo no Novo Testamento, em que o apóstolo Paulo diz: "Não anulo a graça [favor imerecido] de Deus; pois, se a justiça é mediante a lei, segue-se que morreu Cristo em vão."[2]

Amigo, não tomemos este versículo com leviandade. Considere cuidadosamente o que Paulo está dizendo aqui. Ele está, de fato, dizendo que, se **você** depende das **suas** boas obras, dos **seus** atos e da **sua** capacidade de cumprir perfeitamente os Dez Mandamentos para tornar-se justo, então Jesus morreu por nada! É isso que "**em vão**" significa — **por nada!**

## Sua Justiça É Dada Gratuitamente, Não Conquistada

Se você não assistiu ao filme *A Paixão de Cristo*, dirigido por Mel Gibson, incentivo-o a vê-lo e analisar tudo o que Jesus fez por você a caminho da cruz. Observe Sua angústia no jardim do Getsêmani, onde orou em preparação para a provação que Ele sabia estar próxima.

Veja como o seu Rei foi aprisionado por rudes soldados romanos, que zombaram dele e apertaram contra Sua cabeça uma brutal coroa feita de espinhos. Veja como o seu Salvador sofreu golpe após golpe de um açoite construído de maneira a infligir máxima dor — contendo cacos de vidro e ganchos, de modo que cada golpe arrancava carne das Suas já laceradas costas.

Em uma das cenas, Jesus caiu sob os golpes e eu gritei em meu coração, desejando que Ele ficasse abaixado para que Seus algozes parassem de açoitá-lo. No entanto, Ele não permaneceu no chão. Tendo você e eu em mente, Ele se agarrou ao tronco e, lentamente, ergueu-se para receber a totalidade dos açoites, sabendo que é por Suas pisaduras que nós somos sarados.[3]

Sua agonia não terminou quando os brutos soldados se cansaram de açoitá-lo. Eles lançaram uma pesada cruz sobre Suas costas totalmente ensanguentadas, forçando-o a carregar a madeira lascada em direção ao Gólgota. Após quase não sobreviver àquele perverso tratamento, não admira Jesus ter caído sob o peso da cruz após cambalear durante parte do caminho e os soldados terem de forçar um passante a ajudá-lo a carregar a cruz. Nosso Senhor foi, então, estendido sobre a cruz e enormes cravos foram martelados cruelmente em Suas mãos e Seus pés.

Jesus suportou tudo isto por nada? Será que tudo aquilo foi em vão?

É exatamente isso que os cristãos que insistem em tentar conquistar a sua própria justiça por meio da lei estão dizendo.

Deixe-me citar Paulo para que você possa ver por si mesmo o que quero dizer:

> Não anulo a graça [favor imerecido] de Deus; pois, se a justiça é mediante a lei, segue-se que morreu Cristo em vão.
> — GÁLATAS 2:21

Não anule a graça (favor imerecido) de Deus em sua vida olhando para si mesmo e tentando, por seus próprios esforços, tornar-se justo perante Deus. Não podemos conquistar o favor e a aceitação de Deus. Só podemos receber a justiça como um dom gratuito de Deus. A justiça de Deus é gratuita para nós, mas custou caro para Ele. Ele pagou por ela com o sangue de seu Filho unigênito, Jesus Cristo. Ela é um dom que só pode ser dado gratuitamente, não porque é barato, mas, verdadeiramente, porque não tem preço!

*"Mas, pastor Prince, como posso eu, que não fiz nada certo, ser tornado justo?"*

Bem, primeiro, responda-me: como pode Jesus, que não conheceu nenhum pecado, tornar-se pecado na cruz por nós?

Como você pode ver, Jesus não tinha pecados próprios, mas Ele tomou sobre Si todos os pecados da humanidade. Por outro lado, você e eu não tínhamos justiça própria, mas naquela cruz, Jesus levou sobre Si todos os nossos pecados, todo o nosso passado, todo o nosso presente e futuro, e em troca, Ele nos deu a Sua justiça perfeita e eterna. Agora, essa justiça que recebemos foi resultado das nossas próprias obras ou da **Sua** obra? Está claro que a nossa justiça é um resultado da obra de Jesus e que só podemos recebê-la por meio do Seu favor imerecido!

---

*Nossa justiça é resultado da obra de Jesus e só podemos receber a Sua justiça através do Seu favor imerecido!*

---

Deixe-me dar-lhe a mais clara definição de graça (favor imerecido) que aparece na Bíblia:

> E, se é pela graça [favor imerecido], já não é pelas obras; do contrário, a graça [favor imerecido] já não é graça [favor imerecido].
>
> — ROMANOS 11:6

Você acompanhou? Não existe meio caminho. Ou você é justo pelo favor imerecido de Deus ou está tentando merecer justiça por suas próprias obras. Ou você depende de Jesus ou depende de si mesmo.

## A Voz da Acusação

Talvez você esteja imaginando: *E daí? Por que é tão importante a maneira pela qual me torno justo? Esse não é um assunto a ser descoberto por teólogos e alunos de seminário?*

Estamos chegando à parte empolgante. Isso é importante porque, enquanto tenta crer em Deus para as coisas grandes e a confiar nele de que as suas orações serão respondidas, você será perseguido por essa voz de acusação:

*"Quem você pensa que é?"*

*"Você não se lembra de como gritou com sua esposa esta manhã? Por que Deus deveria lhe conceder favor para a sua apresentação importante no escritório hoje?"*

*"Veja a facilidade com que você perde a calma no trânsito. Como você pode ter a cara de pau de esperar que boas coisas lhe aconteçam?"*

*"Você se considera cristão? Quando foi a última vez que você leu a sua Bíblia? O que você fez por Deus? Por que Deus deveria curar seu filho?"*

Essas acusações soam terrivelmente familiares? Agora, a maneira como você responder a essa voz de acusação demonstrará em que você realmente crê. Este é o teste decisivo daquilo em que você crê. É aqui que a verdade aparece! Alguém poderia pensar: *Sim, você está certo. Eu não mereço isso. Como posso esperar que o favor de Deus recaia sobre mim para a minha apresentação no escritório quando fui tão áspero com minha mulher esta manhã?* Ora, essa é a resposta de alguém que crê que necessita conquistar sua própria justiça e seu lugar de aceitação perante Deus. Essa pessoa crê que pode esperar o bem de Deus somente quando sua conduta é boa e sua própria relação de exigências autoimpostas é cumprida de ponta a ponta.

Provavelmente, ele entraria em seu escritório com a fúria de uma tempestade, ainda fervendo de raiva da esposa. Pior de tudo, ele se sente excluído da presença de Jesus devido à sua raiva e pensa não qualificar-se para pedir o favor de Deus para a sua apresentação. Ele entra desalinhado e desorganizado na sala de reunião. Ele esquece suas anotações e se atrapalha, fazendo que sua empresa perca aquela importante conta. Seus chefes se decepcionam com ele e lhe dão uma grande bronca. Frustrado e envergonhado, ele dirige o carro na volta para a casa como um louco, buzinando para todo carro que não se move imediatamente ao abrir o semáforo. Quando chega a casa, está ainda mais chateado com sua esposa porque a culpa por deixá-lo de mau humor pela manhã, por sua terrível apresentação e pela perda da conta principal! Agora, tudo é culpa DELA!

Agora, veja a diferença se essa pessoa pensar: *Sim, você está certo. Não mereço ter o favor de Deus porque perdi a calma com minha mulher esta manhã. Mas, sabe de uma coisa? Não olho para o que mereço. Olho para o que Jesus merece. Mesmo neste momento, Jesus, eu Te agradeço por tu me veres como perfeitamente justo. Devido à cruz e ao Teu perfeito sacrifício, posso esperar o favor imerecido de Deus em minha apresentação. Todas as minhas deficiências, até mesmo o tom que usei esta manhã, estão cobertos pela Tua justiça. Posso esperar o bem, não porque sou bom, mas porque Tu és bom! Amém!*

Vê a incrível diferença? Essa pessoa está estabelecida sobre a justiça de Jesus e não em seu procedimento correto ou seu bom comportamento. Ele vai trabalhar dependendo do favor imerecido de Jesus, domina a apresentação e ganha uma importante conta para a sua empresa. Seus chefes ficam impressionados com seu desempenho e o indicam para a próxima promoção. Ele dirige o carro na volta para casa com paz e alegria, sentindo o amor e o favor do Pai. Consequentemente, ele é mais paciente com os outros motoristas.

---

*Crer corretamente sempre nos leva a viver corretamente.*

---

Ora, isso significa que ele varre todas as suas falhas para baixo do tapete e faz de conta que elas nunca ocorreram? De maneira alguma! Esse homem, totalmente consciente de que o Senhor está com ele, encontrará a força em Cristo para pedir perdão à sua esposa pelo tom que utilizou com ela. Veja, um coração que foi tocado pelo favor imerecido não consegue agarrar-se à falta de perdão, raiva e amargura. Quais dos relatos citados demonstram verdadeira santidade? Claramente, o segundo. Depender do favor de Deus resulta em uma vida de santidade prática. A crença correta sempre leva a uma vida correta.

## A Graça de Deus Responde a Você em seus Momentos Mais Imerecidos

A graça de Deus é o favor inconquistável e imerecido de Deus. Quando Deus responde a você no seu mais imerecido momento, **isso** é graça. **Esse** é o Seu extraordinário e imerecido favor! No seu ponto mais baixo, na sua hora mais escura, Sua luz brilha por você e você se torna recebedor do Seu favor imerecido, e alguém que recebe favor só pode desejar estender a graça a outros.

Meu amigo, por nós mesmos, nada merecemos de bom. Mas, por estarmos em Cristo e em Sua justiça, Deus não reterá qualquer bênção de nossas vidas nos dias de hoje. Nossa parte é não nos esforçarmos em nossas obras e não sermos independentes de Deus, mas nos concentrarmos em receber dele tudo de que necessitamos.

Creio que, quanto mais consciência você tiver da justiça, mais do favor imerecido de Deus receberá. Quando a voz da desqualificação vier lembrá-lo todas as áreas em que você deixou a desejar, **esse** é o momento de voltar-se para Jesus e escutar a Sua voz, que qualifica você. Essa é a verdadeira luta da fé! É lutar para crer que você é justificado por fé e não por obras. Falando sobre suas próprias realizações sob a lei, Paulo disse que considera todas "... refugo, para ganhar a Cristo e ser achado nele, **não tendo justiça própria, que procede de lei**, senão **a que é mediante a fé em Cristo**, a justiça que procede de Deus, baseada na fé".[4]

Então, existem claramente dois tipos de justiça na Bíblia: (1) Uma justiça que provém da **sua** obediência e da **sua** tentativa de conquistá-la. (2) A justiça que provém da sua fé em **Jesus Cristo**.

Somente uma delas tem uma base sólida e inabalável. Uma é edificada sobre **você** e **sua** capacidade de cumprir a lei, enquanto a outra é edificada sobre a Rocha dos tempos — Jesus Cristo. Uma só pode dar-lhe a ocasional confiança de pedir pelo favor de Deus, dependendo de quão bem você percebe o que fez. A outra dá a você, EM TODO O TEMPO, a confiança de ter acesso ao Seu favor imerecido, até mesmo quando você não se sente merecedor.

De qual delas você quer depender quando a situação estiver difícil — sua hesitante justiça ou a justiça perfeita e sólida como rocha de Jesus? É a sua fé na justiça de Jesus que lhe dá o direito ao favor imerecido de Deus. Hoje, devido ao que Jesus fez na cruz, você pode esperar que coisas boas aconteçam. Você pode pedir grandes coisas a Deus e estender as mãos para o destino abençoado que Ele tem para você e sua família.

Sua justiça é o seu direito ao favor imerecido de Deus! Não deixe qualquer voz de acusação lhe dizer o contrário!

## CAPÍTULO 7

# *A Paz de Deus para o Seu Sucesso*

Paz não é a ausência de problemas em sua vida. Não é a ausência de tumulto, desafios ou de coisas que não estão em harmonia com o seu ambiente físico. É possível estar em meio à maior crise da sua vida e ainda assim ter paz. Essa é a verdadeira espécie de paz que você pode ter com Jesus — a paz que excede todo o entendimento. Falando do ponto de vista natural, não faz sentido você se sentir completamente descansado e em paz quando está em apuros, mas do ponto de vista sobrenatural, você pode ser cheio de paz!

O mundo define paz, harmonia e tranquilidade com base no que está acontecendo na esfera das sensações. A noção de paz do mundo seria mais ou menos assim: um homem deitado em uma rede em uma praia de areias brancas no Havaí com música de luau tocando suavemente na cabana, coqueiros balançando ao vento em perfeita harmonia e ondas tépidas e azuis rolando languidamente ao longo da praia. O mundo chama isso de paz — até que a realidade se instala, e a paz transitória que havia há apenas alguns minutos se dissipa no ar!

Como pode ver, meu amigo, você não pode usar o seu ambiente externo para influenciar permanentemente a confusão que sente interiormente. Só Jesus pode tocar o que você está sentindo por dentro e transformar esse tumulto na paz que Ele dá. Com o Senhor ao seu lado, e mantendo aquele lugar de paz permanente no seu interior, você pode influenciar o seu ambiente externo. Entretanto, o contrário não acontece. Com Jesus, a transformação é sempre de dentro para fora e não de fora para dentro.

## Paz em Meio à Tormenta

Lembro-me de ter lido a respeito de um concurso de artes em que o tema era "paz". O artista que mais eficazmente retratasse a paz em sua obra de arte seria o vencedor do concurso. Os artistas juntaram suas tintas, telas e pincéis e começaram a trabalhar na criação das suas obras-primas. Quando chegou o momento de julgar as obras de arte, os juízes ficaram impressionados com as diversas cenas de tranquilidade ilustradas pelos artistas. Havia uma peça majestosa que capturava o brilho do sol se pondo sobre uma exuberante vegetação, uma que ilustrava uma paisagem serena de morros iluminados pelo luar, e outra peça evocativa que mostrava um homem solitário caminhando calmamente através de rústicos arrozais.

Então, os juízes se depararam com uma peça peculiar, com aparência quase pavorosa e, talvez, até feia para alguns. Ela era a total antítese de todas as outras peças que os juízes tinham visto. Era uma selvagem dissonância de cores violentas e ficava óbvia a agressão com que o artista chicoteara seu pincel contra a tela. Ela retratava uma forte tempestade em que as ondas do oceano subiam a alturas ameaçadoras e batiam contra as bordas escarpadas de um penhasco com força de trovão. Raios faziam zigue-zagues no céu escurecido e os galhos da única árvore existente no topo do penhasco eram envergados pela força da ventania. Ora, como poderia esse quadro ser a epítome da paz?

Entretanto, os juízes concederam por unanimidade o primeiro prêmio ao artista que pintara a turbulenta tempestade. Embora, inicialmente, o resultado parecesse apavorante, a decisão dos juízes ficava imediatamente clara quando você olhava mais de perto a tela vencedora. Escondida em uma fenda do penhasco, uma família de águias estava confortavelmente acomodada em seu ninho. A mamãe águia enfrenta os ventos impetuosos, mas seus filhotes, alheios à tempestade, cochilavam sob o abrigo de suas asas.

*Esse* é o tipo de paz que Jesus dá a você e a mim! Ele nos dá paz, segurança, cobertura e proteção, mesmo em meio a uma tempestade. O salmista descreve isso de uma bela maneira: "O que habita no esconderijo do Altíssimo e descansa à sombra do Onipotente... Cobrir-te-á com as suas penas, e, sob suas asas, estarás seguro."[1]

---

*Jesus nos dá paz, segurança, cobertura e proteção, mesmo em meio a uma tempestade.*

---

Não existe lugar mais seguro do que sob o abrigo protetor das asas do seu Salvador. Não importa quais circunstâncias possam estar furiosas ao seu redor. Você pode clamar ao Senhor por Seu favor imerecido, como Davi faz no Salmo 57:1: "Tem misericórdia de mim, ó Deus, tem misericórdia, pois em ti a minha alma se refugia; à sombra das tuas asas me abrigo, até que passem as calamidades." Outra versão da Bíblia diz: "Tem misericórdia de mim, ó Deus, tem misericórdia de mim! Pois minha alma confia em ti; e na sombra das tuas asas eu farei meu refúgio, até que passem essas calamidades." Que abençoada segurança podemos ter hoje, sabendo que, mesmo que a destruição se forme à nossa volta, nós podemos nos refugiar no Senhor.

## Comece o Dia com Jesus

Você sabia que Deus prometeu que nenhuma arma forjada contra você prosperará?[2] Ora, Ele não prometeu que as armas não seriam forjadas contra você. Ele prometeu que, mesmo que armas sejam forjadas contra você, elas não o ferirão ou derrotarão.

Há muitos tipos de armas forjadas contra a humanidade, especialmente nestes últimos dias. Apenas pense nos muitos tipos de vírus mortíferos, enfermidades e doenças existentes no mundo. Quando você liga o televisor e assiste aos noticiários, tudo de que você ouve falar são guerras, agitações, desastres, colapsos financeiros, violência, desemprego, fome, catástrofe global, a crise do *subprime*, dívidas crescentes no cartão de crédito, mercados de capitais quebrados e grandes organizações entrando em falência. É surpreendente ver quantas pessoas acordam e, em primeiro lugar, pegam os jornais e leem as más notícias antes de irem trabalhar. Mais tarde, imediatamente antes de irem dormir, assistem aos noticiários!

Por favor, compreenda que eu não sou contra ler os jornais ou assistir aos noticiários, nem mesmo contra assistir à televisão. Mas, quero incentivar você a começar o seu dia com Jesus, praticando a Sua presença, reconhecendo-o, entregando seus planos a Ele e confiando nele por Seu favor imerecido, sua sabedoria e força para o dia. Lembre-se de ser como José na Bíblia. O Senhor estava com José e ele foi um homem bem-sucedido! Seu sucesso não resulta de você estar atualizado a respeito do mais recente vírus ou de saber sobre o mais recente desastre. Não, seu sucesso resultará de você estar sintonizado na presença de Jesus em sua vida!

Em minha igreja, existem muitas pessoas que, toda manhã, começam o dia compartilhando a Santa Ceia, não como um ritual, mas como um tempo para recordar-se de Jesus e do poder da Sua cruz. Elas olham para Jesus em busca de Sua força, recebendo sua divina vida para os seus corpos físicos ao compartilharem do pão. Elas renovam sua consciência do seu dom gratuito da justiça comprada pelo sangue de Jesus na cruz ao compartilharem do cálice. Que maneira de começar o dia!

Também vim a perceber que o último pensamento antes de você ir dormir é muito importante. Tentei isso antes e você também pode tentar — vá para a cama pensando em Jesus, dando graças a Ele pelo dia. Você pode, também, meditar sobre uma de Suas promessas, como aquela encontrada em Isaías 54:17. Apenas diga: "Obrigado, Pai. Tua Palavra declara que nenhuma arma forjada contra mim prosperará!" Na maioria das vezes, acordo sentindo-me rejuvenescido, energizado e refrigerado, mesmo não tendo dormido durante muitas horas.

Da mesma maneira, se vou para a cama com o que acabei de ouvir no noticiário fazendo um turbilhão em minha mente, posso dormir muito mais horas do que o habitual, mas ainda acordo sentindo-me fatigado. Às vezes, até tenho dor de cabeça. Você já passou por isso? Bem, não precisa passar novamente. Recheie seu dia com a presença de Jesus. Comece o dia com Ele, desfrute dele durante o dia e termine o dia com Ele em sua mente!

Sabe, o Salmo 127:2 descreve adequadamente aquilo de que estamos falando. Ele diz: "Inútil vos será levantar de madrugada, repousar tarde, comer o pão que penosamente granjeastes; aos seus amados ele o dá enquanto dormem." O pão do mundo é o pão das aflições, mas Jesus é o nosso pão da vida.[3] Quando você se alimentar dele, será nutrido física, emocional e espiritualmente, enquanto o pão do mundo só esgota você fisicamente e o drena emocionalmente ao acrescentar estresse, ansiedade e preocupação à sua vida.

Não é lindo o sono de qualidade ser um dom de Deus? Se você tem dificuldade para dormir à noite, olhe para Jesus. Desenvolva em seu coração um conhecimento de que é Seu amado e descanse na promessa de que "aos seus amados ele dá enquanto dormem". Você é amado de Deus? É claro que sim! Então, você se qualifica para desfrutar da bênção do sono. Insônia não é de Deus. O sono é!

## Guarde-se do que Entra pelos Portões dos seus Olhos e Ouvidos

Eu estava assistindo a um programa de televisão popular no qual o apresentador do programa entrevistava alguns especialistas sobre a economia norte-americana. Um "especialista" era muito positivo e deu os seus motivos para ser tão otimista. Então, outro "especialista" interrompeu e apresentou suas razões que apontavam para um panorama econômico desolador. Assisti a esse programa por cerca de uma hora e, no final, nenhum dos "especialistas" pôde concordar com o outro em coisa alguma.

O problema de tais discussões, seja na televisão, nos jornais ou na Internet, é que elas devem apresentar dois lados — um bom e, o outro, ruim. No final, não se chega a nenhuma resolução real. Algum tempo após assistir àquele programa, compartilhei com minha equipe pastoral que eu percebera, inadvertidamente, ter me alimentado da árvore do conhecimento do bem e do mal. Isso era tudo que acontecia quando eu assistia a tais programas — mais conhecimento do que era bom e do que era mau, mas esse conhecimento não me servia para nada.

Por outro lado, quando nos alimentamos da pessoa de Jesus, que é a árvore da vida, descobrimos que a Sua sabedoria, a Sua paz, a Sua alegria e o Seu favor imerecido fluem em nossas vidas! Mais uma vez, não estou dizendo que você não deve assistir ao noticiário. Estou apenas dizendo que é importante você observar sua dieta visual — aquilo com o qual você tem alimentado seus olhos. Há muito mais poder em estar cheio de Jesus do que cheio de conhecimento mundano.

---

*Quando compartilhamos de Jesus, sabedoria, compreensão, paz, alegria e Seu favor imerecido fluem em nossas vidas!*

---

Sempre encorajo minha congregação a estar atenta às portas dos olhos e dos ouvidos. Basicamente, isso significa que precisamos estar conscientes do que vemos e ouvimos regularmente. O livro de Provérbios, que é repleto de sabedoria de Deus, nos diz: "Filho meu, **atenta para as minhas palavras**; aos meus ensinamentos **inclina os ouvidos**. Não os deixes apartar-se dos teus olhos; guarda-os no mais íntimo **do teu coração**. Porque são **vida** para quem os acha e **saúde**, para o seu corpo."[4]

Deus nos diz para guardarmos o que **ouvimos**, o que **vemos** e o que está em nossos **corações**. Ele quer que tenhamos nossos ouvidos cheios das graciosas palavras de Jesus, nossos olhos cheios da presença de Jesus e nossos corações meditando sobre o que ouvimos e vimos em Jesus. É esse o significado de "atenta para as minhas palavras" hoje, na nova aliança, pois Jesus é a Palavra de Deus que se fez carne. João 1:14 diz: "E o Verbo se fez carne e habitou entre nós, cheio de graça [favor imerecido] e de verdade, e vimos a sua glória, glória como do unigênito do Pai."

*Quanto mais ouvirmos e vermos Jesus, mais saudáveis e fortes nos tornaremos! Nossos corpos mortais serão cheios com Sua vida e o poder da ressurreição!*

Tudo se resume em contemplar Jesus, e à medida que o contemplamos, somos transformados cada vez mais à Sua semelhança, cheios de favor imerecido e de verdade! Não perca essa promessa poderosa, meu amigo. O resultado de voltarmos as portas dos nossos olhos e ouvidos para Jesus é que Ele será **vida e saúde** para nós. A Bíblia nos mostra que há uma correlação direta entre ouvir e ver Jesus, e a saúde do nosso corpo físico. Quanto mais ouvimos e vemos Jesus, mais nos tornamos saudáveis! Nossos corpos mortais ficam cheios da Sua vida e do Seu poder de ressurreição!

Se nos alimentamos constantemente nos noticiários, não é de admirar que nos sintamos fracos e cansados. Ali não existe nutrição para nós. Por favor, ouça o que estou dizendo. Está certo manter-se a par dos eventos correntes do mundo e saber sobre o que ocorre no Oriente Médio, as tendências da economia e os acontecimentos na arena política. Tais informações podem até ser necessárias para o seu ramo de negócio. Não estou lhe pedindo para tornar-se um ignorante ou viver em uma caverna. Estou apenas dizendo que você não deve consumir uma *overdose* de notícias e acontecimentos do mundo e deixá-los consumir você.

## Receba Shalom de Jesus para Curar o Estresse da Vida

A melhor maneira de saber se você está envolvido nas coisas deste mundo é ser objetivo e se perguntar o seguinte: "Meu coração está agitado?" Creio que o maior assassino do mundo moderno é o estresse. Os médicos de minha igreja me disseram que, se um paciente tem pressão alta, eles podem aconselhá-lo a reduzir o sódio. Eles podem, também, aconselhá-lo a cortar outros excessos, como açúcar e carnes gordurosas, para baixar o colesterol. Mas, como médicos, existe uma coisa que eles não conseguem controlar em seus pacientes: os níveis de estresse que eles têm.

Pessoalmente, creio que a causa física de muitas doenças de hoje é o estresse. Ele pode produzir todos os tipos de desequilíbrio em seu corpo. Pode fazer com que você envelheça prematuramente, pode lhe causar erupções, causar dores gástricas e até levar ao surgimento de tumores no seu corpo. Resumindo, o estresse mata! Os médicos nos dizem que certos sintomas físicos são de natureza "psicossomática", porque esses sintomas são desencadeados por problemas psicológicos, como o estresse. O estresse não vem de Deus. A **paz** vem de Deus!

Acredito que você esteja começando a compreender por que Jesus disse: "Deixo-vos a paz, a minha paz vos dou; não vo-la dou como a dá o mundo. Não se turbe o vosso coração, nem se atemorize."[5] Ora, Jesus não teria utilizado a palavra "paz". O Novo Testamento em grego usa para "paz" a palavra *eirene*, mas, como Jesus falava aramaico e hebraico, Ele teria utilizado a palavra "shalom" — "Deixo-vos *shalom*, minha *shalom* vos dou; não vo-la dou como a dá o mundo".

No vernáculo hebraico, "shalom" é uma palavra muito rica e cheia de significado. Não existe qualquer palavra em português que possa alcançar com precisão a plenitude, a riqueza e o poder contidos na palavra "shalom". Por isso, os tradutores da Bíblia só foram capazes de traduzi-la como "paz". Mas, embora a palavra "shalom" inclua paz, seu significado é **muito maior**. O dicionário linguístico *Brown*

*Driver & Briggs Hebrew Lexicon* dá uma ideia melhor do que Jesus quis transmitir quando disse "Deixo-vos *shalom*".

O *Hebrew Lexicon* descreve "shalom" como **integridade, segurança, sanidade (no corpo), bem-estar, saúde, prosperidade, paz, quietude, tranquilidade, contentamento, paz nos relacionamentos humanos, paz com Deus (especialmente no relacionamento de aliança) e paz em meio à guerra.**[6] Uau, que palavra poderosa! Essa é a *shalom* que Jesus legou a você: Sua integridade, Sua segurança, Sua sanidade, Seu bem-estar, Sua saúde, Sua prosperidade, Sua paz, Sua quietude, Sua tranquilidade, Seu contentamento, Sua paz nos relacionamentos humanos, Sua paz com Deus através da aliança feita na cruz, e Sua paz em meio à guerra. Tudo isso, meu amigo, faz parte da sua herança em Cristo nos dias de hoje! Não sei você, mas estou pulando em meu coração e gritando louvores ao Senhor ao deixar que isso se aprofunde em mim!

Você é capaz de imaginar todas as implicações do que significa experimentar a *shalom* de Jesus em sua vida? Você é capaz de imaginar sua vida livre de arrependimentos, ansiedades e preocupações? Quão saudável, vibrante, energizado e forte você será!

## A Paz Que Jesus Dá Prepara Você para ser Bem-sucedido

Jesus lhe dá Sua *shalom* para prepará-lo para o sucesso nesta vida. Você não pode ser bem-sucedido em seu casamento, família e carreira quando está aleijado e paralisado pelo medo. Hoje, ao você ler isto, creio com todo o meu coração que Jesus já começou a operar em seu coração para livrá-lo de todos os seus medos, sejam eles quais forem. Eles podem ser o medo do fracasso, o medo do sucesso, o medo das opiniões das pessoas a seu respeito ou até mesmo o medo de que Deus não esteja com você.

**Todos os medos que você está sentindo em sua vida hoje começaram com uma inverdade**, uma mentira em que você, de alguma maneira, acreditou. Talvez tenha acreditado que Deus esteja zangado e desagradado com você, e que a Sua presença está distante de você. É por isso que a Bíblia diz: "No amor não existe medo; antes, o perfeito amor lança fora o medo. Ora, o medo produz tormento; logo, aquele que teme não é aperfeiçoado no amor."[7]

Esta passagem nos diz que, quando você começa a ter uma revelação de que Deus o ama (não pelo que você realizou, mas pelo que Jesus realizou por você), essa revelação do favor imerecido de Jesus lançará fora todo medo, toda mentira, toda ansiedade, toda dúvida e toda preocupação de Deus estar contra você. Quanto mais você tiver uma revelação de Jesus e de como Ele fez você perfeito, mais se libertará para receber Sua completa *shalom* e ser bem-sucedido na vida!

> *A* shalom *de Jesus está ao seu lado para fazer de você um sucesso na vida.*

Amigo, saiba que, como crente em Jesus Cristo, você tem absoluta paz com Deus. A nova aliança da graça também é conhecida como a aliança da paz. Hoje, você se firma na justiça de Jesus, não na sua própria justiça. Hoje, por causa de Jesus, Deus lhe diz isso: "... não mais me iraria contra ti, nem te repreenderia. Porque os montes se retirarão, e os outeiros serão removidos; mas a minha misericórdia não se apartará de ti, e a **aliança da minha paz** não será removida..."[8]

Deus está ao seu lado. A *shalom* de Jesus está ao seu lado para fazer de você um sucesso na vida. Todos os recursos do céu estão ao seu lado. Mesmo que esteja enfrentando uma tempestade neste exato momento, apenas pense na imagem dos filhotes da águia aninhados sob as asas da sua provedora, dormindo profundamente a despeito da tempestade. E que a *shalom* de Deus, que excede todo o entendimento, guarde o seu coração e a sua mente em Cristo Jesus.[9] Vá nesta paz, meu amigo, e descanse na *shalom* de Jesus!

# Capítulo 8

# *Aliançado para Ser Bem-sucedido na Vida*

Talvez este capítulo seja um dos mais essenciais e cruciais deste livro. Creio que, se você se dedicar a compreender o que o Senhor colocou em meu coração para você hoje, Ele estabelecerá em sua vida um forte alicerce que o preparará para todo tipo de sucesso. Meu desejo é que não haja mais concessões no que se refere à compreensão do evangelho do favor imerecido de Deus em sua vida. A graça e o favor imerecido de Deus SÃO a nova aliança de que você pode desfrutar hoje. Concessão e confusão ocorrem quando os crentes começam a lutar para se colocarem de volta sob a velha aliança de Moisés.

Deixe-me ilustrar, basicamente, o que alguns crentes fazem quando insistem em permanecer sob a aliança da lei. Imagine isto: sua empresa promoveu você, dando-lhe um substancial aumento de vários mil reais por mês, mais um carro novo e uma linda casa nova como benefícios adicionais. Para documentar essa promoção, o departamento de recursos humanos prepara um novo contrato de trabalho para você, declarando todos os novos termos com os quais seus empregadores concordaram. Agora, suponha que você insista em receber seu antigo salário, dirigir seu antigo carro e morar em seu antigo apartamento. Em vez de regozijar-se com os novos termos de emprego oferecidos a você, você luta contra seus chefes e exige ser remunerado inteiramente com base em seu antigo contrato de trabalho!

Parece ridículo?

Totalmente!

Contudo, isso é exatamente o que alguns crentes estão fazendo hoje em dia. Eles determinaram, em seus corações, que permanecerão sob a velha aliança da lei e dependerão de suas próprias obras para conquistar as bênçãos, a aprovação e o favor de Deus. Eles negaram a cruz e se esqueceram de que Deus fez uma nova aliança do Seu **favor imerecido** através do sacrifício perfeito de Jesus Cristo. Agora, deixe-me mostrar-lhe algumas passagens que tratam especificamente de comparar e contrastar a nova aliança e a velha aliança, para que você saiba que eu não estou inventando isso.

## Deus Encontrou Falha na Velha Aliança da Lei

Você está sob a nova aliança do favor imerecido por meio da obra consumada de Jesus. A velha aliança baseada nas suas obras é, agora, redundante. Leia o que Hebreus diz:

> Chamando "nova" esta aliança, ele tornou antiquada a primeira; e o que se torna antiquado e envelhecido está a ponto de desaparecer.
>
> — HEBREUS 8:13, NVI

Leia este versículo da sua Bíblia cuidadosamente. Não foi Joseph Prince quem disse que a velha aliança é redundante. Estou apenas reiterando o que li em minha Bíblia. A Palavra de Deus nos diz claramente que a aliança de Moisés é antiquada e obsoleta. Ela não é mais relevante para o crente da nova aliança que está em Cristo hoje! Então, não fui eu quem encontrou falha na velha aliança da lei. O **próprio Deus** encontrou falha na velha aliança da lei.

Vejamos outro versículo:

> Porque, se aquela primeira aliança tivesse sido sem defeito, de maneira alguma estaria sendo buscado lugar para uma segunda.
>
> — HEBREUS 8:7

A *Bíblia Viva* captura a exasperação do apóstolo Paulo com a velha aliança da lei: "O velho acordo não deu resultado nenhum. Se tivesse dado, não teria havido nenhuma necessidade de outro para substituí-lo. O próprio Deus encontrou defeito no antigo..."[1]

Pense sobre isto objetivamente. Apenas por um segundo, ponha de lado todos os ensinamentos tradicionais que você ouviu ou leu. Raciocinemos juntos, não com base no que o homem diz, mas totalmente no que Deus disse em Sua Palavra. Sua Palavra é nossa única inabalável premissa. Com base nessa parte da Escritura que acabamos de ler juntos, se não houvesse nada errado com a velha aliança da lei, por que Deus entregaria Seu único e precioso Filho para ser brutalmente crucificado, de modo a poder fazer conosco uma nova aliança? Por que Ele estaria disposto a pagar um preço tão grande, permitindo que Jesus fosse publicamente humilhado e sofresse violência desumana, se não houvesse algo fundamentalmente errado com a velha aliança da lei?

A cruz demonstrou que Deus encontrara defeito na velha aliança e estava determinado a torná-la obsoleta. Ele estava determinado a resgatar-nos dos nossos pecados estabelecendo uma nova aliança com Seu Filho Jesus. Esse é o surpreendente amor incondicional que Deus tem por você e por mim. Ele sabia que nenhum homem poderia ser tornado justo pela lei. Somente o sangue do Seu Filho seria capaz de tornar-nos justos em Cristo.

Em todos os 1500 anos em que Israel esteve sob a aliança da lei, nem uma única pessoa tornou-se justa pela lei. Até mesmo as melhores delas, como Davi, falharam. A Bíblia descreve-o como um homem segundo o coração de Deus.[2] Mas até ele falhou — cometeu adultério com Bate-Seba e mandou matar seu marido, Urias. Que esperança, então, você e eu temos sob a lei?

---

*Sob a lei, até os melhores falharam. Sob a graça, até os piores podem ser salvos!*

---

Graças a Deus, porque sob a nova aliança do Seu favor imerecido, até o pior de nós pode clamar o nome de Jesus e recebê-lo como seu Senhor e Salvador. Em um instante, podemos nos tornar justos pela fé no poderoso nome de Jesus! Sob a lei, até os melhores falharam. Sob a graça, até os piores podem ser salvos!

## Conheça os Direitos da sua Aliança Com Cristo

Não há como enfatizar suficientemente a vital importância de um crente dos dias de hoje saber que está sob a nova aliança do favor imerecido de Deus e não mais sob a lei. Muitos crentes bons, bem-intencionados e sinceros atualmente são derrotados por sua falta de conhecimento da nova aliança e de todos os benefícios que Jesus comprou para eles na cruz.

*"Mas, pastor Prince, nós não deveríamos olhar para os benefícios ao crermos em Jesus?"*

Estou feliz por você ter levantado esta questão. Vejamos o que o salmista pensa sobre isso: "Bendize, ó minha alma, ao Senhor, e tudo o que há em mim bendiga ao seu santo nome. Bendize, ó minha alma, ao Senhor, e **não te esqueças de nem um só de seus**

**benefícios**. Ele é quem perdoa todas as tuas iniquidades; quem sara todas as tuas enfermidades; quem da cova redime a tua vida e te coroa de graça e misericórdia; quem farta de bens a tua velhice, de sorte que a tua mocidade se renova como a da águia."[3]

Amado, este é o coração de Deus. Ele quer que você se lembre de **todos** os benefícios que Jesus comprou para você com o Seu sangue! O coração dele se alegra em vê-lo desfrutar de cada benefício, bênção e favor reservados para você na nova aliança da Sua graça. Você recebeu o perdão dos pecados. Você recebeu saúde. Você recebeu proteção divina. Você recebeu favor. Você recebeu boas coisas e a renovação da juventude! Todos esses são dons preciosos do Senhor para você; Ele se alegra de maneira indescritível ao vê-lo desfrutando desses dons e sendo bem-sucedido na vida. Mas, a **falta de conhecimento** do que Jesus realizou na cruz impediu muitos crentes de desfrutarem desses bons dons e benefícios.

Isto me lembra de uma história que li, a respeito de um homem que visitou uma senhora pobre que estava à beira da morte. Quando ele se sentou próximo à cama dela no espaço apertado de sua casa dilapidada, sua atenção foi chamada para uma moldura pendurada em sua descascada parede.

Em vez de um quadro, a moldura continha um pedaço de papel amarelado com alguma coisa escrita nele. Ele perguntou à senhora sobre aquele pedaço de papel e ela respondeu: "Eu não sei ler, então, não sei o que ele diz. Mas, muito tempo atrás, eu trabalhei para um homem muito rico que não tinha família. Logo antes de morrer, ele me deu esse pedaço de papel e eu o guardei como lembrança dele; isso já faz uns 40 ou 50 anos." O homem olhou de perto o conteúdo da moldura, hesitou durante um momento e, então, disse: "Você sabia que esse é o testamento daquele homem? Ele declara que você é a única beneficiária de toda a sua fortuna e de todas as suas propriedades!"

---

*Precisamos de uma maior revelação e conhecimento de Jesus e de tudo o que Jesus fez por nós!*

Durante cerca de 50 anos, aquela senhora havia vivido em uma miséria extrema, trabalhando dia e noite para conseguir com dificuldade uma existência miserável para si. Durante todo esse tempo, a sua própria ignorância havia lhe roubado completamente uma vida de riquezas e luxo da qual ela poderia ter desfrutado. Esta é uma história triste, mas o que é ainda mais triste é o fato dessa tragédia acontecer todos os dias nas vidas de crentes que não entendem a herança que Jesus deixou em testamento para eles quando abriu mão da Sua vida na cruz.

Nos dias de hoje, não necessitamos de mais leis para governar os crentes. Precisamos é de uma maior revelação e conhecimento de Jesus e de tudo o que Ele fez por nós! Em Oséias 4:6, Deus lamentou: "O meu povo está sendo destruído porque lhe falta o conhecimento..." Que não estejamos entre essas pessoas. Em vez disso, que sejamos um povo que é cheio do conhecimento de Jesus, da Sua pessoa, do Seu amor e da Sua obra consumada. Não permita que a sua ignorância continue roubando-o. Descubra tudo a respeito dos direitos da sua aliança em Cristo hoje!

## Discernindo Corretamente a Velha e a Nova Alianças

Para valorizar totalmente a nova aliança da graça, precisamos, primeiramente, começar a compreender o que é uma "aliança". Ao longo da história da humanidade, Deus tem se relacionado com o homem através das Suas alianças. Uma aliança não é meramente um contrato ou acordo legal: é muito mais do que isso. Também, em toda aliança está envolvido sangue. É por isso que um casamento não é um contrato. Ele é uma aliança. No ato de consumar um casamento, supostamente existe um derramamento de sangue. Isso mostra a você quão séria é uma aliança aos olhos de Deus. Ela é baseada em sangue e inaugurada por sangue.

Vou mostrar a você uma maneira muito simples de compreender toda a Bíblia. Olhe para a parte da sua Bíblia identificada como

"Antigo Testamento"; ela trata, essencialmente, da velha aliança. Quando você olha para a parte da sua Bíblia identificada como "Novo Testamento", **ela é**, essencialmente, a nova aliança. Contudo, a nova aliança não começa, realmente, com os quatro evangelhos de Mateus, Marcos, Lucas e João, pois esses livros tratam, predominantemente, da vida de Jesus antes da cruz. De fato, a nova aliança começa depois da ressurreição de Jesus Cristo. Portanto, a cruz é o nosso mais claro ponto de referência de onde começa a nova aliança.

*"Pastor Prince, esse negócio de velha e nova alianças não é somente para os alunos de cursos bíblicos? De que maneira isso é relevante para mim?"*

Espere um segundo. Antes de jogar a toalha e desistir, deixe-me explicar-lhe por que a compreensão da divisão entre a velha e a nova alianças tem importância crítica para todos os crentes. Ela é crítica porque grande parte da má compreensão e má interpretação da Bíblia que existem na igreja atualmente são resultado de as pessoas lerem, estudarem, interpretarem e ensinarem a Bíblia sem uma compreensão clara de como separar corretamente a velha e a nova alianças! Elas citam alegremente passagens do Antigo Testamento sem apropriar a cruz de Jesus em suas interpretações. Elas fazem parecer que a cruz não fez qualquer diferença!

Então, antes de citar um versículo do Antigo Testamento para mostrar como Deus está zangado com os crentes por seus pecados, não se esqueça de que isto está no contexto do Antigo Testamento, quando Cristo ainda não havia morrido na cruz. Estou dizendo que você não deve ler o Antigo Testamento? Não! Você deve lê-lo sim, mas **com Jesus como a chave** que libera todas as pedras preciosas escondidas na Palavra de Deus. Embora Jesus esteja **escondido** no Antigo Testamento, Ele aparece **revelado** no Novo Testamento. Quanto mais você estiver alicerçado na nova aliança, mais você será capaz de ver o Jesus revelado no Antigo Testamento.

Se você está familiarizado com o meu ministério, deve saber que sou um pregador da graça da nova aliança que ama ensinar

Aliançado para Ser Bem-sucedido na Vida | 101

coisas do Antigo Testamento e revelar segredos ocultos de Jesus! Toda a Escritura é inspirada por Deus e útil para o ensino — isso é inquestionável. Mas, nos dias de hoje, toda a Escritura também precisa ser estudada e lida à luz da cruz. Considere esse brilhante trecho de sabedoria que o apóstolo Paulo escreveu ao seu jovem aprendiz, Timóteo: "**Procura apresentar-te** a Deus aprovado, como obreiro que não tem de que se envergonhar, **que maneja bem a palavra da verdade.**"[4] Creio, com todo o meu coração, que esse conselho proveniente da Palavra de Deus se aplica, hoje, a todos os crentes que leem a Palavra e, especialmente, a possíveis professores de estudo bíblico.

Aprenda a manejar bem as alianças! A promessa pessoal de Deus quando você faz isso é que não será envergonhado. Ninguém será capaz de enganá-lo citando capítulos e versículos do Antigo Testamento fora de contexto para convencê-lo de que Deus quer punir você por seus pecados, quando você tiver a certeza de que Jesus morreu definitivamente para pagar integralmente por todos os seus pecados.[5] Ninguém será capaz de levá-lo a crer que doenças e enfermidades são enviadas por Deus para lhe ensinar caráter e humildade, quando você não tiver a menor sombra de dúvida de que Jesus veio para lhe dar vida abundante e levou sobre Seu corpo todas as suas doenças, dores e enfermidades na cruz.[6]

---

*Hoje, todas as justas exigências da lei são cumpridas em sua vida através de Jesus!*

---

Não deixe ninguém lhe dizer que, se você não cumprir todas as exigências da lei, Deus não fará de você um sucesso, porque aquilo que a lei não podia fazer, Deus fez enviando Seu Filho, Jesus.[7] Hoje, todas as justas exigências da lei são cumpridas em sua vida através de Jesus!

Você percebe quão poderoso isto é? Não deixe ninguém lhe enganar com passagens obscuras da Bíblia quando Jesus lhe deu tantas partes claras e explícitas da Escritura que declaram Seu favor e Suas bênçãos sobre a sua vida na nova aliança! O simples fato de alguém intitular-se professor, profeta ou apóstolo não significa que ele tenha autoridade para ensinar a Palavra de Deus. Pare de desqualificar-se com a falta de conhecimento de Jesus e Sua nova aliança. Não deixe lhe dizerem que você necessita da lei para torná-lo justo quando você sabe que, hoje, é justo devido a Jesus Cristo!

## O Lugar da Lei Neste Lado da Cruz

Então, para **quem** é a lei? Em 1 Timóteo 1:8-10, Paulo diz: "Sabemos, porém, que a lei é boa, se alguém dela se utiliza de modo legítimo, tendo em vista que **não se promulga lei para quem é justo**, mas para transgressores e rebeldes, irreverentes e pecadores, ímpios e profanos, parricidas e matricidas, homicidas, impuros, sodomitas, raptores de homens, mentirosos, perjuros…"

Amigo, você está entendendo? **A lei não é para você, crente**, que foi tornado justo em Cristo! A lei não é aplicável a alguém que está sob a nova aliança da graça. A lei é para pessoas ímpias — descrentes que não receberam Jesus como seu Salvador. Seu propósito é levá-las ao fim de si mesmas e ajudá-las a perceber que necessitam do Senhor.

Paulo demonstra muito claramente o propósito da lei no livro de Gálatas, ao dizer: "De maneira que a lei nos serviu de aio para nos conduzir a Cristo, a fim de que fôssemos justificados por fé. Mas, tendo vindo a fé, já não permanecemos subordinados ao aio."[8] Esse é o papel da lei — mostrar-nos que, em nós mesmos e por nós mesmos, nunca seremos capazes de atingir os padrões perfeitos de Deus. Portanto, a lei nos leva a depender de Jesus, que nos torna justos através da Sua obra acabada! Sou **favorável** à lei, mas somente pelo motivo de Deus ter dado a lei. Ele deu a lei para direcionar-nos para Jesus. A lei nunca foi projetada para o homem cumpri-la e nenhum homem a cumpriu ou será capaz de cumpri-la.

*A lei é projetada para expor todas as suas deficiências, mas a graça (favor imerecido) direciona você para a sua suficiência em Cristo.*

Veja, meu amigo, a lei **exige** do homem, mas a graça (favor imerecido) **concede** ao homem. A lei condena o pecador, mas a graça (favor imerecido) torna justo o pecador. A lei traz morte, mas a graça (favor imerecido) traz vida abundante. A lei é projetada para expor todas as suas deficiências, mas a graça (favor imerecido) direciona você para a sua suficiência em Cristo. Sob a lei, Deus se afastará quando o homem falhar. Mas, sob a graça (favor imerecido), Deus de maneira alguma deixará você, e nunca, jamais o abandonará, quando você falhar.[9]

A lei torna você consciente do pecado, enquanto a graça (favor imerecido) torna-o consciente da justiça. A lei lhe diz que você falhou, mas a graça (favor imerecido) lhe mostra como você é mais que um vencedor em Cristo. A lei fala do que **você** precisa fazer, mas a graça (favor imerecido) diz respeito ao que **Jesus** fez. A lei coloca sobre você o fardo de cumprir, enquanto a graça (favor imerecido) coloca sobre Cristo o fardo de cumprir. A lei o torna consciente de si mesmo, mas a graça (favor imerecido) torna você consciente de Cristo. Tenho certeza de que você está começando a ver que a nova aliança do favor imerecido de Deus, que Deus diz ser "instituída com base em superiores promessas",[10] é muito superior à velha aliança da lei.

Na história da igreja houve um tempo, no período do obscurantismo, em que a Palavra de Deus era proibida ao homem. A interpretação das Escrituras era limitada a um grupo exclusivo de pessoas e elas utilizavam isso para controlar e manipular as massas. Todo tipo de heresias e crenças fundamentadas nas tradições humanas e não na Palavra de Deus foi utilizado para manter as pessoas com medo. Isso nos mostra que, sem a Palavra de Deus, a igreja não tem luz. Graças a Deus, hoje a Sua Palavra está disponível em muitos idiomas. O povo de Deus não mais precisa estar sujeito à interpretação da Palavra baseada nas tradições humanas, mas pode ler a Palavra e buscar o coração de Deus por si mesmo. Além disso, Deus levantou o ministério quíntuplo da nova aliança — pastores, mestres, apóstolos, profetas e evangelistas — para equipar o corpo de Cristo.

## Procure a Cobertura de Ministérios da Nova Aliança

Certifique-se de estar recebendo de um ministério estabelecido na nova aliança da graça, não de um ministério que desliza de lá para cá entre as duas alianças. Não discernir corretamente a Palavra de Deus leva à confusão e Deus chama a isso "mistura". Ele não pode abençoar a mistura, que o retrata como, às vezes, zangado conosco devido ao nosso fracasso em cumprir a lei, mas, outras vezes, querendo abençoar-nos devido à Sua graça. A mistura ensina que, às vezes, Deus está feliz conosco, mas, outras vezes, nossa comunhão com Ele é quebrada devido às nossas falhas.

Um crente não consegue encontrar paz, segurança e confiança na mistura. Ninguém põe vinho novo em odres velhos; do contrário... tanto se perde o vinho como os odres.[11] A lei perderá seu poder de convencimento para levá-lo a Cristo se for equilibrada com a graça. A graça perderá sua essência de ser não conquistada e imerecida quando disserem às pessoas que ainda precisam depender de si mesmas e de suas obras para merecerem a presença e o favor de Deus. Essa é uma total contradição. O que o homem chama de "**equilíbrio**", Deus chama "**mistura**".

## Submeta Tudo Que Você Ouve Ao Teste da Palavra de Deus

Incentivo você a avaliar tudo que ouve e submeter ao teste da Palavra de Deus. Com frequência digo aos membros de minha igreja para lerem a Bíblia em vez de simplesmente engolirem tudo que qualquer pregador, inclusive eu mesmo, diz. Seja sábio e não simplesmente engula tudo — anzol, linha, chumbada, pescador e até as botas dele! Tenha discernimento ao ouvir algo que não traz paz ao seu espírito, como quando um pregador lhe disser que "Deus lhe dá doenças para dar-lhe uma lição". Pergunte a si mesmo: "Isto está de acordo com a nova aliança do favor imerecido de Deus? Existem passagens da nova aliança que apoiam esse ensinamento?"

A resposta será óbvia quando você alinhá-la com Jesus e com o que Ele fez na cruz por você! Por que Deus lhe daria doenças quando Jesus tomou sobre Seu próprio corpo toda doença e enfermidade na cruz? Com plena certeza em seu coração de que a doença não provém de Deus, você pode ter fé para ser curado! Mas, que certeza você pode ter se crer na mentira de que a doença provém de Deus? Agora, em vez de pensar que Deus está contra você, você percebe que Ele está ao seu lado! Sua confiança é restaurada, a fé é renovada e Sua cura pode fluir inabalável através de toda célula, tecido e órgão do seu corpo!

Para encerrar este capítulo, deixe-me apenas compartilhar com você as palavras de Miles Coverdale, que disse: "Ser-lhe-á muito útil, para compreender as Escrituras, marcar não só o que é falado ou escrito, mas de quem e para quem, com que palavras, em que tempo, onde, com que intenção, em qual circunstância, considerando o que está escrito antes e depois."[12]

Essencialmente, ele disse que, para compreender a Bíblia, precisamos ler tudo em seu contexto. Que poderoso conselho do homem que traduziu e produziu a primeira Bíblia em inglês no século XVI!

Amigo, discirna corretamente as alianças sempre que ler a Bíblia e você nunca será envergonhado. Agora que recebeu Jesus em sua vida, você está sob a nova aliança e é seu direito, sob a nova aliança, desfrutar do favor imerecido de Jesus para ser bem-sucedido na vida!

## CAPÍTULO 9

# *A Aliança do Favor Imerecido de Deus Conosco*

Amigo, ao falarmos sobre o favor imerecido de Deus em sua vida, existe algo que quero que você saiba: o favor imerecido de Deus não é simplesmente algo pelo que você ora em certos momentos, como quando está se preparando para uma entrevista de emprego ou prestes a fazer uma importante apresentação. É claro que você pode pedir ao Senhor pelo Seu favor em tais situações, mas a realidade é que o Seu favor imerecido em sua vida é muito mais do que isso! O favor imerecido de Deus é uma aliança. Por que contentar-se com apenas ter experiências momentâneas do Seu favor em sua vida quando você tem total e constante acesso à eterna aliança do Seu favor?

Quando compreender esta aliança que você tem através de Jesus Cristo, você irá muito além de meramente ter alguns vislumbres do Seu favor imerecido aqui e ali, e se tornará consciente de como o Seu favor imerecido permeia todos os aspectos da sua vida, começando pelo seu relacionamento com Jesus. Você começará a ver Seu favor imerecido manifestar-se na vida de sua família, na carreira e nos relacionamentos. Prepare-se para ver o favor de Deus tornar-se mais e mais evidente em sua vida e para ficar surpreso com os resultados disso.

Homens, prepararem-se para receber a melhor mesa do restaurante quando levarem sua namorada ou esposa a um jantar romântico. Preparem-se para receber descontos especiais "sem motivo aparente". Mulheres, comecem a ver como butiques relativamente vazias ficam cheias de clientes depois de você entrar, porque você carrega o favor imerecido de Deus onde quer que vá. E, quando a presença do Senhor está com você, tudo que você toca se torna abençoado. Você é uma bênção à espera de manifestação!

---

*O favor imerecido de Deus é uma aliança que você tem com Ele.*

---

Esse favor imerecido do qual você pode desfrutar é uma aliança que você tem com Deus. Anteriormente neste livro, você viu como uma aliança é muito mais do que simplesmente um contrato legal. Para ajudá-lo a se estabelecer na aliança do favor imerecido de Deus, vamos mergulhar mais profundamente no estudo das alianças mencionadas na Bíblia. Quero que tenha uma melhor compreensão da aliança sob a qual estamos hoje.

Ao longo da História, Deus estabeleceu várias alianças com o homem. Elas incluem a aliança adâmica, a noética e a abraâmica, para citar apenas algumas. Mas, as duas alianças centrais são a velha aliança de Moisés e a nova aliança de Jesus. Se você compreender essas duas principais alianças e souber como elas são distintamente diferentes, creio que terá um alicerce inabalável para a sua fé e confiança no favor imerecido de Deus.

Diversos termos têm sido utilizados para descrever essas duas alianças. Como discutimos no capítulo anterior, a velha aliança é chamada assim porque é velha e se tornou obsoleta. Ela é também conhecida como aliança mosaica (por ter sido dada através de Moisés), aliança sinaítica (porque os Dez Mandamentos foram dados no Monte Sinai) e aliança da lei (porque se baseia em o homem cumprir a lei). Por outro lado, a nova aliança de Jesus, que é a aliança sob a qual vivemos hoje, é também conhecida como aliança da graça (porque se baseia no favor inconquistável e imerecido de Deus) e aliança da paz (porque expressa a *shalom* de Jesus).

## A Principal Diferença Entre a Velha e a Nova Alianças

Deixe-me mostrar-lhe uma passagem que apresenta claramente a diferença entre a velha e a nova alianças:

> Porque a lei foi dada por intermédio de Moisés; a graça [favor imerecido] e a verdade vieram por meio de Jesus Cristo.
>
> — João 1:17

Perceba que a verdade está lado a lado do favor imerecido de Deus e que tanto a graça (favor imerecido) quanto a verdade vieram por meio de Jesus Cristo. Quando fiz um estudo sobre esse versículo no original em grego, descobri que "graça e verdade" são, na realidade, citadas como uma coisa só, no singular, por serem seguidas pelo verbo "vir" no singular. Em outras palavras, aos olhos de Deus, graça e verdade são sinônimas — favor imerecido é verdade e verdade é favor imerecido.

Às vezes, pessoas me dizem coisas como: "É bom que você pregue graça, mas também temos de falar às pessoas sobre a verdade". Isso faz parecer que graça e verdade são duas coisas diferentes, quando, de fato, elas são uma e a mesma coisa. Não se pode separar a verdade da graça e a graça da verdade, porque as duas estão incorporadas uma à outra na pessoa de Jesus Cristo. De fato, apenas alguns versículos antes deste, João 1:14, referindo-se à pessoa de Jesus, a Bíblia diz:

"E o Verbo se fez carne e habitou entre nós, **cheio de graça [favor imerecido] e de verdade**, e vimos a sua glória, glória como do unigênito do Pai." Graça e verdade **vieram** juntas através da pessoa e do ministério de Jesus. Graça não é uma doutrina ou ensinamento. Graça é uma Pessoa.

---

*Não se pode separar a verdade da graça e a graça da verdade, porque as duas estão incorporadas uma à outra na Pessoa de Jesus Cristo.*

---

Isto é contrastado com a velha aliança da lei, dada por intermédio de Moisés no Monte Sinai. Podemos ver que Deus é muito preciso ao tratar com as duas alianças e não as mistura. Graça é graça e lei é lei. A graça veio por Jesus, enquanto a lei foi dada por meio de Moisés. Jesus não veio para dar-nos mais leis. Ele veio para dar-nos Seu favor imerecido, que é a Sua verdade! Será imensamente proveitoso para você manter em mente que, toda vez em que ler a palavra "graça" na Bíblia, deve traduzi-la mentalmente como "favor imerecido," porque isso é o que ela é.

## A Aliança Abraâmica da Graça

Muitos anos atrás, quando eu estava estudando a Palavra de Deus, o Senhor falou-me, dizendo: "Antes de a lei ser dada, nenhum dos filhos de Israel morreu quando eles saíram do Egito. Mesmo eles tendo murmurado e reclamado contra a liderança designada por Deus, nenhum sequer deles morreu. Essa é uma imagem de pura graça." Eu nunca ouvira alguém ensinar isso ou lera isso em qualquer livro; então, rapidamente percorri aquela parte da minha Bíblia e, de fato, não consegui encontrar alguém que morrera antes de a lei ser dada!

Deus livrara os filhos de Israel de toda uma vida de escravidão realizando grandes sinais e maravilhas. Mas, quando se encontraram presos entre o Mar Vermelho e o exército egípcio que avançava, eles reclamaram para Moisés, dizendo: "Será, por não haver sepulcros no Egito, que nos tiraste de lá, para que morramos neste deserto? Por que nos trataste assim, fazendo-nos sair do Egito?"[1] Que audácia! E, mesmo assim, Deus puniu aqueles que murmuraram? Não; de fato, Ele salvou os israelitas de maneira espetacular, abrindo o Mar Vermelho para que eles escapassem dos seus perseguidores, que se aproximavam.

---

*Antes de a lei ser dada, nenhum dos filhos de Israel morreu, mesmo eles tendo murmurado e reclamado contra a liderança designada por Deus. Essa é uma imagem de pura graça.*

---

Após terem cruzado para o outro lado do Mar Vermelho, eles continuaram a murmurar repetidas vezes, a despeito das miraculosas provisões e da graciosa proteção de Deus. Em um lugar chamado Mara, eles reclamaram de as águas serem amargas e Deus tornou as águas doces e refrescantes para eles.[2] Depois, quando não tinham alimento, eles resmungaram novamente a Moisés, dizendo: "Quem nos dera tivéssemos morrido pela mão do SENHOR, na terra do Egito, quando estávamos sentados junto às panelas de carne e comíamos pão a fartar! Pois nos trouxestes a este deserto, para matardes de fome toda esta multidão".[3] Suas ingratas injúrias eram dirigidas não somente a Moisés, mas também a Deus. Então, Deus fez chover fogo e enxofre sobre eles? Não! Ele fez chover pão do céu para alimentá-los! Foi como se cada nova murmuração desencadeasse novas demonstrações da bondade de Deus!

Você sabe por quê?

Porque todos esses eventos ocorreram antes de os Dez Mandamentos serem dados. Veja, antes de a lei ser dada, os filhos de Israel viviam sob a graça (favor imerecido), e todas as bênçãos e provisões que eles recebiam eram dependentes da bondade de Deus, não da sua obediência. O Senhor os libertou do Egito não devido à bondade ou ao bom comportamento deles. Ele os tirou de lá pelo sangue do cordeiro (uma imagem do sangue do Cordeiro de Deus) aplicado nos umbrais das portas na noite da primeira Páscoa.

Os filhos de Israel eram dependentes da fidelidade de Deus à aliança abraâmica, uma aliança fundamentada na graça de Deus (favor imerecido). Abraão vivera mais de 400 anos antes de a lei ser dada, muito antes de existirem os Dez Mandamentos. Deus se relacionara com Abraão com base na fé de Abraão em Sua graça, não com base na obediência de Abraão à lei. A Palavra de Deus deixa claro que Abraão não foi justificado pela lei: "Porque, se Abraão foi justificado por obras, tem de que se gloriar, porém não diante de Deus. Pois que diz a Escritura? Abraão **creu em Deus**, e isso **lhe foi imputado para justiça."**[4] De que maneira Abraão foi tornado justo? Ele creu em Deus e isso lhe foi imputado para justiça!

A boa notícia para você e para mim é a seguinte: Hoje, nós estamos sob a nova aliança da graça (favor imerecido) e o favor imerecido de Deus está sobre nós. Suas bênçãos e Suas provisões para nós se baseiam inteiramente em SUA BONDADE e SUA FIDELIDADE. Aleluia! Quando os israelitas peregrinaram do Egito até o Monte Sinai, eles estavam sob a aliança abraâmica da graça. Portanto, a despeito dos seus pecados, Deus os livrou do Egito e os sustentou sobrenaturalmente, **não com base na bondade e na fidelidade deles, mas em Sua bondade e fidelidade.** Não é maravilhoso?

## A Troca de Alianças

O desejo de Deus era ter um relacionamento com os filhos de Israel. Quando eles chegaram ao Monte Sinai, Deus disse a Moisés que lhes falasse assim: "Tendes visto o que fiz aos egípcios, **como vos levei sobre asas de águia e vos cheguei a mim.** Agora, pois, se diligentemente ouvirdes a minha voz e guardardes a minha aliança, então, **sereis a minha propriedade peculiar dentre todos os povos... vós me sereis reino de sacerdotes e nação santa...**[5] Quando Deus disse isto, havia ternura em Sua voz ao recontar como Ele os aproximara dele para que Ele pudesse criar um relacionamento especial com eles.

Contudo, a tragédia de todas as tragédias ocorreu aos filhos de Israel quando eles responderam a Deus depois de ouvirem isto ao pé do Monte Sinai. Eles foram soberbos e não quiseram o relacionamento que Deus imaginara. Eles quiseram tratar com Deus a certa distância, por intermédio de mandamentos impessoais. Eles pareciam ter esquecido que fora o favor imerecido de Deus que os tirara do Egito, que fora Seu favor imerecido que lhes abrira um caminho quando não havia saída, e que fora o Seu favor imerecido que lhes dera o maná que viera do céu.

Agora, eles queriam trocar a aliança da graça, sob a qual estavam, por um tipo diferente de aliança. Quando Moisés lhes contou o que Deus dissera, eles responderam com arrogância (isso pode ser observado na sintaxe do hebraico), dizendo, em essência: "Tudo que Deus mandar, seremos capazes de realizar!"[6] Em outras palavras, foi isso o que eles disseram a Deus: "Deus, para de julgar-nos e abençoar-nos com base em Tua bondade e fidelidade. Avalia-nos com base em nossos méritos. Abençoa-nos com base em nossa obediência, porque somos capazes de realizar o que quer que Tu exijas de nós!"

A partir desse momento, Deus mudou imediatamente de tom com os filhos de Israel. Ele se distanciou deles e disse a Moisés para instruir o povo a não se aproximar do Monte Sinai, pois este era santo. O que aconteceu? Uma vez que a graça de Deus fora rejeitada e o povo fora presunçoso sobre sua própria justiça e obediência em responder a Ele, Deus se afastou deles. Veja o tom que Ele utilizou com os israelitas após eles escolherem ficar sob a aliança da lei: "Eis que virei a ti em uma nuvem escura... todo aquele que tocar o monte será morto. Mão nenhuma tocará neste, mas será apedrejado ou flechado..."[7]

Que mudança! A presença do Senhor estivera com eles a cada passo do caminho na coluna de nuvem durante o dia e na coluna de fogo à noite. Ele os levara através do Mar Vermelho e dera provisão para todas as necessidades deles. Ele fora bom para com eles devido à Sua fidelidade à aliança abraâmica fundamentada em Sua graça (favor imerecido). Mas, agora, Ele advertira os filhos de Israel a se manterem afastados da Sua presença! Ele não mais podia tratar com eles da mesma maneira após eles terem escolhido ficar sob uma aliança diferente em seu trato com Ele — com base em seu desempenho e obediência, não mais em Sua bondade como antes.

De fato, no início do capítulo seguinte, após os israelitas terem dito a Deus para julgá-los com base em seu desempenho, Deus lhes deu os Dez Mandamentos, sendo introduzida assim a aliança da lei. Mas, os israelitas foram capazes de sustentar sua presunção de conseguirem realizar tudo que Deus lhes ordenasse? Absolutamente não! Bem ao pé do Monte Sinai, eles criaram um novilho de ouro com a grande quantidade de ouro que Deus lhes dera e o adoraram como o deus que os tirara da terra do Egito!

---

*Quanto mais você tentar cumprir a lei por seus esforços, mais ela exporá aquilo que foi projetada para expor — suas falhas e seus pecados.*

---

Imediatamente, por terem presumido sua capacidade de cumprir os mandamentos de Deus, eles infringiram o primeiro mandamento: "Não terás outros deuses diante de mim".[8] **Por que eles cometeram um ato assim tão terrível?** O apóstolo Paulo nos diz que "... a força do pecado é a lei".[9] Quanto mais você tentar cumprir a lei por seus esforços, mais ela exporá aquilo que foi projetada para expor — suas falhas e seus pecados. E isso acontecerá até levá-lo ao fundo de si mesmo, até você perceber que é incapaz de atingir os padrões perfeitos de Deus por si mesmo e se lançar totalmente sobre Sua graça (favor imerecido) e bondade.

Após os filhos de Israel trocarem de aliança, mudou a resposta de Deus a eles quando murmuravam. Em Números 21:5, a Bíblia registra que eles se queixaram: "Por que nos fizestes subir do

Egito, para que morramos neste deserto, onde não há pão nem água? E a nossa alma tem fastio deste pão vil." Isso soa como uma das queixas que eles fizeram anteriormente, não? Mas, veja o que aconteceu desta vez: "Então, o SENHOR mandou entre o povo serpentes abrasadoras, que mordiam o povo; **e morreram muitos do povo de Israel.**"[10]

Agora, quero destacar que Deus não criou as serpentes para morderem o povo depois de eles murmurarem — as serpentes sempre estiveram no deserto. Deus simplesmente retirou de sobre ele Sua mão protetora e permitiu que as serpentes avançassem nele. Vemos que, agora, quando os israelitas murmuravam, eles morriam! Por que Deus respondia de maneira tão diferente ao mesmo pecado de murmuração? Era porque, agora, Ele estava operando sob uma aliança diferente com eles. Os israelitas trocaram a aliança abraâmica, fundamentada na graça (favor imerecido) de Deus, pela aliança mosaica, firmada em seu desempenho. A proteção dependia da capacidade deles de cumprir a lei com perfeição. Porém, graças a Deus, não estamos mais sob a velha aliança. Devido à cruz, Deus não retirará Sua mão protetora de sobre nós.

## Os Termos da Velha Aliança

Em Deuteronômio 28 existe uma linda passagem que registra as maravilhosas bênçãos de Deus que afetam todas as áreas das nossas vidas, inclusive nossas famílias, carreiras e finanças. Vejamos algumas destas bênçãos:

> Bendito serás tu na cidade e bendito serás no campo. Bendito o fruto do teu ventre, e o fruto da tua terra, e o fruto dos teus animais, e as crias das tuas vacas e das tuas ovelhas...
>
> O SENHOR te abrirá o seu bom tesouro, o céu, para dar chuva à tua terra no seu tempo e para abençoar toda obra

das tuas mãos; emprestarás a muitas gentes, porém tu não tomarás emprestado.

— Deuteronômio 28:3,4,12

Essas eram bênçãos prometidas sob a velha aliança da lei. Mas, de que maneira essas bênçãos viriam sobre você se você estivesse sob a velha aliança?

Deus respondeu a essa pergunta ao dizer: "O Senhor te porá por cabeça e não por cauda... **se obedeceres aos mandamentos** do Senhor, teu Deus, que hoje te ordeno, para os guardar e cumprir. **Não te desviarás de todas as palavras que hoje te ordeno,** nem para a direita nem para a esquerda, seguindo outros deuses, para os servires."[11] A palavra-chave para acessar as bênçãos de Deus sob a velha aliança é um grande "SE" — **SE** você conseguir cumprir os mandamentos de Deus com perfeição, então poderá desfrutar Suas bênçãos! Será este um bom negócio? Basicamente, isso significa que a velha aliança da lei era inteiramente condicional às suas obras e à sua capacidade de cumprir os mandamentos de Deus impecavelmente. Só então você poderia ser abençoado!

Mas, o que acontece **SE** você não cumprir os mandamentos de Deus com perfeição? Sob esta velha aliança da lei, o Senhor disse:

> Será, porém, que, **se** não deres ouvidos à voz do Senhor, teu Deus, não cuidando em cumprir todos os seus mandamentos e os seus estatutos que, hoje, te ordeno, então, virão todas estas maldições sobre ti e te alcançarão: Maldito serás tu na cidade e maldito serás no campo... Maldito o fruto do teu ventre, e o fruto da tua terra, e as crias das tuas vacas e das tuas ovelhas... O Senhor mandará sobre ti a maldição, a confusão e a ameaça em tudo quanto empreenderes, até que sejas destruído e repentinamente pereças, por causa da maldade das tuas obras, com que me abandonaste.
>
> — Deuteronômio 28:15,16,18,20

Uau, isso é pesado! Se hoje lhe oferecessem a escolha de voltar à velha aliança da lei, você o faria?

Sob a velha aliança, você seria abençoado se cumprisse perfeitamente a lei de Deus, mas também atrairia horríveis maldições quando falhasse! Por que você pensa que Deus encontrou defeito nessa aliança? A velha aliança da lei não era o melhor que Ele tinha para os filhos de Israel. Eles pediram por ela quando se vangloriaram de sua capacidade de serem abençoados com base em suas próprias obras. Eles rejeitaram Seu favor imerecido. Eles rejeitaram a aliança abraâmica e declararam que desejavam ser avaliados com base na sua própria bondade, em vez da bondade de Deus.

Deus queria abençoar Seu povo com base em Seu favor imerecido, mas como ele quis ser abençoado com base no seu próprio cumprimento da lei, o povo teve de humilhar sua arrogância autodestrutiva. Deus lhes mostrou Seus padrões perfeitos que homem algum jamais seria capaz de manter — Ele lhes deu a velha aliança da lei.

## A Lei Como uma Sombra das Boas Coisas Vindouras

Como sabemos que a aliança da lei não era o melhor de Deus? Bem, se aquela aliança fosse suficientemente boa, Deus não teria de enviar Jesus para morrer na cruz por nós. Mas, veja o que Deus fez — enviou Seu único Filho, Jesus Cristo, para cumprir a lei perfeitamente por nós na cruz. Jesus, que não conheceu pecado, levou sobre o próprio corpo todas as maldições e o pagamento integral por todos os pecados da humanidade, de modo que, sob esta nova aliança, por meio dele nós podemos depender totalmente do Seu favor imerecido para cada bênção em nossas vidas. Amigo, o favor imerecido de que desfrutamos hoje por intermédio de Jesus sob a nova aliança é o melhor de Deus para nós!

Para provar-lhe que Jesus (e não a lei) é o melhor de Deus, você sabia que Deus já escondera sombras que apontavam para o sacrifício de Jesus na cruz no mesmíssimo capítulo em que foram dados os Dez Mandamentos?

Deixe-me mostrar-lhe algo a respeito de ler e compreender o Antigo Testamento. O Antigo Testamento é cheio de sombras, tipologias e imagens que apontam para a pessoa de Jesus e para a Sua morte na cruz. Isso é explicado no livro de Hebreus, quando o autor fala da lei como "... **sombra** dos bens vindouros".[12]

Quando você vê uma sombra, sabe que um objeto está próximo. Sabendo que a lei é uma sombra de "bens vindouros", precisamos descobrir ao que se refere "bens vindouros". Paulo responde a essa pergunta ao dizer que os rituais da lei são "... **sombra** das coisas que haviam de vir; porém **o corpo é de Cristo**".[13] As sombras escondidas no Antigo Testamento apontam para **o corpo** no Novo Testamento, que é Jesus Cristo! Comer a sombra de um hambúrguer satisfaria você? Não, você precisa participar da coisa real para sentir-se saciado!

---

*Jesus está escondido na velha aliança e revelado na nova aliança.*
*Ele é a chave para decifrarmos o Antigo Testamento.*

---

Agora, voltemos ao que falávamos. Você sabia que, mesmo quando Deus deu os Dez Mandamentos, Jesus estava em Sua mente? Deus já estava se preparando para enviar Seu Filho para morrer por você e por mim! Jesus está escondido na velha aliança e revelado na nova aliança. Ele é a chave para decifrarmos o Antigo Testamento e é isso o que torna tão empolgante a revelação de cada detalhe registrado na Bíblia. Meu ministério trata de revelar a pessoa de Jesus e o que estou prestes a compartilhar com você coloca realmente em ebulição meus hormônios espirituais.

Você está pronto? Examinemos Êxodo 20 novamente, onde foram dados os Dez Mandamentos. Podemos ver que, mesmo quando Deus estava dando a lei, a morte de Jesus na cruz já estava em Sua mente. Ele sabia que o povo não seria capaz de cumprir a lei; então, fez uma provisão para a cruz em resposta ao fracasso do povo. A instrução imediata de Deus a Moisés após ser dada a lei foi para lhe edificar um altar. O que é um altar? Um altar é um lugar onde se oferecem sacrifícios. Bem ali você vê uma sombra da cruz do Calvário, onde Jesus foi sacrificado. Mas, Deus não parou aí. Ele deu algumas instruções sobre a edificação do altar, as quais revelaram ainda mais a respeito da cruz.

Nos dois últimos versículos de Êxodo 20, Deus disse a Moisés: "Se me levantares um altar de pedras, não o farás de **pedras lavradas**; pois, se sobre ele manejares a tua ferramenta, profaná-lo-ás."[14] O que esta instrução nos diz a respeito da cruz é que ali não pode estar envolvido qualquer esforço humano (nenhuma pedra lavrada). Ela nos diz que as obras do homem não podem ser acrescentadas à obra consumada de Jesus, pois isso a profanaria. Deus também disse: "**Nem subirás por degrau ao meu altar**, para que a tua nudez não seja ali exposta."[15]

---

*Você não pode acrescentar ao sacrifício de Jesus, nem merecer Seu favor dependendo da sua própria obediência à lei.*

---

Amigo, o homem não é capaz de obter acesso ao favor imerecido de Deus **por seus próprios passos**. Os esforços próprios do homem para merecer o favor de Deus só exporão suas próprias fraquezas. O favor só vem da obra de Jesus na cruz. Você não pode acrescentar à Sua obra, nem merecer Seu favor dependendo da sua própria obediência à lei. Jesus fez uma obra completa na cruz e declarou: "Está consumado!"[16] Não é emocionante ver Jesus revelado no Antigo Testamento?

Mas, ainda não terminei. Só mencionei o altar. E as ofertas? Não vou entrar em todos os detalhes a respeito das ofertas neste livro. Contudo, basta mencionar que Deus disse aos filhos de Israel para sacrificarem ofertas a Ele. Essas ofertas são encontradas no livro de Levítico, que descreve em detalhes a oferta queimada, a oferta pacífica, a oferta de manjares, a oferta pelo pecado e a oferta pela culpa.

*"Pastor Prince, por que existem tantos tipos de ofertas e por que isso é importante para mim?"*

Porque todas as cinco ofertas são **sombras** que apontam para a nossa única oferta perfeita — Jesus Cristo na cruz. Esse sacrifício único de Jesus é tão rico em verdades, que são necessárias cinco ofertas para ilustrar a Sua oferta única na cruz.

Então, meu amigo, você pode ver que, mesmo Deus tendo dado os Dez Mandamentos, Seu coração já estava decidido a enviar Jesus como o sacrifício final para redimir o homem de suas falhas. Desde o início da aliança da lei, Ele sabia que o homem fracassaria e que nenhum homem jamais seria capaz de cumprir integralmente a lei e ser abençoado. E é por isso que, em Seu amor pelo homem, Ele fez uma provisão pelas ofertas, mesmo tendo dado a lei. Deus quis assegurar a existência de uma saída para o Seu povo, de modo que, quando ele falhasse no cumprimento das Suas leis, pudesse trazer suas ofertas a Ele antes de as maldições recaírem sobre ele. Aleluia! Como podemos não amá-lo?

Amado, você descobrirá que até mesmo o **processo** seguido pelos israelitas quando fizeram suas ofertas é cheio de verdades. Deus não nos diz tudo claramente, porque "A glória de Deus é encobrir as coisas, mas a glória dos reis é esquadrinhá-las".[17] Contudo, porque

*O sacerdote examina o cordeiro para ver se ele é perfeito.*

está lendo este livro hoje, você está prestes a ver mais algumas lindas sombras do que aconteceu no Calvário. Por exemplo, quando um pecador levava sua oferta ao sacerdote, o cordeiro que ele levava precisava ser sem mácula ou defeito. Após o sacerdote ter examinado o cordeiro, o pecador precisava colocar suas mãos sobre a cabeça do cordeiro. Então, o pecador matava o cordeiro e o oferecia sobre o altar como sacrifício.

*"Por que o pecador não pode levar qualquer cordeiro ao sacerdote?"*

O cordeiro precisava ser perfeito porque era uma imagem da perfeição de Jesus — Ele é o nosso sacrifício perfeito, sem qualquer mácula ou defeito de pecado!

*"O que tem a ver conosco hoje um pecador colocar suas mãos sobre um cordeiro?"*

Esse ato tem duplo significado: o pecador estava transferindo seus pecados ao cordeiro inocente, enquanto a inocência do cordeiro era transferida ao pecador. O pecador era, então, tornado justo e ia embora livre de qualquer maldição. Isso tem tudo a ver conosco, porque essa

*O pecador transfere seus pecados ao cordeiro inocente, enquanto a inocência do cordeiro é transferida ao pecador.*

*O cordeiro sofre o julgamento de Deus. O ofertante vai embora sob as bênçãos de Deus.*

é uma impressionante imagem da divina troca que ocorreu na cruz. Na cruz, **todos** os nossos pecados foram colocados sobre Jesus, o Cordeiro de Deus que tirou os pecados do mundo. Mas, Jesus não apenas tirou os nossos pecados. Ele também **transferiu a Sua justiça para nós**, de modo que, hoje, você e eu podemos estar eternamente redimidos da maldição da lei!

*"Por que o cordeiro tinha de ser morto?"*

Para que o sacrifício fosse completo, o cordeiro precisava ser morto. Agora, o homem que trouxe a oferta podia ir embora com a justiça do cordeiro. Em vez das maldições que merece, ele podia esperar as bênçãos de Deus.

O pagamento perfeito e único de Jesus isentou toda a sua vida de pecados e, agora, você anda em novidade de vida com a justiça do Cordeiro de Deus! Você pode, assim, viver a vida com uma expectativa confiante de ver as bênçãos de Deus recaírem sobre você. Que vida!

Amado, Jesus tinha de sofrer uma morte agonizante porque "o salário do pecado é a morte".[18] Ele não tirou os seus pecados e lhe deu Sua justiça simplesmente. Ele também levou sobre o próprio corpo a **punição** pelos seus pecados. Quando você aceita Jesus como seu Senhor e Salvador pessoal, deixa de ser um pecador. Todos os seus pecados — passados, presentes e futuros — foram punidos na cruz de uma vez por todas. Jesus não precisa ser crucificado novamente. Seu único e perfeito pagamento apagou os pecados de toda a sua vida! Hoje, você pode desfrutar de todas as bênçãos da nova aliança devido ao que Jesus fez por você. Você está, agora, sob a aliança do Seu favor imerecido e todas as exigências que teria de cumprir para ser abençoado foram cumpridas por Jesus!

# Capítulo 10

# *Aperfeiçoado pelo Favor Imerecido*

No capítulo anterior, falamos a respeito de como você pode desfrutar de todas as bênçãos da nova aliança porque agora está sob a aliança do Seu favor imerecido e todos os termos dessa aliança que você tem com Deus foram cumpridos por Jesus. Deus encontrou defeito na velha aliança — na qual o homem só podia ser abençoado por sua bondade e obediência à lei — e a substituiu pela nova aliança do Seu favor imerecido, na qual você pode ser continuamente abençoado devido à obediência de Jesus.

Acredito que você está começando a compreender que nenhum homem pode ser aperfeiçoado pelos Dez Mandamentos. Nenhum homem é capaz de cumprir a lei com perfeição, e ser aperfeiçoado e abençoado com base na lei. Hoje, nossa dependência das bênçãos de Deus em nossas vidas tem de estar em Jesus e somente nele. Só Jesus é capaz de cumprir plenamente as justas exigências da lei em nosso lugar. Se você reler o Antigo Testamento, descobrirá que nem uma pessoa sequer sob a velha aliança foi abençoada, justificada ou santificada pela lei. Nenhuma conseguiu cumprir o padrão perfeito da lei. Até mesmo o rei Salomão, que introduziu os tempos áureos da antiga Israel, falhou, a despeito de toda a sua sabedoria e de todo o seu entendimento.

Deus sabia que, sob a velha aliança, era impossível os filhos de Israel serem abençoados por sua perfeita aderência à lei; por isso, Ele lhes proporcionou uma saída. A despeito dos seus pecados, eles não foram aniquilados pela maldição da lei, porque levavam a Deus ofertas queimadas toda manhã e toda tarde.[1] No capítulo anterior, aprendemos que as sombras que apontavam para Jesus estavam escondidas no Antigo Testamento. Estou prestes a revelar-lhe outra sombra. Jesus, nossa oferta perfeita, ficou pregado na cruz desde as 9 horas da manhã até as 3 horas da tarde,[2] cumprindo o tipo das ofertas da manhã e da tarde!

Não existem detalhes insignificantes na Bíblia. Deus não registrou todos os detalhes das ofertas na Bíblia só para podermos carregar uma Bíblia grande e impressionante para a igreja aos domingos. Não, todos os detalhes apontam lindamente para o sacrifício único de Jesus na cruz, de tal maneira que até os **horários** em que Deus disse aos israelitas para fazerem suas ofertas apontam para o nosso Salvador. Portanto, sob a velha aliança da lei, os filhos de Israel puderam ser abençoados até mesmo quando falharam, por causa de JESUS. Toda oferta que Deus lhes ensinou a fazer apontava para a obra de Jesus na cruz!

---

*Se você falhar em apenas uma lei,*
*é culpado de transgredir todas as leis!*

---

Pense nisto um pouco. Se fosse possível aos israelitas cumprir perfeitamente a lei de Deus, por que havia necessidade de sacrifícios de animais e ofertas sob a aliança da lei? Eles podem ter tentado cumprir as leis na aparência externa. Fisicamente, eles podem não ter adorado ídolos, cometido adultério ou assassinado alguém. Mas, o padrão da lei é imaculado e eles teriam fracassado aos olhos de Deus, porque teriam pecado intimamente.

Por exemplo, se um homem olhasse para qualquer mulher, que não fosse a sua esposa, com desejo ou se alguém se irasse contra o vizinho, Deus os julgava como tendo cometido os pecados de adultério e assassinato. E, se eles falhassem em apenas **uma** lei, eram culpados de transgredir **todas** as leis![3] Os padrões de Deus são muito mais altos do que os padrões do homem. O homem pode julgar com base nas aparências, mas Deus não estava interessado meramente no cumprimento **externo** das Suas leis. Ele exigia obediência à lei em seus corações e também nos pensamentos!

*"Mas, pastor Prince, isso não é um pouco duro? Quem consegue cumprir totalmente os Dez Mandamentos, tanto intimamente quanto externamente?"*

Exatamente, meu amigo. Homem algum conseguiu ou consegue! A lei é um padrão impossível e foi projetada para silenciar todos os esforços humanos para conquistar as bênçãos de Deus. É por isso que os filhos de Israel necessitavam das ofertas e dos sacrifícios corretos para cobri-los. Eles nunca conseguiriam cumprir perfeitamente a lei da maneira como Deus exigia. A propósito, eu não inventei o padrão da lei. Foi Jesus quem ensinou que a lei tinha de ser cumprida tanto interna quanto externamente. Ele disse que "todo aquele que sem motivo se irar contra seu irmão estará sujeito a julgamento [por assassinato]"[4] e que "qualquer que olhar para uma mulher com intenção impura, no coração, já adulterou com ela".[5]

Jesus veio para mostrar ao homem o padrão puro da lei de Deus. Os fariseus haviam rebaixado a lei de Deus até um nível que podia ser mantido por meio dos seus próprios esforços, de modo a poderem vangloriar-se de sua capacidade de cumprirem a lei. Mas, Jesus veio para expor seu total fracasso e mostrar-lhes que a lei de Deus era um padrão impossível para o homem. Foi Jesus quem disse: "Se o teu olho direito te faz tropeçar, arranca-o e lança-o de ti... E, se a tua mão direita te faz tropeçar, corta-a e lança-a de ti...[6] Claramente, Ele não queria que o homem fizesse literalmente o que Ele disse; caso contrário, a igreja pareceria um gigantesco ambulatório de amputação! Não, Jesus apenas trouxe a lei à sua forma mais pura, para que todo homem chegasse ao fim de si mesmo e enxergasse a sua necessidade do Salvador!

## Nenhum Homem Pode Ser Justificado pela Lei

Deixe-me elucidar melhor esse ponto. Abra comigo o livro de Romanos, onde a Palavra de Deus fala a respeito da velha aliança da lei:

> Não há justo, nem um sequer... Ora, sabemos que tudo o que a lei diz, aos que vivem na lei o diz **para que se cale toda boca**, e todo o mundo seja culpável perante Deus, visto que **ninguém será justificado diante dele por obras da lei**, em razão de que **pela lei vem o pleno conhecimento do pecado**.
>
> — ROMANOS 3:10, 19,20

Esses versículos contêm várias verdades. Primeiro, eles nos dizem que a lei foi projetada para mostrar "a todo o mundo" que eles eram culpados de pecado perante Deus. NINGUÉM pode ser justificado pelas obras da lei. Toda a humanidade necessita do Salvador para resgatá-la! Essa passagem também explica por que a lei foi dada. Deus deu a lei para expor o pecado do homem "em razão de que pela lei vem o pleno conhecimento do pecado". Preste muita atenção no que estou dizendo. **Os Dez Mandamentos nunca foram dados para extinguir o pecado**. Eles não têm o poder de extinguir o pecado. Deus deu a lei para **expor** o pecado do homem! Se você conseguir compreender a última afirmação, compreenderá um dos maiores mal-entendidos que ocorrem atualmente na igreja.

Hoje, ouvimos todo tipo de ensinamento sobre os Dez Mandamentos na igreja. Há pessoas que pensam que alguns crentes estão lutando contra o pecado porque não existe suficiente ensinamento a respeito dos Dez Mandamentos. Essas pessoas vivem sob a impressão de que, se você pregar pesadamente a respeito da lei e sobre todos os "Nãos" da lei, os crentes estarão livres de pecado! Mas em todos os 1.500 anos em que os filhos de Israel estiveram sob a velha aliança da lei, a lei fez com que o pecado deixasse de ocorrer? Há nas Escrituras qualquer base para defender a ideia de que uma forte ênfase no ensino dos Dez Mandamentos trará santidade e extinguirá o pecado? Absolutamente não.

## A Lei incita o Pecado

Sei que posso estar pisando em alguns calos aqui, mas sigamos o que a Palavra de Deus diz e não pelo que o homem diz. Não encontrei qualquer passagem do Novo Testamento que me diga que devo ensinar mais sobre a lei para que o pecado pare de ocorrer. Ao contrário, 1 Coríntios 15:56 diz que "... a força do pecado é a lei". O apóstolo Paulo explica isso melhor em Romanos 7, ao dizer: "... eu não teria conhecido o pecado, senão por intermédio da lei; **pois não teria eu conhecido a cobiça, se a lei não dissera: Não cobiçarás. Mas o pecado, tomando ocasião pelo mandamento, despertou em mim toda sorte de concupiscência; porque, sem lei, está morto o pecado.**"[7] Releia esses versículos. A lei não impede o pecado de ocorrer. Ela incita o pecado e produz "toda sorte de concupiscência"!

Para você compreender melhor isso, precisará perceber que a nossa propensão humana ao pecado é despertada quando uma lei é dada. Por exemplo, imagine um grupo de garotos caminhando por uma rua repleta de casas com varandas envidraçadas. Nenhuma dessas casas desperta seu interesse e eles mal prestam atenção a elas. Então, chegam a uma casa com uma varanda toda em vidro com várias placas que dizem: "Vidro frágil. Não jogue pedras. Os transgressores serão processados." De repente, eles param e começam desafiar uns aos outros a fazer exatamente o que as placas dizem para **não** fazer.

---

*Nossa propensão humana ao pecado é despertada*
*quando uma lei é dada.*

---

A coisa seguinte que se ouve é o som de vidro sendo estilhaçado e os meninos gargalhando enquanto fogem. Perceba que esse mesmo grupo de garotos passou diante de outras vidraças sem qualquer incidente. Mas, uma vez introduzida uma lei, sua propensão humana ao pecado é despertada. Isso é o que a lei faz. Ela incita a carne e, nas palavras de Paulo, produz "toda sorte de concupiscência".

Paulo continua:

> **Outrora, sem a lei, eu vivia; mas, sobrevindo o preceito, reviveu o pecado, e eu morri.** E o mandamento que me fora para vida, verifiquei que este mesmo se me tornou para morte.
>
> — ROMANOS 7:9,10

Uau, Paulo disse algumas coisas poderosas aqui. C.S. Lewis escreveu um livro brilhante intitulado *Cartas de um Diabo a seu Aprendiz*. Ele conta a história de um demônio veterano que ensina a um demônio principiante como explorar as fraquezas e fragilidades do homem. A partir dessa mesma perspectiva, *imagino* que Romanos 7:9 provavelmente seja o versículo mais estudado e memorizado no inferno. Todos os demônios principiantes aprenderiam esse versículo e a palestra se intitularia "Como gerar um avivamento do pecado"! De acordo com Paulo, quando você introduz a lei, há um AVIVAMENTO DO PECADO! E isso não é tudo. Além de avivar o pecado, a lei também mata e gera morte! Não é impressionante, então, que ainda haja ministros bem-intencionados que pregam com firmeza os Dez Mandamentos, achando que a imposição da lei conseguirá remover o pecado?

Vimos que, de acordo com Romanos 3:20, **"pela lei vem o pleno conhecimento do pecado"**. Em outras palavras, sem a lei, não haveria conhecimento do pecado. Por exemplo, você pode dirigir em qualquer velocidade que deseje em uma estrada em que não há limite de velocidade e ninguém pode acusá-lo por excesso de velocidade. Mas quando as autoridades estabelecem um limite de velocidade para a mesma estrada, você passa a ter o conhecimento de que se dirigir acima de, digamos, 100 quilômetros por hora nessa estrada, você estará infringindo a lei.

*O inimigo usa a lei para lançar condenação sobre você e lhe dar uma sensação de culpa e distância de Deus.*

Da mesma maneira, Paulo disse: "... não teria eu conhecido a cobiça, se a lei não dissera: Não cobiçarás". É por isso que o inimigo sempre despeja acusações sobre você usando a voz de um legalista. Ele usa a lei e os mandamentos para destacar as suas falhas, para evidenciar como o seu comportamento o desqualificou da comunhão com Deus e para, constantemente, enfatizar como você não é merecedor da Sua aceitação, do Seu amor e das Suas bênçãos! O inimigo usa a lei para lançar condenação sobre você e lhe dar uma sensação de culpa e distância de Deus. Ele sabe que, quanto mais condenação e culpa você sentir, maior será a sua probabilidade de sentir-se alienado de Deus e a permanecer naquele pecado.

## A Lei Foi Pregada na Cruz

Mas, amado, eu oro para que, hoje, você conheça a VERDADE de que Jesus já pregou a lei na cruz:

...tendo **cancelado o escrito de dívida**, que era contra nós e que constava de ordenanças, o qual nos era prejudicial, removeu-o inteiramente, **encravando-o na cruz**; e, despojando os principados e as potestades, publicamente os expôs ao desprezo, triunfando deles na cruz.

— COLOSSENSES 2:14,15

O que isso significa hoje para os crentes? Quando todas as leis da velha aliança foram pregadas na cruz de Jesus, o inimigo e todos os seus servos foram DESARMADOS! O diabo se armara com a lei para acusar e condenar o homem, mas nós temos boas-novas para você, meu amigo. O diabo não pode mais usar a lei como arma para condenar o crente e incitar o pecado porque, sob a nova aliança, o crente em Cristo está livre da lei! Nosso Salvador já fez desaparecer o escrito de dívida que era contra nós! Infelizmente, muitos crentes da nova aliança não sabem que não estão mais sob a lei. Eles são derrotados por sua falta de conhecimento; o inimigo tira vantagem de sua ignorância e continua a exibir a velha aliança da lei para condená-los e reviver o pecado em suas vidas.

*"Pastor Prince, uma vez que Jesus teve de pregar a lei na cruz, isso significa que a lei é ruim?"*

Não! Mil vezes não! O próprio Paulo responde a essa pergunta em Romanos 7:12, ao afirmar que "... a lei é santa; e o mandamento, santo, e justo, e bom". Mas, embora a lei seja santa, justa e boa, ela **não tem poder** para tornar você santo, justo e bom. A lei é como um espelho. Tudo que um espelho pode fazer é lhe dizer a verdade e apontar as suas deficiências. Se você se olha no espelho e vê uma pessoa feia, suja ou imperfeita, isso é culpa do espelho? É claro que não. O espelho só está cumprindo o seu papel. De maneira semelhante, é isso o que a lei faz. Ela lhe mostra a perfeita santidade, justiça e bondade de Deus, mas, ao mesmo tempo, ela também expõe as suas imperfeições e a sua incapacidade de atingir os padrões de Deus. E, da mesma maneira que você não pode usar um espelho para remover de sua face a sujeira que ele expôs, você não pode usar a lei para remover os pecados que ela expôs e santificar-se.

No mesmo capítulo, Paulo explica adicionalmente por que a lei teve de ser pregada na cruz:

> Porque bem sabemos que a lei é espiritual; eu, todavia, sou carnal, vendido à escravidão do pecado. Porque nem mesmo compreendo o meu próprio modo de agir, pois não faço o que prefiro, e sim o que detesto.
>
> — ROMANOS 7:14,15

Não há dúvida de que a lei de Deus é pura e espiritual, mas Paulo nos mostra claramente que a lei não o impediu de desejar pecar quando sua carne foi incitada por ela. Perceba a angústia dele ao dizer, no versículo 19: "Porque não faço o bem que prefiro, mas o mal que não quero, esse faço."

---

*Se você se sujeitar totalmente à lei, ela o conduzirá ao fim de si mesmo e você chegará a um lugar em que terá uma revelação clara de que, em si mesmo e por si mesmo, não é capaz de salvar-se!*

---

Então, qual é a solução de Paulo? Em sua exasperação, ele gritou: "Desventurado homem que sou! Quem me livrará do corpo desta morte?"[8] Aqueles que se **sujeitam** totalmente à lei, em vez de rebaixá-la a um padrão tal que os leve a iludir-se pensando ser capazes de cumprir a lei terão a mesma experiência de Paulo. A lei o conduzirá ao fim de si mesmo e você chegará a um lugar em que terá uma revelação cristalina de que, em si mesmo e por si mesmo, não é capaz de salvar-se!

Perceba que o grito de Paulo é por uma pessoa. Ele perguntou: "**Quem** me livrará do corpo desta morte?" Sua resposta? "Graças a

Deus por Jesus Cristo, nosso Senhor."[9] A solução não é encontrada em objetos — os dois pedaços frios e impessoais de pedra sobre os quais os mandamentos foram escritos. Ela é encontrada na pessoa de Jesus! Você não pode ter um relacionamento com pedaços frios de pedra, mas pode ter um relacionamento com a pessoa de Jesus! Sua resposta é encontrada em Cristo e somente em Cristo! Mesmo quando você falha, Seu sangue torna você justo e bom. Você é aperfeiçoado por Sua graça (favor imerecido) em sua vida.

Amigo, quando Jesus morreu na cruz, Ele pagou o preço total dos seus pecados. Ele tomou sobre Si a pena total por **todos** os seus pecados. Porém, Ele não removeu sua capacidade de ser tentado, de ter desejos pecaminosos ou de ter pensamentos pecaminosos. Enquanto estiver em seu corpo atual, você vivenciará o que o próprio Paulo vivenciou. Você terá tentações, desejos e pensamentos pecaminosos. Essa é a verdade e Paulo não teve medo ou vergonha de falar a respeito disso. Se Cristo morreu para remover de nós os atos, pensamentos e obras pecaminosos, então, com todo o devido respeito, Ele falhou, porque todos sabemos que, ainda hoje, podemos ser tentados a pecar. A lei não consegue impedir o pecado de ocorrer. Somente uma revelação da Sua graça é capaz disso.

## O Poder para Nunca Mais Pecar

A solução para essas tentações e esses desejos e pensamentos pecaminosos é encontrada no primeiro versículo do capítulo seguinte: "Agora, pois, já nenhuma condenação há para os que estão em Cristo Jesus."[10] (A propósito, algumas versões da Bíblia, como a Almeida Revista e Corrigida e a Almeida Corrigida Fiel, dão continuidade dizendo "que não andam segundo a carne, mas segundo o Espírito". Essa parte foi acrescentada pelos tradutores mais recentes da Bíblia. Nos manuscritos mais antigos do Novo Testamento disponível hoje, o grego afirma simplesmente: "**Agora, pois, já nenhuma condenação há para os que estão em Cristo Jesus.**")

Você pode experimentar tentações e pensamentos pecaminosos de tempos em tempos, mas bem no meio dessa tentação, você precisa saber disto: **agora,** pois, já nenhuma condenação **há** para os que estão em Cristo Jesus. Observe que esse versículo está no presente. Agora mesmo, neste mesmo instante, em que pensamentos pecaminosos estão passando pela sua mente, não há condenação porque você está EM CRISTO JESUS! Devemos então ficar sentados, parados e abrigar esses pensamentos pecaminosos? É claro que não.

O pecado não pode enraizar-se em uma pessoa repleta da consciência de ter sido justificada em Cristo. Você não pode impedir os pássaros de voarem sobre a sua cabeça, mas com certeza pode impedir que um deles construa um ninho sobre ela. Da mesma maneira, você não pode impedir tentações, pensamentos e desejos pecaminosos de passarem por sua mente, mas, certamente, pode impedir-se de **agir** com base nessas tentações, pensamentos e desejos pecaminosos. Como? Confessando, no exato momento da tentação, que você é a justiça de Deus em Cristo Jesus!

---

*Agora, você tem o poder de Cristo para colocar-se acima da sua tentação e descansar em sua justa identidade em Cristo, independente das suas obras.*

---

O poder de Jesus para vencer cada tentação se instala quando você permanece consciente de que mesmo durante a tentação, Jesus **ainda** está com você e que você é justo nele independentemente das suas obras![11] Ao agir assim você rejeita a condenação pela tentação que enfrentou. Agora, você tem o poder de Cristo para colocar-se acima da sua tentação e descansar em sua justa identidade em Cristo, independente das suas obras. Essa, amado, é a vida vitoriosa em Cristo!

Recebi muitos testemunhos de pessoas que foram libertadas de hábitos destrutivos. Elas são pessoas sinceras e preciosas que desejaram vivenciar avanços, mas não sabiam como. Contudo, quando aprenderam sobre a justiça que provém de Cristo independente das suas obras, elas começaram a confessar que ainda eram a justiça de Deus toda vez que se sentiam tentadas. E, pouco a pouco, quanto mais elas começavam a crer serem justas em Cristo, e quanto mais se recusavam a aceitar a condenação por seus enganos do passado e por sua tentação no presente, mais se tornavam livres das muitas dependências que as mantinham cativas!

Um irmão norte-americano que vinha escutando as minhas mensagens há algum tempo, escreveu para compartilhar que fora viciado em pornografia e tivera um estilo de vida de imoralidade sexual desde os 14 anos. Embora tivesse aceitado Jesus aos 18 anos, ele continuara a lutar contra esse aspecto de sua vida. Eis o que ele escreveu:

> *Como resultado de algumas más influências e algumas de minhas más escolhas, tornei-me viciado em pornografia e comecei a levar uma vida sexualmente imoral aos 14 anos. Fui salvo aos 18 anos, mas ainda lutava contra esses pensamentos e alguns maus hábitos antigos. Tentei de tudo para me libertar de imoralidade e de pensamentos concupiscentes.*
>
> *Então, escutei a mensagem do pastor Prince intitulada "Boas Coisas Acontecem a Pessoas que Creem que Deus as Ama". Escutei-a várias vezes e, pela primeira vez, o amor de Deus tornou-se consistentemente real para mim. Fui capaz de receber o amor incondicional de Deus repetidas vezes e isso curou meu coração.*
>
> ***O amor de Deus me libertou!*** *Muito obrigado pela mensagem que a sua igreja envia ao mundo. Ela está, realmente, transformando vidas!*

A revelação de que Deus o ama **incondicionalmente** a despeito das suas falhas e imperfeições, foi o que ajudou esse irmão a libertar-se de hábitos que o mantiveram preso durante muitos anos. Deus não quer que você peque, porque o pecado o destruirá. Mas, mesmo que tenha falhado, precisa saber o seguinte: não existe condenação porque você está EM CRISTO JESUS e seus pecados são lavados pelo Seu sangue! Quando Deus olha para você, Ele não vê você em meio às suas falhas. A partir do momento em que você aceitou Jesus como seu Senhor e Salvador pessoal, Deus **vê** você no Cristo ressurreto, sentado à Sua direita! Tanto quanto Jesus é imaculado e sem defeito, assim é você! Deus enviou Seu Filho para morrer na cruz por você quando você **ainda** era um pecador. Obviamente, Ele não o ama somente quando você é perfeito em comportamento e pensamentos. Seu amor por você é incondicional!

Outra querida irmã de minha igreja escreveu para compartilhar a respeito de como o Senhor transformou totalmente a sua vida. Ela costumava frequentar casas noturnas e bares regularmente, falava vulgaridades, usava drogas, saiu de casa e envolveu-se em atividades ilegais, como roubo e venda de *software* pirata. Durante esse tempo, frequentemente ficava deprimida e até acolhia pensamentos de suicídio. Finalmente, chegou ao fundo do poço e sentiu que tudo em sua vida dera errado. Ela teve dificuldade em convencer-se a continuar vivendo. Foi durante esse período que sua irmã a levou à igreja New Creation, e ela foi impactada pelo evangelho da graça. Este é o seu testemunho:

> *Fui apresentada à graça pela primeira vez e **aprendi que Deus não despreza ou condena delinquentes como eu...** Fiquei espantada ao começar a ver o cristianismo por um novo prisma pela primeira vez.*
>
> *Para encurtar uma longa história, um dia eu desafiei o Senhor a provar Sua existência e amor por mim, e Ele fez exatamente isso. Dentro de duas semanas, fui completamente conquistada por Jesus e, com alegria, aceitei que Ele entrasse em minha vida. Como as pessoas costumam dizer, o resto é história.*

*Gostaria de testemunhar que foi a GRAÇA e não a LEI que levou a Deus uma grande pecadora como eu. Ao longo do tempo, o Senhor me transformou de uma delinquente em uma senhora muito apaixonada por Jesus! Ele não modificou meu comportamento exterior imediatamente quando eu ainda era um bebê cristão. Em vez disso, **Ele derramou Seu amor e Sua graça abundantemente em minha vida, o que acabou me transformando de dentro para fora.** A graça pode não produzir resultados imediatos, mas os frutos são certos e permanentes!*

*Exatamente quando os membros de minha família haviam abandonado as esperanças em mim, meu Papai Deus fez um milagre transformando-me sem esforço, de dentro para fora, em uma nova pessoa! Todos à minha volta se maravilharam com a transformação ao verem a obra de Deus em minha vida. Sou um testemunho vivo da existência e da graça de Deus! Aleluia!*

---

*É vital que você receba o dom da não condenação, porque isso é o que lhe dará o poder para vencer suas fraquezas, hábitos destrutivos e dependências.*

---

O Senhor seja louvado! Este testemunho não é tremendo? Essa irmã foi resgatada, no ponto mais baixo da sua vida, porque percebeu uma poderosa verdade — Deus não a despreza ou condena. Ele a AMA e foi essa revelação de Seu amor e Sua graça (favor imerecido) que transformaram completamente a vida dela!

Amado, é vital que você receba o dom da não condenação, porque isso é o que lhe dará o poder para vencer suas fraquezas, hábitos destrutivos e dependências. Se você crer que Deus o condena por suas falhas, correrá a Ele em busca de ajuda?

Veja como Jesus concedeu a um pecador o poder de nunca mais pecar. Ele defendeu a mulher pega em adultério. Ele olhou nos olhos dela com ternura e lhe perguntou: "Mulher, onde estão aqueles teus acusadores? Ninguém te condenou?" Respondeu ela: "Ninguém, Senhor". Então, lhe disse Jesus: "Nem eu tampouco te condeno; vai e não peques mais."[12]

Veja, os Dez Mandamentos, em toda a sua intocada santidade, não podem torná-lo santo e não podem pôr fim ao pecado. O poder de impedir o pecado de destruir a sua vida provém de receber de Jesus o dom da **não condenação**. Seu Salvador, que cumpriu a lei por você, lhe diz: "Onde estão aqueles que condenam você?... NEM EU TAMPOUCO O CONDENO. Agora, vá e não peque mais." Isso é a graça, meu amigo. Esse é o Seu favor imerecido! A lei diz que Deus só não condenará você se você parar de pecar. Contudo, a Graça diz: "Recebi a sua condenação na cruz. **Agora**, você pode ir e não pecar mais."

Romanos 6:14 diz que "... **o pecado não terá domínio sobre vós; pois não estais debaixo da lei, e sim da graça [favor imerecido]**". Se você ainda está lutando contra o pecado, é tempo de parar de depender da lei. Apoie-se no Seu favor imerecido, como fez Paulo. Quando você souber que Cristo o tornou justo apesar das suas obras e que Ele o aperfeiçoou por meio do Seu favor imerecido, isso lhe dará a capacidade de vencer toda tentação, hábito e dependência pecaminosos em sua vida!

Agora mesmo, quando você busca o seu Salvador Jesus, Deus o vê como perfeito nele. Ele não condena você por seus enganos passados, presentes e até mesmo futuros, porque todos os pecados que você cometerá nesta vida já foram pregados na cruz. Agora, você está livre para nunca mais pecar e para ter vitória e sucesso sobre todo pecado e cativeiro em sua vida!

# CAPÍTULO 11

# *Transformando a Próxima Geração*

Quando eu era presidente de um ministério de jovens, costumava pregar mensagens duras e fortes, dizendo aos jovens: "Vocês têm de amar a Deus! Vocês têm de amar ao Senhor com todo o seu coração, toda a sua mente e toda a sua alma!" Todo aquele tempo, quando pregava isso aos jovens, eu imaginava: *De que maneira faço isso?* Analisava-me e verificava meu coração, minha mente e minha alma — eu realmente amava ao Senhor com tal perfeição? Como poderia esperar que os jovens que me ouviam amassem ao Senhor daquela maneira, quando eu mesmo sabia ter falhado? Naquele tempo, eu ainda não havia me estabelecido na nova aliança da graça. Eu não sabia que, pregando daquela maneira, estava, realmente, colocando todos os meus jovens sob a lei, porque a soma total da lei é amar a Deus com todo o seu coração, toda a sua alma, toda a sua mente e toda a sua força.[1]

Deixe-me perguntar-lhe o seguinte: alguém já foi capaz de amar ao Senhor com todo o seu coração, toda a sua mente e toda a sua alma? Ninguém. Nem uma pessoa sequer já foi capaz de fazer isso. Durante todo o tempo, Deus sabia que, sob a lei, ninguém conseguiria amá-lo com tal perfeição. Então, sabe o que Ele fez? A Bíblia diz: "Porque Deus amou o mundo de **tal** maneira que deu o seu Filho unigênito..."[2] Eu amo a expressão "de tal maneira que". Ela fala da intensidade do amor de Deus por nós.

Quando Deus enviou Jesus, Ele estava, na prática, nos dizendo: "Sei que você é incapaz de amar-me perfeitamente; então, observe-me. **Eu** amarei você com todo o Meu coração, toda a Minha alma, toda a Minha mente e todas as Minhas forças". E Ele abriu seus braços e morreu por nós. Veja o que a Bíblia diz a respeito do que Jesus fez na cruz: "Dificilmente, alguém morreria por um justo; pois poderá ser que pelo bom alguém se anime a morrer. Mas Deus **prova o seu próprio amor para conosco** pelo fato de ter Cristo morrido por nós, sendo nós ainda pecadores. Logo, muito mais agora, sendo justificados pelo seu sangue, seremos por ele salvos da ira."[3]

---

*Quando você estiver transbordando de amor de Deus,*
*cumprirá a lei sem esforço e sem sequer tentar.*

---

Amigo, a cruz não é uma demonstração do nosso amor e devoção perfeitos a Deus. A cruz é a demonstração de Deus do **Seu** perfeito amor e da **Sua** perfeita graça (favor imerecido) por nós, pois Jesus morreu por nós enquanto **ainda** éramos pecadores. Ele não morreu por você e por mim devido ao nosso perfeito amor por Deus. Ele morreu por você e por mim devido ao SEU perfeito amor por nós! Deixe-me dar-lhe a definição bíblica de amor, para esclarecer ainda mais: "Nisto consiste o amor: **não em que nós tenhamos amado a Deus, mas em que ele nos amou** e enviou o seu Filho como propiciação pelos nossos pecados."[4] Amado, esta é a ênfase da nova aliança da graça (favor imerecido) — SEU amor por nós, não nosso amor por Ele!

Ao levantarmos uma nova geração de crentes, levantemos uma geração impactada pelo favor imerecido de Deus e que se vangloria do Seu amor por nós. Quando recebemos Seu amor por nós e começamos a crer que somos Seus amados, veja o resultado que 1 João 4:11 revela: "Amados, se Deus de tal maneira nos amou, devemos nós também amar uns aos outros." Perceba que o amor que sentimos uns pelos outros vem depois de experimentarmos Seu amor por nós! Ele tem origem em um transbordamento. Você é incapaz de amar aos outros sem ter sido, primeiramente, cheio do Seu amor. E, quando estiver transbordando do Seu amor, você cumprirá a lei sem esforço e sem sequer tentar, porque a Palavra de Deus nos diz: "O amor não pratica o mal contra o próximo; **de sorte que o cumprimento da lei é o amor.**"[5]

## Fuja da Tentação com o Conhecimento da Graça de Deus

Não precisamos impor a lei sobre nossos jovens, pensando que, sem a lei, eles pecariam. José era apenas um jovem quando, aos 17 anos, foi vendido como escravo ao Egito. **Ele viveu muitos anos antes de os Dez Mandamentos serem dados**; veja, porém, sua resposta quando a esposa de Potifar tentou seduzi-lo. Referindo-se ao favor imerecido de Deus em sua vida e a como o Senhor o promovera, José disse: "Ele não é maior do que eu nesta casa... como, pois, cometeria eu tamanha maldade e pecaria contra Deus?"[6]

José não era governado pelos Dez Mandamentos. Ele agia com base no favor imerecido de Deus em sua vida. Ele tinha um relacionamento vivo com o Senhor. Você sabe o que José fez após o que ele disse à esposa de Potifar? Ele fugiu da mulher. De maneira semelhante, creio que os jovens cheios de Jesus terão a coragem de fugir da tentação! Não há nada errado em fugir da tentação. José fugiu da esposa de Potifar porque não confiava na capacidade da sua própria carne de resistir à tentação. Ele fugiu antes de ter a chance de mudar de ideia!

De fato, as instruções do apóstolo Paulo na nova aliança são FUGIR das paixões da mocidade e, em vez disso, perseguir a justiça de Deus. Ele diz a Timóteo: "Foge, outrossim, das paixões da mocidade. Segue a justiça, a fé, o amor e a paz…"[7] Se a pornografia na Internet é uma tentação, ensinemos os nossos jovens a não confiarem na capacidade da sua própria carne de resistir à tentação e, em vez disso, ensinemos a fugirem dela. Pais, ao mesmo tempo, vocês podem fazer mudanças práticas colocando os computadores da sua casa nas salas de estar e não no quarto de seu filho ou de sua filha. Isso é cuidar dos filhos com graça: você pode confiar em seus adolescentes, mas também pode ensiná-los a não confiar em sua carne e a fugir das tentações!

Adolescentes e adultos jovens que estão namorando, aprendam a fugir das tentações, como fez José. Não se dirijam a lugares escuros e tranquilos ou se tranquem sozinhos em seus quartos, onde os hormônios em fúria podem levar vocês mais além de onde vocês desejam ir. Deus criou o sexo para ser desfrutado dentro da aliança do casamento. Ele não está tirando a sua diversão. Ele ama demais vocês para vê-los pular de um relacionamento sexual rompido para outro e acabar sentindo-se usados, trapaceados, manipulados, vulgares e vazios. Ele ama demais vocês para vê-los correndo o risco ou sofrendo de doenças sexualmente transmitidas. Ele ama demais vocês para vê-los passar por uma gestação indesejada e se tornarem pais antes de estarem prontos.

Você é precioso aos olhos do Senhor e eu quero que você imagine o Seu destino para a sua vida. Seu destino para você é desfrutar de um casamento abençoado com alguém a quem você possa se entregar totalmente e com quem possa ter uma família abençoada com lindos filhos no tempo certo. Confie nele — não se lance ao sexo antes do casamento. Ele fará todas as coisas lindas ao Seu tempo. Também saiba isto: Independentemente do seu passado, não existe, agora, qualquer condenação. Seu sangue lava você, deixando-o mais branco do que a neve, e você tem um novo começo nele!

## Encontrar Jesus Conduz ao Cumprimento da Lei

Líderes de jovens, pais e colegas ministros, é vital dar aos nossos jovens uma visão do que o coração de Deus lhes reserva na nova aliança. Quando nossos jovens tiverem um encontro com a pessoa de Jesus e receberem Seu amor, Seu amor os levará a cumprirem a lei. Eles aprenderão a amar a si mesmos e a não se infligirem males experimentando sexo, drogas, álcool, fumo e outras atividades destrutivas. A graça traz uma contenção sobrenatural. A graça é a nossa esperança para transformar a próxima geração.

Precisamos de toda uma nova geração de líderes de jovens que tenham uma revelação do favor imerecido de Deus queimando em seus corações. Somente a graça é capaz de transformar os nossos jovens. Despejar leis sobre eles só instigará sua carne a rebelar-se. Mas, apenas um encontro com Jesus, apenas uma gota do Seu favor imerecido e, posso garantir-lhe, nossos jovens nunca mais serão os mesmos. Pense em sua própria vida. Como foi o primeiro impacto causado em você por Jesus? Foi através da lei ou foi a Sua graça em sua vida que tocou o seu coração? Todos começamos o nosso relacionamento com o Senhor porque fomos impactados por Seu amor e por Sua graça. Então, continuemos nessa graça.

Paulo advertiu os gálatas contra retornarem à lei após conhecerem a graça. Disse ele: "Admira-me que estejais passando tão depressa daquele que vos chamou na graça [favor imerecido] de Cristo para outro evangelho, o qual não é outro, senão que há alguns que vos perturbam e querem **perverter o evangelho de Cristo.**"[8] Paulo leva isso muito a sério. Ele chama de **perversão** qualquer evangelho diferente do evangelho da graça (favor imerecido de Deus). Tentar ser **justificado** pelas obras dos Dez Mandamentos é uma perversão do evangelho de Cristo.

> *Não comece na graça e termine na lei. Não comece na nova aliança para retornar à velha aliança!*

Paulo perguntou à queima-roupa à igreja na Galácia: "... recebestes o Espírito pelas obras da lei ou pela pregação da fé? Sois assim insensatos que, tendo começado no Espírito, estejais, agora, vos aperfeiçoando na carne [esforço próprio]?"[9] Paulo lhes estava dizendo: "Vocês começaram crendo em Sua graça; por que estão, agora, dependendo de suas obras? Isso é loucura! Vocês deveriam continuar em Seu favor imerecido!" Essas são palavras fortes de Paulo. Não comece na graça e termine na lei. Não comece na nova aliança para retornar à velha aliança! Há pessoas que dizem não ser justificadas pela lei, mas creem que devem cumprir a lei para a santificação. Amigo, a justificação e a santificação provêm da nossa fé exclusivamente na obra consumada de Jesus.

*"Pastor Prince, como sei se voltei à velha aliança?"*

É realmente muito fácil identificar a diferença entre os ensinamentos da velha e da nova alianças. Basta perguntar a si mesmo se o ensinamento coloca a ênfase no que **você** precisa fazer ou no que **Jesus fez**. Ele deixa você introspectivo, sempre olhando para **si mesmo**, seu desempenho e suas falhas? Ou ele faz você tirar seus olhos **de si mesmo e voltá-los para Jesus**?

Quando você estiver estabelecido na nova aliança da graça, experimentará uma tremenda sensação de confiança e segurança em Cristo. Quando sua confiança estiver no Seu favor imerecido e não em seu desempenho, você não se sentirá como se estivesse constantemente pulando para dentro e para fora do Seu favor e aceitação.

Infelizmente, alguns crentes voltaram para a velha aliança sem percebê-lo. Às vezes, eles sentem que Deus está ao seu lado, mas, outras vezes, sentem que Deus está distante deles. Às vezes, **sentem** que Deus está satisfeito com eles, mas, outras vezes, **sentem** que Deus está zangado com eles. Todos esses sentimentos se baseiam, predominantemente, na sua própria avaliação de como se saíram, de como se sentem a respeito de si mesmos, e não em como Deus os vê. Uma vez que não existe base para tais avaliações no texto bíblico da nova aliança, eles acabam decidindo arbitrariamente se estão, ou não, merecendo as bênçãos e o favor de Deus em suas vidas, quando, de fato, eles têm acesso às Suas bênçãos o tempo todo, simplesmente devido a Jesus e à Sua obra consumada na cruz.

## Derrotados por Nossa Falta de Conhecimento

Quando eu era adolescente, pertencia a um grupo cristão de louvor. Nós cantávamos um hino que alguns poderão conhecer. Ele dizia assim: *"Ele está satisfeito, Ele está satisfeito, Ele está satisfeito comigo? Fiz o melhor que pude? Passei no teste? Ele está satisfeito comigo?"*[10] Deixe-me confessar que **todas** as vezes que cantamos essa canção, eu **sempre** acreditei que Deus **não** estava satisfeito comigo. Quando olhamos para nós mesmos, tudo que existe para ser visto é a inadequação e a futilidade da nossa capacidade e do nosso desempenho. Em nós mesmos, e por nós mesmos, nunca atingiremos o padrão de Deus para que Ele esteja satisfeito conosco. Sempre deixaremos a desejar!

---

*Quando olhamos para nós mesmos, tudo que existe para ser visto é a inadequação e a futilidade da nossa capacidade e do nosso desempenho.*

---

Você pode imaginar quão condenados nos sentíamos cada vez que cantávamos essa canção? Afinal de contas, nunca fôramos ensinados que Deus estava satisfeito com o sacrifício de Seu Filho na cruz e não compreendíamos o significado da nova aliança da graça. Éramos jovens e zelosos por Deus, mas derrotados por nossa falta de conhecimento. Como eu gostaria que, naquele tempo, pudéssemos ter lido um livro como este que você está segurando! Ele nos teria poupado da nossa constante sensação de inadequação e fracasso!

Com todo o devido respeito ao autor da canção, que eu creio ter tido as melhores intenções ao escrevê-la, essa canção não se baseia na nova aliança do favor imerecido de Deus. Ela nega a cruz, provoca medo e coloca a ênfase de volta em você — o que **você** precisa fazer, o que **você** precisa cumprir e o que **você** precisa realizar para Deus ficar satisfeito com você. Mas, a pergunta a fazer hoje não é se Deus está satisfeito com você. A pergunta que precisamos fazer é: Deus está satisfeito com a cruz de Jesus? E a resposta é: Ele está totalmente satisfeito!

É na cruz que está a nossa aceitação. Ali, Jesus bradou, com seu derradeiro fôlego: "Está consumado!"[11] A obra está completa. A punição total por todos os nossos pecados foi exigida de Jesus na cruz. Deus não punirá o crente novamente, não porque se tornou indiferente ao pecado, mas porque **todos os nossos pecados já foram punidos** no corpo de Jesus. Agora, a santidade de Deus e a Sua justiça estão ao seu lado! Hoje, Deus não está avaliando você com base no que você fez ou deixou de fazer. Ele está avaliando você com base no que Jesus fez. Deus está satisfeito com Jesus hoje? Sim, claro que está! Então, tanto quanto Deus está satisfeito com Jesus, Ele está satisfeito com você.

---

*Deus não punirá o crente novamente, não porque se tornou indiferente ao pecado, mas porque todos os nossos pecados já foram punidos no corpo de Jesus.*

---

Parece bom demais para ser verdade? Não quando você percebe que essa realidade da nova aliança custou um alto preço. O próprio Filho de Deus teve de ser esmagado no Calvário para que esta bênção se tornasse realidade na sua vida. O dom do Seu favor imerecido e da

Sua justiça só é um dom gratuito para você hoje porque o pagamento integral por esse dom foi exigido no corpo de Jesus. A cruz fez toda a diferença! Não deixe que o levem a pensar, enganosamente, que você precisa pagar por seus próprios pecados. Não deixe enganarem você com a mentira de que a sua eterna salvação em Cristo é incerta e abalável!

## Transformação por Revelação

No capítulo anterior, aprendemos que, sob a velha aliança da lei, você só poderia ser abençoado por Deus se obedecesse perfeitamente aos Seus mandamentos, tanto interna quanto externamente. Reciprocamente, se falhasse, seria amaldiçoado. Também vimos como Deus sabia, desde o início, que era impossível alguém ser abençoado sob a velha aliança, pois nenhum homem era capaz de cumprir os Dez Mandamentos com perfeição. Portanto, Ele fez uma provisão para que as falhas do homem fossem pagas através do sacrifício de sangue de animais inocentes. Mas, hoje sabemos que os sacrifícios de animais foram apenas uma sombra do sangue que Jesus, nosso perfeito Cordeiro de Deus, derramaria na cruz por nós. Lembre-se de que não estamos mais sob a **velha** aliança da lei, porque temos a nova aliança da graça![12]

Porém, você concordaria comigo que um número maior de cristãos hoje conhece mais sobre os Dez Mandamentos do que sobre a nova aliança do favor imerecido de Deus? No que diz respeito a esse assunto, se você andasse pela *Times Square* na cidade de Nova Iorque e começasse a entrevistar as pessoas aleatoriamente, a maioria delas provavelmente teria ouvido falar sobre os Dez Mandamentos, mas não saberia nada sobre a nova aliança da graça que veio por intermédio de Jesus Cristo. De fato, o mundo identifica o cristianismo com os Dez Mandamentos. Não é triste o mundo nos conhecer pelas leis obsoletas e não pelo favor imerecido que Cristo morreu para nos dar?

*Quando os jovens receberem uma revelação de Jesus de quão preciosos eles são aos Seus olhos, suas vidas serão sobrenaturalmente transformadas.*

Não admira estarmos perdendo toda uma nova geração de jovens para o mundo! A lei não é atraente e a própria Bíblia a chama de obsoleta.[13] Se continuarmos empurrando os Dez Mandamentos goela abaixo dos nossos jovens, não se surpreenda quando eles se desencantarem com as formas legalistas do cristianismo. Mais importante ainda, não se esqueça de que a força do pecado é a lei. A lei não tem poder para impedir o pecado. A lei não lhes transmitirá sua preciosa identidade em Cristo, a qual lhes dará a força para absterem-se de sexo pré-nupcial, os impedirá de se envolverem com abuso de drogas e, também, de perderem a identidade sexual. Somente o próprio sacrifício de Deus na cruz pode dar-lhes sua nova identidade como nova criação em Cristo Jesus!

Quando os jovens receberem uma revelação de Jesus e de quão preciosos eles são aos Seus olhos, suas vidas serão sobrenaturalmente transformadas. Eles deixarão de ser assediados por pensamentos suicidas. Eles deixarão de desejar colocarem-se em risco para "fazerem parte do grupo" ou para obterem a atenção pela qual tanto anseiam. A autoestima das nossas jovens aumentará drasticamente quando elas aprenderem a valorizar-se da mesma maneira que Jesus as valoriza. Transbordantes do perfeito amor e da aceitação de Jesus por elas, não mais terão a ilusão de precisarem entregar seus corpos para encontrar a aceitação e o amor de algum rapaz. Elas se amarão como Jesus as ama!

Quanto aos nossos rapazes, creio que eles desenvolverão um autocontrole sobrenatural para administrar seus hormônios em fúria. Eles não o farão por sua força de vontade, mas por intermédio da força de Jesus fluindo através deles. Eles aprenderão a fugir das concupiscências da juventude. Eles saberão que ser "legal" significa respeitar o sexo oposto e não colocarem a si mesmos e às suas namoradas em risco de contraírem doenças sexualmente transmissíveis e de terem gestações indesejadas.

Teremos uma geração de adolescentes que sabem que Jesus tem um destino tremendo traçado para cada um deles; o desejo de estarem envolvidos em gangues e atividades destrutivas, como promiscuidade e abuso de álcool e de drogas, se dissipará no favor imerecido e amor de Jesus por eles. Sobrenaturalmente, seus desejos pelas coisas do mundo desaparecerão ao serem substituídos pelo desejo por Jesus! Esse é o poder da graça (favor imerecido) de Deus e Sua aceitação incondicional de nós através da cruz. O que a lei não podia fazer, Deus o fez enviando Seu próprio Filho Jesus Cristo!

Líderes de jovens, pais e colegas ministros, esta é a solução para os nossos jovens. Não é tarde demais para alcançar nossos jovens com braços de graça e para abraçá-los com o verdadeiro evangelho de Jesus. Vamos parar de bater em nossos jovens com os Dez Mandamentos e comecemos a dar-lhes uma revelação de Jesus. Comecemos a revelar o amor do Pai por eles!

Precisamos de uma nova geração de pregadores cheios de graça e misericórdia, cheios de ensinamentos não adulterados sobre a nova aliança e cheios da pessoa de Jesus, Sua beleza, Seu amor e Sua obra perfeita na cruz. Não podemos mais deixar o mundo associar o cristianismo à lei. Se realmente desejamos impactar o mundo e toda uma nova geração para Jesus, então eles precisam conhecer a igreja pela cruz e pelo favor imerecido que fluir das mãos perfuradas do nosso Salvador!

## Salvos pelo Amor de Jesus

Deixe-me compartilhar com você um precioso testemunho de uma adolescente que o Senhor resgatou da beira do suicídio. Essa adolescente era uma atleta em sua escola e costumava ser excelente nos esportes. Contudo, ela desenvolveu alguns problemas sérios de saúde e lhe disseram que ela poderia nunca mais ser capaz de competir novamente.

Devastada pela perspectiva de ficar aleijada devido à sua doença debilitante, ela mergulhou em profunda depressão. Um dia, quando estava sozinha em seu quarto, ela decidiu pegar alguns comprimidos e uma garrafa de vodca e considerou a possibilidade de tirar a própria vida. Naquela noite, ela percorria os arquivos de músicas armazenados em seu computador, querendo ouvir uma canção final antes de ingerir a combinação letal que preparara.

Após selecionar uma música aleatoriamente, ela "casualmente" tocou "I'm Held by Your Love" (*Sou Sustentado Pelo Teu Amor*), uma canção escrita pelo tecladista de nossa igreja e cantada por uma das nossas líderes de louvor. Enquanto a letra da canção a envolvia, ela começou a chorar incontrolavelmente, e o amor de Jesus encheu o seu coração:

*Sou sustentado pelo Teu amor*
*Mantido pela Tua força*
*Em Teus ombros Tu me sustentaste*
*Por Tua fé eu permaneço*
*Afagado por Ti, Senhor*
*Um tesouro aos Teus olhos*
*Tão perto do Teu coração*
*Mantido firme em Tuas mãos...*[14]

Dominada pela tangível presença do Senhor, sua resolução de se matar se dissipou e, em vez de fazê-lo, ela começou a clamar a Deus. Ela escreveu à igreja, a líder de adoração que cantava essa canção encontrou-se com ela e apresentou-lhe Jesus. Hoje, essa garota está completamente recuperada e não toma mais medicações. Aleluia! Toda a glória ao nosso Senhor Jesus!

Deixe-me compartilhar com você outro testemunho de um jovem cuja vida foi maravilhosamente transformada pelo favor imerecido de Deus. Esse jovem fumou seu primeiro cigarro já aos 9 anos de idade. Aos 14 anos, ele já era um marginal experiente, traficando e consumindo drogas, e vendendo filmes piratas. Com o dinheiro que ganhava, ele agradava os membros da sua quadrilha com boas roupas ou refeições e até cobria despesas de transporte para que eles se reunissem para guerras entre quadrilhas! Aos 15 anos, ele foi preso e encaminhado a um reformatório para meninos, onde percebeu que sua vida necessitava de uma reviravolta. Foi então que Deus entrou em cena. Ele conta:

*O reformatório foi onde tive meu primeiro encontro com Deus, embora, na época, eu não soubesse que era Ele. Um dos meus conselheiros, uma senhora cristã, orou por mim e, pela primeira vez em minha vida, senti que havia "alguém" olhando por mim. Não pensei muito a respeito disso na ocasião, mas foi quando meu coração e minha perspectiva de vida começaram a mudar.*

*Comecei a frequentar a igreja New Creation (NCC) em setembro de 2005. Um amigo me convidara a ir à NCC antes, mas eu não quis ir. Contudo, um dia eu peguei no sono no trem e passei da parada onde deveria descer. A plataforma em que desci estava completamente deserta, mas percebi uma sacola plástica deixada em um dos bancos. Olhei seu conteúdo para ver se conseguia identificar seu dono e percebi serem CDs de sermões da NCC!*

*Então, mesmo quando eu não quis ir à NCC, Deus enviou a igreja a mim! Não foi uma coincidência. Foi uma ação dirigida por Deus! Quando toquei os CDs em casa por curiosidade, a presença de Deus foi muito real. Senti muita intimidade com Deus. Ao ouvir os ensinamentos do pastor Prince, soube que esse era o Deus em quem eu sempre havia crido, um **Deus que me ama independentemente de quem eu sou ou do que faça!***

*Os ensinamentos do pastor Prince me libertaram e me deram força sobrenatural e paixão por fazer a Sua obra. Não sinto mais nenhuma escravidão no tocante ao comunicar-me com Deus, sabendo que Ele pode conduzir-me em cada situação.*

*A transformação mais significante que experimentei foi minha transformação interior. Eu costumava ter um temperamento muito mau, que me meteu em muitas brigas, **porque eu era facilmente provocado. Estar consciente do Seu amor por mim me libertou daquilo.** Também deixei de ir mal nos estudos e comecei a ter, no curso técnico, notas suficientes para garantir um lugar na universidade.*

Esse jovem é, agora, uma pessoa alegre e confiante, com um futuro brilhante. Ele faz palestras em escolas e no reformatório em que ficou, para compartilhar com os jovens a sua jornada e encorajá-los. Sua vida foi tão incrivelmente transformada, que até uma agência governamental o convocou para dar palestras para jovens problemáticos. Ele diz que, desde que Jesus entrou em Sua vida, ele tem visto Sua graça e favor superabundarem em sua vida. Muitas portas se abriram para ele e sua vida foi realmente enriquecida, com avanços em áreas como seu trabalho, estudos, família e relacionamentos. Toda a glória seja dada a Jesus!

É **disso** que nossos jovens necessitam — uma revelação do perfeito amor de Jesus por eles! Existe um mundo perdido e moribundo lá fora. Meu amigo, os Dez Mandamentos **não podem** mais ser a única coisa que os jovens sabem sobre o cristianismo! Como podem eles não pensar que o cristianismo não passa de regras, leis e regulamentações sobre o que devem ou não fazer? Como podem eles não imaginar que Deus seja alguém zangado com eles e procurando oportunidades de puni-los? Eles não fazem ideia de que o cristianismo é, na verdade, um **relacionamento** íntimo com um Deus amoroso. Se eles soubessem isso, esmurrariam as portas das igrejas todo domingo para entrar e ouvir a pregação de Jesus e da Sua graça!

*Necessitamos de uma revolução do evangelho para alcançar e impactar a próxima geração com o verdadeiro evangelho de Jesus.*

Claramente, o mundo não ouviu o evangelho não adulterado da graça. Ele não ouviu as boas-novas do favor imerecido de Deus. Contudo, isso poderá mudar quando nós, a igreja, começarmos a compreender e pregar a nova aliança da graça! É uma triste realidade os cristãos saberem mais sobre os Dez Mandamentos, a velha aliança, do que sobre a nova aliança da graça. Precisamos mudar isso! Precisamos de uma revolução do evangelho para alcançar e impactar a próxima geração com o verdadeiro evangelho de Jesus. Somente uma revelação do favor imerecido de Deus transformará a próxima geração para Jesus. Não percamos nossos preciosos jovens para o mundo.

Neste exato momento, se você é um jovem que está lendo isto, quero que saiba que todas as respostas que procura estão na pessoa de Jesus. Ele sofreu, sangrou e morreu por você. Não importa a confusão que você possa estar passando agora, existe esperança. Não está tudo acabado; então, não desista. Jesus **nunca** desistirá de você! Encontre sua identidade nele e Ele lhe dará um novo começo e uma nova página para começar uma emocionante vida com Ele!

Como ocorreu com José na Bíblia, Sua presença estará com você e você será um sucesso nesta vida. Jesus fará com que todas as coisas que suas mãos tocarem deem resultados prósperos. Seus relacionamentos serão abençoados. Jesus lhe dará bons amigos que não julgarão ou desprezarão você. Ele também lhe dará um relacionamento amoroso com seus pais. Seus estudos serão abençoados. Seu futuro em Jesus se tornará mais luminoso e glorioso a cada dia!

Jesus está com você, meu precioso amigo, e sabe de uma coisa? Ele nunca deixará você e jamais o abandonará, não importa quais enganos você possa ter cometido.[15] Ele o perdoa completamente, e todos os seus enganos foram esquecidos para sempre, lavados pelo Seu sangue. Agora, com Jesus ao seu lado, você pode recomeçar e dar início a uma nova vida de favor imerecido e sucesso!

## Capítulo 12

# Nossa Parte na Nova Aliança

Enquanto estamos tratando do assunto de alianças, é importante saber que em toda aliança existem certos termos e condições que detalham a maneira como podemos vivenciar as bênçãos de Deus. Na aliança edênica, tudo que Adão e Eva tinham de fazer era não comer da árvore do conhecimento do bem e do mal. Sabemos que, sob a velha aliança da lei, para desfrutar das bênçãos de Deus, era necessário obedecer perfeitamente aos Dez Mandamentos.

E a nova aliança? Uma vez que ela se baseia inteiramente no favor imerecido de Deus e não em nossa capacidade de cumprir a lei ou no que precisamos fazer, qual é, exatamente, a nossa parte nessa aliança? Como podemos desfrutar das bênçãos de Deus na nova aliança quando ela se baseia na obra consumada de Jesus na cruz? Temos algum papel na nova aliança da graça? Essas são perguntas importantes; então, exploremos esta questão da "nossa parte" na nova aliança.

Para começar, estabeleçamos o fato de que, quando existe uma nova aliança, não faz sentido tentar receber bênçãos de Deus voltando à velha aliança. Imagine isto: sua empresa acaba de conquistar um contrato novo com uma grande multinacional, que vale milhões de dólares mais do que o contrato antigo. Você revisaria os termos referentes ao pagamento do acordo com base no contrato antigo ou no novo? A resposta é óbvia. Contudo, hoje há crentes tentando voltar aos termos da velha aliança. Eles não percebem que a velha aliança não é mais válida e que, agora, não temos sequer a única provisão que fez a velha aliança funcionar para os filhos de Israel — as ofertas de animais para cobrir seus pecados.

## Os Termos da Nova Aliança

Uma vez que temos uma nova aliança, quais são seus termos? Abra a sua Bíblia em Hebreus e veja você mesmo:

> Porque esta é a aliança que **firmarei** com a casa de Israel, depois daqueles dias, diz o Senhor: na sua mente **imprimirei** as minhas leis, também sobre o seu coração as inscreverei; e **eu** serei o seu Deus, e eles serão o meu povo. E não ensinará jamais cada um ao seu próximo, nem cada um ao seu irmão, dizendo: Conhece ao Senhor; porque todos me conhecerão, desde o menor deles até ao maior. Pois, para com as suas iniquidades, **usarei** de misericórdia e dos seus pecados jamais **me lembrarei**. Quando ele diz Nova, torna antiquada a primeira...
>
> — Hebreus 8:10-13

A velha aliança da lei trata do que **você** precisa fazer. Contudo, a nova aliança é repleta do que **Deus** fará. Percebe o número de vezes em que alguma maneira de dizer "farei" aparece nesta passagem? Em vez de ter leis escritas em frios pedaços de pedra, Deus, sob a nova aliança, declarou que Ele mesmo colocará as Suas leis em sua mente e as escreverá em seu coração. Deus deixa muito claro que encerrou a velha aliança; por isso, não se engane a esse respeito — as leis que Ele escreverá em seu coração **não são** os Dez Mandamentos. Então, quais são as leis que Ele colocará em você?

Em João 13:34, Deus disse que nos deu um novo mandamento — amar-nos uns aos outros como Ele nos amou. Em Romanos 3:27, o apóstolo Paulo menciona uma lei da fé. Então, as leis que Deus colocará em seu coração são a Sua lei real de amor e a lei da fé.

## O Amor É o Cumprimento da Lei

O que significa ter a lei de Deus do amor colocada em nossas mentes e inscrita em nossos corações? Isso desencadeia um efeito cascata tão poderoso, que nem sequer sei por onde começar! Quando você começar a experimentar o amor e o favor imerecido de Deus em sua vida, sabendo não merecer Sua graça, se apaixonará perdidamente por Jesus. Quando você estiver repleto do amor de Jesus, esse amor transbordará sobre todos os seus relacionamentos, primeiramente com Deus, depois com seu cônjuge, membros da família, amigos, colegas de trabalho e todas as pessoas que você encontrar.

Sem qualquer mandamento de Deus, você começará a apaixonar-se novamente por seu cônjuge. O romance desabrocha e a graça de Jesus restaura seu casamento. Você não desejará acolher pensamentos de adultério, porque está apaixonado por seu cônjuge. De fato, somente quando você está repleto do amor de Jesus por você é que pode cumprir o mandamento de Paulo em Efésios 5:25 — "Maridos, amai vossa mulher, como também **Cristo amou a igreja** e a si mesmo se entregou por ela". Homens, vocês percebem que o foco não está no que temos de fazer ou em nosso amor por nossas esposas? A verdade é que, primeiramente, precisamos estar repletos do amor de Cristo por nós. Só podemos amar porque Ele nos amou primeiro!

De maneira semelhante, quando você for consumido pelo amor de Jesus, não será consumido pela raiva nem mesmo quando tiver sido enganado, mas, em vez disso, terá a capacidade sobrenatural de perdoar aos outros. Foi por isso que Paulo disse:

> Pois isto: Não adulterarás, não matarás, não furtarás, não cobiçarás, e, se há qualquer outro mandamento, **tudo nesta palavra se resume**: Amarás o teu próximo como a ti mesmo. O amor não pratica o mal contra o próximo; **de sorte que o cumprimento da lei é o amor.**
>
> — ROMANOS 13:9,10

De fato, quando você receber o amor de Deus, não apenas cumprirá a lei sem esforço, mas também a excederá. A nova aliança diz respeito a ter um relacionamento vivo, dinâmico e íntimo com Jesus. A lei é inferior — **ela só pode mandar você não cometer adultério, mas não pode fazê-lo amar seu cônjuge.** Sob a lei, uma pessoa pode ficar em casa e não cometer adultério fisicamente com outra pessoa, mas seu coração pode estar frio em relação ao seu cônjuge e ela pode estar fantasiando sobre o que vê na televisão e na Internet. Sob a lei, você pode ter uma **forma** de cumprir a lei. Mas, sob a graça, você vivenciará a verdadeira substância.

A lei trata puramente com o superficial, mas a graça vai muito mais profundamente. A lei não lhe dirá como salvar seu casamento. Mas, hoje, quando Deus coloca Suas leis em seu coração, você pode correr para Ele dizendo: "Senhor, posso sentir minha mulher distanciar-se ainda mais de mim. Ensina-me como amá-la" e Deus guiará você, porque Ele prometeu que "... todos me conhecerão, desde o menor deles até ao maior".[1] Se você sentir o impulso de dizer a ela algumas palavras de encorajamento e reafirmação, faça-o. Se sentir o impulso de abraçá-la, faça-o! Siga esses impulsos do seu coração, porque o Senhor levará você a amar o seu cônjuge!

*Hoje, Deus fala com você diretamente através dos Seus impulsos e tornou fácil você conhecer a Sua vontade.*

Deus tornou tudo muito fácil para nós na nova aliança. Não precisamos mais correr aos profetas para descobrirmos a Sua vontade para nós. Ele mesmo nos conduz! Para aqueles de vocês que desejam servir ao Senhor, mas não sabem por onde começar, apenas pergunte-se o que está em seu coração. Se você tem um desejo de trabalhar entre crianças, faça-o. Como crente da nova aliança, é assim que seu Pai conduz você. Ele coloca as Suas leis na sua mente e as escreve no seu coração!

Talvez você sinta um impulso de abençoar alguém financeiramente, mesmo que a pessoa pareça próspera. Siga esse impulso porque, hoje, Deus fala a você diretamente e tornou fácil você conhecer a Sua vontade. Todos nós sabemos como as aparências podem ser decepcionantes. Por exemplo, muitos vigaristas acreditam que as pessoas da igreja são ingênuas. Então, eles se vestem mal e contam uma história triste para mover você a dar-lhes dinheiro. No entanto, existem pessoas nobres que se vestem bem aos domingos para honrar a ocasião, mas estão passando por dificuldades financeiras. Portanto, precisamos seguir os impulsos e impressões dos nossos corações e não o que os nossos olhos veem. Então, quando você sentir desejo de fazer algum bem a alguém, faça-o, sabendo que você tem um novo coração que escuta Deus e que é Deus quem opera em você a disposição para isso e a realização disso![2]

## A Cláusula Que Faz a Nova Aliança Funcionar

Agora, voce sabe que a velha aliança era dependente das obras e da obediência dos israelitas à lei. Então, de que depende a nova aliança? Amado, Deus é muito bom. A nova aliança que **Deus** fez não depende de nada que você e eu precisemos fazer, porque Ele sabe que sempre fracassaremos. Preste atenção. A nova aliança funciona devido a uma única coisa, que é a última cláusula da nova aliança — Hebreus 8:12. Tanto quanto você tenha uma revelação dessa cláusula e de todas as suas bênçãos, tanto você caminhará nela. Você está pronto para conhecer essa cláusula?

> **Pois,** para com as suas iniquidades, usarei de misericórdia e dos seus pecados jamais me lembrarei.
>
> — HEBREUS 8:12

Note a palavra "Pois". Ela significa "porque". A nova aliança funciona **porque** Deus diz que será misericordioso com a nossa injustiça e se esquecerá dos nossos pecados e atos ilegais! "Jamais" significa ter havido um tempo em que Deus se lembrava dos nossos pecados, até mesmo para puni-los até a terceira e a quarta gerações.[3] Isso está nos Dez Mandamentos. Contudo, hoje, Deus diz enfaticamente: "Jamais!" (Duplo negativo em grego.) "Jamais" significa que Deus nunca mais se lembrará dos nossos pecados contra nós, porque Ele se lembrou de (punir) todos os nossos pecados no corpo de Seu Filho. Jesus recebeu na cruz a punição de Deus pelos nossos pecados. Agora, podemos andar na nova aliança e ouvir Deus dizer: "de seus pecados e iniquidades jamais me lembrarei".

Amigo, a nova aliança funciona devido à última cláusula. Em outras palavras, devido a Hebreus 8:12, Deus pode colocar Suas leis em nossas mentes e escrevê-las em nossos corações, e todos nós podemos conhecê-lo e ser guiados por Ele!

## Nossa Parte na Nova Aliança da Graça

Então, aqui está a pergunta que vale um milhão: Qual é a nossa parte na nova aliança da graça? Nossa parte na nova aliança da graça é simplesmente **crer!**

Pergunta seguinte: Em que devemos crer? A resposta é simples. Devemos crer em Jesus! Mas, acompanhe-me com atenção agora, esta resposta pode não ser tão simples quanto parece. Se você tivesse de ir às ruas perguntar às pessoas se elas creem em Jesus, provavelmente receberia todos os tipos de respostas. Haveria aqueles que creem que Jesus existiu como uma figura histórica, filósofo moral, líder carismático ou profeta. Infelizmente, a verdade é que crer em todas essas coisas a respeito de Jesus não as salvará.

*Sua parte na nova aliança do favor imerecido de Deus é crer que você está totalmente perdoado de todos os seus pecados e que o sangue de Jesus lava você de toda a sua injustiça e ilegalidade.*

Hoje, muitas lojas vendem livros escritos com base nos ensinamentos dos gnósticos, que não creem que Jesus é o Filho de Deus. Esses escritos tentam desvalorizar e naturalizar Jesus para torná-lo um mero mortal, uma figura histórica e nada mais. O simples ver a palavra "Jesus" mencionada em livros ou em suas capas não significa que seus autores creem em Jesus. Muitos desses escritos são, na realidade, contrários a Cristo.

## O Que Significa Crer em Jesus

Então, estabeleçamos o que significa crer em Jesus. Crer em Jesus é, antes de tudo, crer nele e recebê-lo como seu Senhor e Salvador pessoal, que morreu na cruz por todos os seus pecados. Crer em Jesus é crer que Jesus é o único caminho para a salvação e que, ao recebê-lo, você recebe o dom da vida eterna. Além disso, crer em Jesus é crer, sem sombra de dúvida, que todos os seus pecados — passados, presentes e futuros — foram punidos na cruz e que, hoje (é aqui que se aplica a última cláusula da nova aliança), Ele NÃO SE LEMBRA MAIS de todos os seus pecados e atos ilegais!

Nossa Parte na Nova Aliança | 163

Com base na nova aliança da graça, em que Deus quer que você creia? Ele quer que você creia, com todo o seu coração, que Ele confirma cada palavra do que disse: "... para com as suas iniquidades, usarei de misericórdia e dos seus pecados jamais me lembrarei." Veja que, na nova aliança, não existe nada para fazermos, exceto crer! Sua parte na nova aliança do favor imerecido de Deus é crer que você está completamente perdoado de todos os seus pecados e que o sangue de Jesus lava você de toda a sua injustiça e ilegalidade.

Aos olhos de Deus hoje, você é feito perfeitamente justo pela obra concluída de Jesus. A ênfase da nova aliança é saber e crer que você está perdoado de todos os seus pecados e que Deus literalmente os apagou da Sua memória. Se você não crer nisso, lhe será impossível depender de Deus e esperar que Ele lhe proteja, proveja e prospere. Não crer nisso lhe tirará a capacidade de receber Sua bondade, Suas bênçãos, Seu favor imerecido e Seu sucesso em sua vida.

## O Poder do Sangue de Jesus

*"Mas... mas... mas... Pastor Prince, Deus é onisciente. Como Ele pode esquecer os meus pecados?"*

Sob a nova aliança, Deus pode declarar que não lembrará mais dos seus pecados porque eles já foram lembrados no corpo de Jesus na cruz. Meu amigo, existe uma única coisa que Deus não pode fazer — Ele não pode mentir. Então, Ele **está falando a verdade** quando diz que não mais se lembrará dos seus pecados. Nossa parte na nova aliança do favor imerecido de Deus é **crer** que, verdadeiramente, Deus não se lembra mais dos nossos pecados!

Existe poder no sangue de Jesus para perdoar você de todos os seus pecados! O inimigo teme esta verdade acima de tudo e é por isso que ele ataca com tanta veemência esse ensinamento sobre o perdão dos pecados. Se o inimigo puder fazê-lo crer na mentira de que não está completamente perdoado e consciente do pecado, ele será capaz de mantê-lo derrotado, condenado, com medo de Deus e preso em um ciclo vicioso de fracasso.

*Se o inimigo puder fazê-lo crer na mentira de que não está completamente perdoado e consciente do pecado, ele será capaz de mantê-lo derrotado, condenado, com medo de Deus e preso em um ciclo vicioso de fracasso.*

Os escritos dos gnósticos[*] são malévolos porque propagam a mentira de que Jesus foi um mero mortal, o que significa que o Seu sangue não teria poder para nos purificar de todos os nossos pecados. Esta é uma mentira vinda do poço do inferno! Jesus é o Filho de Deus e o Seu sangue não tem contaminação de nenhum pecado. É por isso que o derramamento do Seu sangue puro e inocente é capaz de nos purificar de toda injustiça. O Seu sangue não cobre os pecados temporariamente como o sangue de touros e bodes na velha aliança. O Seu sangue extermina e **apaga completamente** todos os nossos pecados. Este é o sangue do Próprio Deus, derramado pelo perdão de todos os nossos pecados! Precisamos começar a entender que esse não é um "ensinamento básico". É o próprio evangelho de Jesus Cristo.

Nos tempos finais, as pessoas não serão contrárias a Deus, mas serão contrárias a Cristo. O movimento anticristo nos tempos finais tentará desvalorizar a deidade de Jesus, a cruz e Seu poder de perdoar a todos os nossos pecados. É por isso que, nesses últimos dias, necessitamos de mais pregação sobre Jesus, Sua obra consumada e a nova aliança do Seu favor imerecido. Precisamos de mais pregadores da nova aliança, centrados em Cristo, que colocarão a cruz de Jesus como o foco de toda a sua pregação. A única maneira de impedir que esse engano se esgueire para dentro da igreja é focar-se em exaltar a

---

[*] Os gnósticos eram adeptos do Gnosticismo, sistema religioso cujo início deu-se antes da Era Cristã. Tem suas raízes na ciência sagrada do Egito e na filosofia grega e designava o conhecimento dos mistérios divinos revelados a poucos escolhidos. Incluía nesses ensinamentos matemática, filosofia, teosofia e astrologia. O Gnosticismo infiltrou-se na Igreja gerando uma terrível heresia que foi severamente combatida pelos apóstolos. Fonte: Wikipédia, adaptação nossa (Nota da tradutora).

pessoa de Jesus e a doutrina central da nova aliança, que é o completo perdão dos pecados! Esse é o evangelho e, quando a verdade do evangelho for pregada, as pessoas serão libertadas.

*Creia que todos os seus pecados estão perdoados —*
*esta é a sua parte na nova aliança.*

Não deve haver concessões quando se trata do evangelho de Jesus. O perdão dos pecados baseia-se exclusivamente na Sua graça (favor imerecido) e nós temos acesso a essa graça por meio da **fé**. Nossa parte é crer somente! É isso o que faz com que o evangelho seja as boas-novas. Tire o completo perdão dos pecados e ele não será mais o "evangelho", que significa "boas-novas". Creia que todos os seus pecados estão perdoados. Esta é a sua parte na nova aliança.

## Liberte-se de uma Mentalidade de Julgamento

Na nova aliança da graça, Deus está, efetivamente, dizendo: "Quero que você creia que está perdoado. Quero que você creia que é uma pessoa que desfruta da Minha misericórdia. Quero que você creia que eu jamais me lembrarei dos seus pecados." Não sou o único que diz isso. Leia novamente Hebreus 8:12.

Infelizmente, alguns cristãos creem no completo oposto. Eles não creem que seus pecados estão totalmente perdoados. Eles não creem em Hebreus 8:12, que diz que Deus não se lembra dos seus pecados. Isto afeta seu relacionamento com Deus. Em vez de verem que sua dívida do pecado foi totalmente apagada e quitada por Jesus em lugar deles, eles esperam que Deus trate-os segundo os seus pecados. Quando algo negativo acontece em sua vida, seu primeiro pensamento é: "Eu sabia — o galo chegou para pôr ordem no galinheiro. Deus está vindo atrás de mim pelo que fiz no passado!" Em vez de confiar na Palavra de Deus, esses crentes creem que coisas negativas lhes acontecem porque Deus os está punindo por algum pecado em sua vida.

Talvez alguém lhes tenha dito que Deus os pune quando eles falham. Talvez eles tenham sido ensinados que colhemos o que semeamos. Amado, hoje nós colhemos o que semeamos. Essa conversa é da velha aliança. Na nova aliança, estamos desfrutando os benefícios do pesado preço que Jesus pagou na cruz. Não semeamos nada, mas, por intermédio de Jesus, colhemos todas as bênçãos. Isso se chama favor imerecido!

Certas passagens da Bíblia foram erroneamente utilizadas para justificar e perpetuar uma mentalidade de julgamento entre os crentes, como Gálatas 6:7-8, que diz: "Não vos enganeis: de Deus não se zomba; pois aquilo que o homem semear, isso também ceifará. Porque o que semeia para a sua própria carne da carne colherá corrupção; mas o que semeia para o Espírito do Espírito colherá vida eterna."

## Semeando e Colhendo no Novo Testamento

Amigo, ao ler a Bíblia é importante discernir corretamente a Palavra e, ainda mais importante, estudar a passagem em seu contexto total. O contexto de Gálatas 6:7,8 fala sobre semear **dinheiro**. Ela não tem nada a ver com semear **pecados**. Contudo, alguns ministros têm usado o princípio da semeadura e colheita para intimidar os crentes a pensarem que, se semearem pecado, deverão esperar colher julgamento, condenação e punição de Deus.

Reciprocamente, se eles semearem obras justas, isso significa que deverão esperar colher vida eterna? Se for assim, onde está a cruz de Jesus nessa equação? Tal interpretação dessa passagem nega a cruz e coloca a nossa salvação eterna em um frágil equilíbrio. Nessa equação feita pelo homem, nossa "salvação" depende do que fazemos e temos o cuidado de não fazermos, em vez de enraizar-se no que Jesus fez.

*Jesus colheu toda a punição dos pecados que nós semeamos e nós colhemos todas as bênçãos que Ele semeou.*

Não deixe que lhe confundam com interpretações incorretas da Palavra. O contexto de Gálatas 6:7,8 fala sobre semear e colher dinheiro. Os versículos que aparecem antes e depois (versículo 6 e versículos 9 e 10) mostram claramente que o contexto fala sobre abençoar os mestres da Palavra de Deus com todo tipo de boas coisas e abençoar a família da fé. Portanto, semear para a carne, aqui, se refere a usar dinheiro para autoindulgência em vez de ser generoso para o reino de Deus. O versículo está dizendo que semear dinheiro para autoindulgência leva a resultados transitórios, enquanto semear dinheiro para o reino de Deus leva a resultados eternos.

Embora seja verdade que, na velha aliança, aquele que semeia vento colhe tempestade[4] (no contexto de pecado), isso não vale mais. Na cruz, Jesus mudou TUDO! Ele colheu toda a punição dos pecados que nós semeamos e nós colhemos todas as bênçãos que Ele plantou. Aleluia!

Na nova aliança, não existe qualquer versículo que fale sobre semear e colher utilizados no contexto do pecado! O princípio de semeadura e colheita só é usado nos contextos de semear e colher dinheiro, e semear e colher a Palavra de Deus.[5] Ele nunca é empregado em referência ao pecado! Então, não deixe interpretações errôneas de passagens da Bíblia tirarem de você a certeza de que TODOS os seus pecados foram perdoados. Seu perdão total dos pecados é claramente afirmado em passagens como Efésios 1:7, que declara que em Cristo "... temos a redenção, pelo seu sangue, a remissão dos pecados, **segundo** a riqueza da sua graça [favor imerecido]"!

## O Perdão para Você se Baseia no Perfeito Sacrifício Dele

Você é perdoado, não segundo as riquezas das suas boas obras, mas segundo as riquezas da graça (favor imerecido) de Deus. Todos os seus pecados — passados, presentes e futuros — foram perdoados. Não trace uma linha do tempo do perdão de Deus aos seus pecados.

Existem alguns cristãos que creem que o perdão que receberam se estende somente do dia em que nasceram até o dia em que se tornaram cristãos. Eles pensam que, dali em diante, precisam ser muito cuidadosos para não perderem sua salvação. Você sabia que essa crença não está na Bíblia? Colossenses afirma claramente que fomos perdoados de todos os nossos pecados:

> E a vós outros, que estáveis mortos pelas vossas transgressões e pela incircuncisão da vossa carne, vos deu vida juntamente com ele, perdoando **todos** os nossos delitos.
> — COLOSSENSES 2:13

"Tudo" significa, para você, a mesma coisa que significa para mim? Minha Bíblia diz que todos os nossos pecados foram perdoados pelo sacrifício único de Jesus na cruz. Fomos perdoados de uma vez por todas! Os sumos sacerdotes da velha aliança tinham de oferecer sacrifícios por pecados diariamente. Jesus, nosso perfeito Sumo Sacerdote da nova aliança, "... fez isto uma vez por todas, quando a si mesmo se ofereceu".[6] Na cruz, Jesus levou sobre Ele todos os pecados que você cometerá em toda a sua vida e, de uma vez por todas, pagou o preço total de todos os seus pecados. Cristo não precisa ser crucificado novamente por seus futuros pecados. De fato, todos os seus pecados estavam no futuro quando Ele morreu na cruz. Assim, quando você recebeu Jesus em seu coração, TODOS os seus pecados foram completamente perdoados!

## Por Que É Tão Importante Ter uma Revelação do Perdão Que Você Recebeu

*"Mas... Pastor Prince, por que uma compreensão do completo perdão dos meus pecados é tão importante para que eu ande no favor imerecido de Deus?"*

Esta é uma ótima pergunta. Deixe-me compartilhar com você algumas das implicações envolvidas. Primeiro, se você não tiver a confiança de que todos os seus pecados foram perdoados, então, sua eterna segurança e salvação sempre ficarão na corda bamba.

Segundo, se você pensar que seus pecados não foram totalmente tratados na cruz, então, nunca poderá ter a confiança de desfrutar da presença do Senhor, porque nunca saberá se Ele está ao seu lado ou se está esperando para punir você por suas falhas. Você se sentirá constantemente indigno devido à sua avaliação da sua própria conduta e nunca poderá ter, realmente, a ousadia de pedir a Deus grandes coisas ou de crer que Ele lhe dará sucesso em sua vida.

Terceiro, se você não crer que Jesus já perdoou a todos os seus pecados, isso significa que, quando falhar, acreditará não estar "correto" com Deus e que a comunhão com Ele foi desfeita. E, em vez de depender do Seu favor imerecido para superar a sua falha, você sentirá que precisa confessar seu pecado, sentir remorso e fazer as pazes com Deus antes de poder restaurar a comunhão com Ele e depender dele novamente.

*Enquanto você não tiver um claro senso do seu completo perdão, estará constantemente em uma gangorra emocional.*

Tudo se resume a isto: enquanto você não tiver um claro senso do seu completo perdão, estará constantemente em uma gangorra emocional. Às vezes, sentirá que as coisas entre você e Deus estão bem, mas, outras vezes, achará que não é bem assim. Às vezes, você se sentirá confiante de que o Senhor está com você para fazê-lo um sucesso, mas, outras vezes, sentirá que falhou e o Senhor não lhe ajudará até você confessar seu pecado e fazer as pazes.

Você estará em um constante ciclo de sensação de insegurança, no qual você está sempre entrando e saindo do favor de Deus. Todas essas sensações dependem de quão bem você pensa ter sido a sua atuação e ignoram totalmente a cruz de Jesus. Deus não o avalia com base no seu comportamento. Ele só vê a obra perfeita de Jesus. Mas, devido a não crer que Jesus já o perdoou por todos os seus pecados, você acaba se sentindo como um total e completo hipócrita e fracassado.

Espero que você esteja começando a ver que compreender o completo perdão dos seus pecados não é só para os teólogos. Pensar que os seus pecados não estão completamente perdoados afetará fundamentalmente o seu relacionamento com Jesus. Embora Ele esteja totalmente pronto para abençoá-lo, conceder-lhe favor e torná-lo um sucesso, a descrença em Sua obra consumada tira a sua capacidade de receber Sua bondade, Suas bênçãos, Seu favor imerecido e Seu sucesso em sua vida.

---

*Embora Jesus esteja totalmente pronto para abençoá-lo, conceder-lhe favor e torná-lo um sucesso, a descrença em Sua obra consumada tira a sua capacidade de receber Sua bondade, Suas bênçãos, Seu favor imerecido e Seu sucesso em sua vida.*

---

A cruz de Jesus qualificou você, mas a descrença na principal cláusula da nova aliança o desqualifica. Medite sobre o que Deus diz a respeito dos seus pecados na nova aliança e liberte-se para receber dele hoje. A nova aliança é totalmente firmada em Seu favor imerecido. Não há nada para você fazer, nada para você cumprir, nada para você realizar. Veja a tabela a seguir. Ela estabelece as diferenças essenciais entre a velha e a nova alianças. Sua parte na nova aliança é apenas ter fé em Jesus e crer que você está totalmente perdoado e livre para desfrutar das bênçãos da nova aliança através da Sua obra consumada!

# Diferenças Entre a Velha Aliança da Lei e a Nova Aliança da Graça

| Sob a velha aliança da lei... | Sob a nova aliança da graça... |
| --- | --- |
| Deus exigia justiça do homem. | Deus transmite justiça ao homem através da obra consumada de Jesus (Romanos 4:5-7). |
| Deus visitará os seus pecados até a terceira e quarta gerações (Êxodo 20:5). | Deus jamais se lembrará dos seus pecados (Hebreus 8:12; 10:17). |
| Os filhos de Israel só eram abençoados se obedecessem perfeitamente aos mandamentos de Deus — interna e externamente (Deuteronômio 28:13-14). | Os crentes não precisam depender dos próprios esforços para receber as bênçãos de Deus, porque Jesus cumpriu todas as exigências da lei em seu lugar (Colossenses 2:14). |
| Os filhos de Israel eram amaldiçoados se não obedecessem perfeitamente aos mandamentos de Deus (Deuteronômio 28:15,16, 18, 20). | Os crentes podem desfrutar das bênçãos e do favor imerecido de Deus porque, na cruz, Cristo se tornou maldição por eles (Gálatas 3:13). |
| Depender de esforço próprio produz modificação do comportamento sem transformação do coração. | Observar a beleza de Jesus e da Sua obra consumada desperta transformação interna, que produz boas obras motivadas pelo amor de Deus (2 Coríntios 3:18). |
| Os sacrifícios de sangue de animais cobriam os pecados dos filhos de Israel durante apenas um ano; o processo tinha de ser repetido a cada ano (Hebreus 10:3). | O sangue de Jesus removeu os pecados — passados, presentes e futuros — dos crentes, completa e perfeitamente, de uma vez por todas (Hebreus 10:11-12). |

| Sob a velha aliança da lei… | Sob a nova aliança da graça… |
| --- | --- |
| A obediência à lei não podia dar, e não dava, aos filhos de Israel o poder de eliminar o pecado de suas vidas. A lei não tem poder para tornar alguém santo, justo e bom. | O pecado não tem domínio sobre os crentes (Romanos 6:14), pois o poder de Jesus para vencer a tentação se manifesta quando eles estão conscientes de serem justos em Cristo, independentemente de suas obras (Romanos 4:6). |
| Os filhos de Israel eram desviados de sua confiança na bondade de Deus porque sempre olhavam para si mesmos, para ver quão bem ou mal se saíam (i.e. conscientes de si mesmos). | Os crentes podem ter um tremendo senso de confiança e segurança em Cristo porque, agora, olham para Jesus e não para si mesmos (i.e. conscientes de Cristo). |
| Os filhos de Israel não podiam ter um relacionamento íntimo com Deus porque sua injustiça os distanciava de Deus. | Os crentes podem desfrutar de um relacionamento próximo e íntimo com Deus como seu Pai, porque são tornados justos pela fé em Jesus (2 Coríntios 5:17; Romanos 5:7-9; Hebreus 10:10). |
| Os filhos de Israel não podiam entrar no santo dos santos (onde estava a presença de Deus). Somente o sumo sacerdote podia fazê-lo, somente uma vez por ano, no Dia da Expiação (Levítico 16:2, 14). | Os crentes podem não somente entrar na santa presença de Deus, como também podem chegar-se com ousadia ao Seu trono de graça para encontrar misericórdia e graça em seus momentos de necessidade, devido à perfeita expiação de Jesus (Hebreus 4:16). |
| Os filhos de Israel estavam sob o ministério da morte (2 Coríntios 3:7). | Os crentes estão sob o ministério da vida abundante de Jesus (2 Coríntios 3:6; João 10:10). |

## CAPÍTULO 13

# Como o Favor Imerecido É Banalizado

Vários anos atrás, quando eu estava em meu escritório lendo a Palavra e apenas desfrutando da presença do Senhor, Ele me fez a seguinte pergunta: "Você sabe como a graça (favor imerecido) é banalizada?" Com essa simples pergunta, Ele começou a revelar-me como, atualmente, os crentes estão banalizando a Sua graça (favor imerecido).

Deixe-me esclarecer desde o início: A graça (favor imerecido) de que você e eu desfrutamos hoje NÃO é banal. Chamar a graça de "banal" é insultar diretamente a cruz de Jesus Cristo! A graça, favor imerecido e inconquistado de Deus, é tão valiosa que não tem preço. Você não pode comprá-la, realizá-la ou conquistá-la. Algo que não tem preço só pode ser dado. E foi exatamente isso o que Deus fez — Ele deu a você Sua graça (favor imerecido), Sua justiça, Sua bondade e todos os benefícios e bênçãos da cruz como dons gratuitamente recebidos quando você recebeu Jesus como seu Senhor e Salvador pessoal.

Se, alguma vez, você se sentir inseguro se Deus realmente ama você ou se Ele enxerga qualquer valor em você, apenas olhe para a cruz. Olhe para o preço que Deus pagou para redimir você e o sacrifício que Ele fez para salvá-lo. É na cruz que você encontrará sua certeza do Seu amor e desejo de abençoá-lo! Você precisa saber disso para não desqualificar a si mesmo de receber tudo que Ele tem para você.

## A Crença Errada Banaliza a Graça de Deus

Infelizmente, existem alguns crentes que estão banalizando a graça e a obra consumada de Jesus, devido às suas crenças erradas. A crença errada sempre leva ao comportamento errado. Se você crer errado, inevitavelmente viverá errado. Reciprocamente, quando você começar a crer corretamente, viverá corretamente. Por exemplo, quando você começar a crer que é justo em Cristo, começará a viver em justiça. Tudo que você fizer virá da revelação da sua identidade justa em Cristo. Esta é uma poderosa verdade. Não há sentido em meramente tratar o comportamento errado — nós queremos descobrir sua causa raiz e tratar as crenças erradas que levaram à banalização do favor imerecido de Deus.

*Quando você crê que necessita fazer algo para conquistar o perdão de Deus para que Ele o abençoe, isso é banalizar a graça de Deus.*

Quando você crê que necessita **fazer algo** para conquistar o perdão de Deus para que Ele o abençoe, **isso** é banalizar a graça de Deus. E o problema disso é que tira de você uma forte sensação de segurança na bondade de Deus para com você. No capítulo anterior, vimos como a Bíblia afirma claramente que todos os seus pecados — passados, presentes e futuros — foram perdoados na cruz. Se, em vez de aceitar a obra de Jesus na cruz como completa e final, você pensar que ela não é suficiente e insistir que VOCÊ precisa desempenhar um papel para garantir o seu perdão, estará desfazendo o que Jesus realizou na cruz. E, uma vez que envolve você fazer, devido a não se basear completamente no favor imerecido de Deus, você nunca terá segurança do seu perdão. Por sua vez, você achará difícil esperar que Deus seja cheio de graça com você. Provavelmente, você viverá com uma expectativa de o julgamento de Deus recair sobre você, em vez do Seu favor imerecido operar em sua vida.

## Precisamos Confessar Nossos Pecados para Receber o Perdão?

Podem ter lhe ensinado diferentes coisas sobre o que você precisa fazer para receber o perdão de Deus. Por exemplo, quando eu era jovem, ensinaram-me que eu tinha de confessar todos os meus pecados para ser perdoado. Eu amava o Senhor e queria ser agradável a Ele de todas as maneiras; então, exercitei ao máximo esse ensinamento. Disseram-me que tinha de manter minhas "contas em dia" com o Senhor, significando que, tendo pecado em pensamento ou ato, precisava confessar o pecado o mais rápido possível, para poder sempre estar "quite com Deus". Eu não queria passar um minuto sequer sem estar "quite com Deus"; então, sempre que tinha um mau pensamento, eu confessava aquele pecado imediatamente. Eu cobria minha boca e sussurrava minha confissão **cada vez** que sentia ter falhado.

Levei esse ensinamento muito a sério e acabei confessando meus pecados **o tempo todo.** Ao conversar com meus amigos, parava no meio de uma frase para confessar meu pecado se percebesse ter dito algo que não deveria. Às refeições, eu confessava meu pecado quando um mau pensamento escorregava para dentro da minha mente. Até mesmo jogando futebol eu parava para sussurrar minha confissão quando me pegava gritando palavras raivosas aos meus oponentes! Você é capaz de imaginar que estranho eu parecia às pessoas à minha volta? Elas não faziam ideia de por que eu sempre sussurrava para a minha mão. Eu estava tentando ao máximo manter minhas contas em dia com o Senhor, mas, na realidade, dava um mau testemunho aos meus amigos, que achavam que os cristãos eram estranhos.

A confissão constante e incessante dos meus pecados me tornou tão consciente do pecado e de todo pensamento, que eu acreditava já não mais haver perdão para os meus pecados e que perdera minha salvação. O inimigo tomou vantagem da minha consciência do pecado e, constantemente, me colocava sob condenação. A opressão era tão pesada, que chegou a um ponto em que eu sentia que minha mente estava a ponto de explodir! Conversei com os presbíteros da igreja que eu frequentava na época, mas eles não me proporcionaram alívio. Alguns me incentivaram a continuar confessando meus pecados, outro chegou a dizer-me que eu **perdera minha salvação!** Você consegue acreditar nisso? Foi um tempo obscuro e terrível para mim e, embora confessasse meus pecados com um coração sincero, eu estava sinceramente errado. A confissão de pecados não me libertava. Ela só me tornava tão consciente do pecado, que eu quase "pirava".

Esse ensinamento sobre a confissão de pecados tem causado muita escravidão e opressão na igreja. Crentes sinceros e bem-intencionados vivem com medo de não terem analisado seus corações com suficiente diligência para descobrir e confessar todo pecado que cometeram. Assim, eles creem que precisam forjar sua comunhão com Deus e Suas bênçãos. Mas, na realidade, não existe base bíblica para esse ensinamento! Efésios 1:7 declara explicitamente que o perdão dos pecados é "... **segundo** a riqueza da Sua graça [favor imerecido]". Em nenhum lugar da Bíblia está escrito que o perdão de pecados é segundo a confissão dos nossos pecados. Em nenhum lugar! Meu amigo, a verdade é a seguinte: o perdão dos seus pecados é estabelecido sobre o favor imerecido. Você é incapaz de conquistá-lo com as suas confissões.

---

*O perdão dos seus pecados é estabelecido sobre o favor imerecido.*
*Você é incapaz de conquistá-lo com as suas confissões.*

---

Em vez de receber o perdão pela graça, alguns cristãos tornaram isso uma lei que homem algum consegue cumprir perfeitamente. Se você crê que não estará em paz com Deus a menos que confesse todos os seus pecados, então, deixe-me perguntar-lhe: você confessou **todos** os seus pecados hoje? Você confessou suas preocupações? Você confessou "tudo que não provém da fé", uma vez que a Bíblia considera pecado tudo que recai nessa categoria?[1] Você confessou todo mau pensamento que teve nos últimos cinco minutos? Quando foi a última vez em que você fez uma confissão? As suas contas com o Senhor são curtas? Quanto?

Veja que, quando você tornar o perdão dos seus pecados uma responsabilidade sua e mantiver isso como uma lei que precisa cumprir, **você** certamente fracassará. Não existe qualquer maneira de alguma pessoa conseguir confessar todos os seus pecados perfeitamente. Você simplesmente irá à loucura. Se você realmente crê na confissão de pecados para obter o seu perdão, não pode simplesmente escolher quais pecados quer confessar e ignorar os demais. A lei funciona na totalidade e a Bíblia afirma claramente que "... qualquer que guarda toda a lei, mas tropeça em um só ponto, se torna culpado de todos".[2] Se você realmente precisa confessar todos os seus pecados para ser perdoado, precisa confessar **todo ponto de falha** o tempo **todo**. Caso contrário, ainda é "culpado de todos", pois "... o juízo é sem misericórdia".[3]

Você está começando a ver quão simplesmente absurdo é o ensinamento sobre a confissão de pecados, e a escravidão e opressão que ele acarreta? Esse não é o coração de Deus para você e, certamente, isso não se baseia na nova aliança do Seu favor imerecido, que declara que, de todos os seus pecados e atos ilegais, Ele não mais se recorda! E, se Ele não se recorda mais deles, então, o pecado não pode mais separar você dele e de receber as bênçãos das quais Ele quer que você desfrute. Então, tenhamos discernimento a respeito disso: Você está em paz com Deus porque confessou todos os seus pecados perfeitamente ou devido ao sacrifício único de Jesus por todos os pecados para sempre? Qual dessas duas alternativas? Você não pode crer nas duas ao mesmo tempo. Ou você crê em Jesus e somente em Jesus para o seu perdão, ou crê na sua própria confissão de pecados para o perdão.

## Paulo Não Escreveu a Respeito de Confissão de Pecados

*"Mas, pastor Prince, como fica 1 João 1:9, que diz: 'Se confessarmos os nossos pecados, ele é fiel e justo para nos perdoar os pecados e nos purificar de toda injustiça'?"*

Boa pergunta. Eu ia comentar esse versículo agora mesmo. Toda vez que o ensinamento sobre a confissão de pecados vem à tona, alguém cita 1 João 1:9. Antes de entrar no contexto de 1 João 1:9, deixe-me, primeiramente, estabelecer que não se pode edificar uma doutrina com base em um único versículo da Bíblia. O ensinamento precisa ser confirmado e estabelecido por diversos versículos da Bíblia antes de poder ser são.

Ora, você alguma vez imaginou por que Paulo, o apóstolo do favor imerecido de Deus, o homem que escreveu mais de dois terços das epístolas da nova aliança, não fez a menor menção à "confissão de pecados" a todas as igrejas às quais ele escreveu? Não confie no que eu digo. Reveja todas as cartas escritas por Paulo: Romanos, Coríntios, Gálatas, Efésios, Filipenses, Colossenses, Tessalonicenses, Timóteo, Tito, Filemom (o autor do livro de Hebreus é incerto, mas de maneira semelhante a muitos destacados estudiosos da Bíblia, creio que seja Paulo). Paulo escreveu extensamente a todas essas igrejas e, contudo, não há qualquer menção à confissão de pecados em suas cartas inspiradas pelo Espírito. Por que isso?

Paulo tinha a perfeita oportunidade de ensinar aos coríntios a confessarem seus pecados de fornicação ao escrever-lhes quando eles haviam claramente pecado. Mas, em vez disso, o que fez Paulo? Ele disse: "... não sabeis que o vosso corpo é santuário do Espírito Santo, que está em vós... ?"[4] Ele não disse: "Não sabeis que o vosso corpo é santuário do Espírito Santo? Então, vão confessar seus pecados e restaurar sua comunhão com Deus e, talvez, Ele voltará a colocar o Seu Espírito em vós.". Não houve uma única menção de que eles deveriam confessar seus pecados. Em vez disso, Paulo os lembrou da identidade deles em Cristo e, mesmo diante das falhas deles, sustentou que o corpo deles é (tempo verbal presente) santuário do Espírito Santo. Aparentemente, Paulo acreditava que lembrar os crentes de serem conscientes de quem eles são e do que têm em Cristo continuamente é a chave para a vitória sobre os pecados deles.

Se a confissão de pecados é tão importante para a igreja, como poderia Paulo tê-la deixado de lado em todas as suas cartas às igrejas? Se o nosso perdão dos pecados é, de fato, dependente da nossa confissão de pecados, ele não nos fez uma enorme injustiça não incluindo esse ensinamento em qualquer das suas cartas? Você imagina que Paulo, que amava a igreja, teria escrito a respeito da confissão de pecados em todas as suas cartas e nos dado instruções detalhadas a respeito de como confessar nossos pecados se a confissão de pecados fosse verdadeiramente necessária para que recebêssemos o perdão dos nossos pecados?

Ora, todos os textos bíblicos foram redigidos por meio da inspiração do Espírito Santo. O próprio Deus teria se esquecido de incluir esse ensinamento em todas as cartas de Paulo se o perdão dos nossos pecados se baseasse na eficácia da nossa confissão de pecados? É claro que não! Em vez disso, temos claramente, e certas passagens em todas as cartas de Paulo afirmam, sem sombra de dúvida, que **todos** os nossos pecados são perdoados e que o nosso perdão dos pecados é "segundo a riqueza da Sua graça [favor imerecido]", não por nossas obras!

## 1 João 1:9 Foi Escrito para os Gnósticos

Uma vez que Paulo não mencionou a confissão de pecados em suas cartas, só nos resta um versículo — 1 João 1:9 — que as pessoas têm utilizado durante anos para justificar esse ensinamento. Antes de seguirmos em frente, lembre-se do que disse Miles Coverdale, que traduziu e produziu a primeira Bíblia em inglês: "Ser-lhe-á muito útil, para compreender as Escrituras, marcar não só o que é falado ou escrito, mas de quem e para quem, com que palavras, em que tempo, onde, com que intenção, em qual circunstância, considerando o que está escrito antes e depois." Ao ler a Bíblia, analise sempre o contexto dos versículos. Quando você lê o "texto" e o interpreta fora do seu "contexto", tudo que resta é "pretexto"! Então, não se engane. Leia tudo em seu contexto.

Quando você está lendo o capítulo 1 de 1 João, uma das coisas que você precisa ter bem claras é **para quem** ele foi escrito. Perceba que, na primeira parte de 1 João, não existe saudação aos crentes. Se você verificar as cartas de Paulo, verá que era comum, naquele tempo, o autor saudar os crentes ao escrever-lhes. Por exemplo, Paulo escreveu "aos santos que vivem em Éfeso"[5] ou "à igreja de Deus que está em Corinto, aos santificados em Cristo Jesus, chamados para ser santos".[6]

Quando você compara 1 João com as saudações encontradas em 2 João e 3 João, pode ver que João saúda os crentes diretamente nas duas outras cartas. Em 2 João, ele escreve: "… à senhora eleita e aos seus filhos, a quem eu amo na verdade... a graça, a misericórdia e a paz, da parte de Deus…"[7] e, em 3 João: "… ao amado Gaio, a quem eu amo na verdade. Amado, acima de tudo, faço votos por tua prosperidade e saúde, assim como é próspera a tua alma."[8]

Em forte contraste, não existem saudações aos crentes em 1 João 1. Por quê? É porque João não estava escrevendo aos cristãos naquele capítulo. Ele estava se dirigindo aos gnósticos que se haviam infiltrado na igreja primitiva. Os gnósticos são hereges que não creem na existência do pecado. Foi por isso que João escreveu:

> Se dissermos que não temos pecado nenhum, a nós mesmos nos enganamos, e a verdade não está em nós. Se confessarmos os nossos pecados, ele é fiel e justo para nos

perdoar os pecados e nos purificar de toda injustiça. Se dissermos que não temos cometido pecado, fazemo-lo mentiroso, e a sua palavra não está em nós.

— 1 João 1:8-10

João usou o pronome "nós" ao escrever, mas sabemos que isso não significa que ele não acreditava na existência do pecado. Esta passagem foi, claramente, escrita para os descrentes gnósticos, para incentivá-los a deixarem a negação do pecado, reconhecerem a verdade da existência do pecado e reconhecerem que pecaram. Ela foi escrita para levá-los à percepção de que "... **todos** pecaram e carecem da glória de Deus".[9]

Essencialmente, João estava pregando o evangelho aos gnósticos e dizendo-lhes que, se eles confessassem seus pecados, Deus seria fiel e justo para perdoar-lhes os pecados e purificá-los de toda injustiça. É por isso que, no início de 1 João, João disse: "... o que temos visto e ouvido anunciamos também a vós outros, **para que vós, igualmente, mantenhais comunhão conosco**. Ora, a nossa comunhão é com o Pai e com seu Filho, Jesus Cristo."[10] João estava, claramente, pregando a não crentes (neste caso, os gnósticos) a respeito de Jesus e de Sua obra consumada, e convidando-os à comunhão em Cristo com os outros crentes da igreja primitiva.

---

*Naquele exato momento que você fez a oração da salvação, todos os pecados que você iria cometer durante toda a sua vida foram perdoados de uma vez por todas, e todas as bênçãos de Deus, Seu favor, Sua saúde e Seu Sucesso se tornaram seus!*

---

Com esse contexto em mente, torna-se claro que **1 João 1:9 não foi escrito para crentes**. O versículo é uma referência à oração que um pecador faz para aceitar Jesus como seu Senhor e Salvador pessoal. Você pode conhecê-la como "oração de entrega" ou "oração da salvação". Se hoje você é um crente, isso significa que você já fez essa oração. Agora, deixe-me perguntar-lhe: Com que frequência você precisa fazer a oração de entrega? Uma única vez! Você "renasce" uma só vez! Você não pode renascer várias vezes.

Da mesma maneira, com que frequência você tem de confessar seus pecados para Jesus perdoá-lo e purificá-lo de toda injustiça? Uma única vez! Naquele exato momento em que você fez a oração da salvação, **todos** os pecados que iria cometer durante toda a sua vida foram perdoados de uma vez por todas, e todas as bênçãos de Deus, Seu favor, Sua saúde e Seu sucesso se tornaram seus! Deixe-me dizer isso claramente: Você não precisa confessar seus pecados repetidas vezes para ser perdoado. Você **já está perdoado**! Hoje, você pode ser honesto com seu Pai a respeito dos seus enganos e falhas, sabendo que Ele o ama e já o perdoou. Você não confessa seus pecados a Ele para ser perdoado.

Embora o capítulo 1 de 1 João tenha sido escrito aos gnósticos, João dirige sua atenção aos crentes no capítulo 2. Torna-se imediatamente claro que ele está falando aos crentes no início do capítulo, porque ele escreve: "**Filhinhos meus**, estas coisas vos escrevo para que não pequeis. **Se, todavia, alguém pecar, temos Advogado junto ao Pai**, Jesus Cristo, o Justo; e ele é a propiciação pelos nossos pecados e não somente pelos nossos próprios, mas ainda pelos do mundo inteiro".[11]

Imediatamente após dirigir-se aos crentes, João afirma claramente que, se qualquer um de nós pecar, temos um Advogado junto ao Pai! Perceba que não existe qualquer menção de confissão de pecados. Ei, este é o mesmo João que escreveu 1 João 1:9, que tem sido incorretamente usado para ensinar aos crentes que eles têm de confessar todos os seus pecados e manter contas curtas com o Senhor para terem comunhão com Ele. Não, quando nós, como crentes, falhamos hoje, nosso Advogado luta por nós. Nosso Advogado mostra a qualquer acusador Suas mãos perfuradas pelos cravos como um recibo do pagamento que Ele fez por nossos pecados na cruz.

Sempre que falhamos hoje, não existe poder em confessarmos nossos pecados, mas há poder em confessar nossa própria justiça em Cristo, nossa identidade em Cristo e nosso favor imerecido em Cristo!

*Em vez de consciente do pecado, torne-se consciente da justiça e receba o poder de Deus para abandonar esse pecado que parece aprisioná-lo. Receba o poder e a sabedoria de Deus para transformar qualquer falha em sua vida.*

Além disso, no versículo 12 do mesmo capítulo, João declara: "Filhinhos, eu vos escrevo, porque os vossos pecados são perdoados, por causa do seu nome". Aqui, João considera garantido o perdão dos seus pecados sem confissões. Seria uma afirmação ambígua e estranha João escrever tanto 1 João 1:9 quanto 1 João 2:12 para crentes.

Amado, em vez de ser consciente do pecado, torne-se consciente da justiça e receba o poder de Deus para abandonar esse pecado que parece aprisioná-lo. Receba o poder e a sabedoria de Deus para transformar qualquer falha em sua vida. A consciência do pecado o deixará deprimido e o manterá em um ciclo de pecado, mesmo quando o favor imerecido de Deus estiver ao seu lado. Toda vez que você pesquisar seu coração em busca de pecado e falhas, sabe o que acontecerá? Você encontrará algo! Em vez de olhar para as suas próprias falhas, afaste-se de si mesmo e olhe para Jesus. Olhe para Seu coração de amor e para o Seu perdão a você. Quando você sabe não merecer Sua graça (favor imerecido) e, ainda assim, a receber, como pode não ser transformado? Como pode não adorá-lo?

Jesus quer que você não tenha mais consciência dos seus pecados. Em vez disso, Ele quer que você tenha consciência da sua justiça nele. Quanto mais você é consciente da sua identidade de justo nele, mais você é transformado por Seu favor imerecido, mais o desejo de pecar se dissipa e mais você se torna um verdadeiro adorador. Amigo, os crentes que souberem que sua vida toda de pecados é perdoada pelo sangue de Jesus não desejarão sair pecando indiscriminadamente. Em vez disso, eles se tornam verdadeiros adoradores de Jesus, com corações purificados por Seu sangue e não tendo mais consciência dos pecados![12]

## O Perdão Total Produz Licença para Pecar?

Leiamos Lucas 7:36-50 para ver o que Jesus disse a respeito do perdão de pecados. Simão, um fariseu, convidara Jesus à sua casa. Enquanto Jesus estava sentado à mesa na casa de Simão, uma mulher veio até Ele. Ela começou a chorar e lavou Seus pés com suas lágrimas. Então, ela enxugou Seus pés com seu cabelo, beijou-os e ungiu-os com unguento.

Quando Simão viu isso, disse a si mesmo: "Se este homem fora profeta, bem saberia quem e qual é a mulher que lhe tocou, porque é pecadora". Embora Simão não tenha dito nada, é interessante Jesus ter-lhe respondido com a seguinte pergunta: "Certo credor tinha dois devedores: um lhe devia quinhentos denários, e o outro, cinquenta. Não tendo nenhum dos dois com que pagar, **perdoou-lhes a ambos**. Qual deles, portanto, o amará mais?" Simão respondeu: "Suponho que aquele a quem mais perdoou". Jesus lhe disse: "Julgaste bem".

Então, Jesus virou-se para a mulher e disse a Simão: "Vês esta mulher? Entrei em tua casa, e não me deste água para os pés; esta, porém, regou os meus pés com lágrimas e os enxugou com os seus cabelos. Não me deste ósculo; ela, entretanto, desde que entrei não cessa de me beijar os pés. Não me ungiste a cabeça com óleo, mas esta, com bálsamo, ungiu os meus pés. Por isso, te digo: perdoados lhe são os seus muitos pecados, porque ela muito amou; mas aquele a quem pouco se perdoa, pouco ama."

---

*Você só amará muito a Jesus quando experimentar Sua generosa graça e favor imerecido em perdoar-lhe por todos os seus pecados — passados, presentes e futuros.*

---

A mulher amou muito a Jesus, porque sabia ter sido muito perdoada. Na realidade, ninguém foi pouco perdoado. Todos nós fomos muito perdoados. Quanto a essa mulher, ela o sabia. Então, a coisa mais "perigosa" a respeito dessa doutrina do total perdão dos pecados é que você se apaixonará por Jesus e acabará cumprindo, sem esforço, o maior mandamento: "Amarás o Senhor, teu Deus, de todo o teu coração, de toda a tua alma e de todo o teu entendimento".[13] Aleluia!

Se você **pensar** ter sido pouco perdoado, amará pouco. Mas, quando você souber a verdade de quanto você foi perdoado, amará muito a Jesus! Saber quanto você foi perdoado é o segredo para amar a Jesus! Em outras palavras, você só amará muito a Jesus quando experimentar Sua generosa graça e favor imerecido em perdoar-lhe por todos os seus pecados — passados, presentes e futuros. Mas, Sua graça é banalizada quando você pensa que Ele só o perdoou por seus pecados até o momento em que você foi salvo e que, depois disso, você tem de **depender da sua confissão de pecados** para ser perdoado.

O perdão de Deus não é dado à prestação. Não saia por aí pensando que, quando você confessa um pecado, Ele perdoa você somente por esse pecado. Então, na vez seguinte que você peca precisa confessar seu pecado novamente para que Ele o perdoe novamente. É esse o tipo de crença que banaliza a Sua graça. E o resultado disso é que, devido a você pensar que Ele lhe perdoou pouco, você acabará amando pouco a Ele e se privará de correr para Ele e de vê-lo ajudar, livrar e prosperar você.

Amado, com um sacrifício na cruz, Jesus apagou todos os pecados de toda a sua vida! Não banalize Seu favor imerecido com os seus próprios esforços imperfeitos de confessar todos os seus pecados. Atribua a esse dom que Jesus deu a você o merecido valor, recebendo e vivenciando totalmente Seu favor imerecido hoje!

## CAPÍTULO 14

# O Segredo para o Bom Sucesso

Deus não quer, simplesmente, que você tenha sucesso em sua vida. Ele quer que você tenha **bom sucesso**. Existe algo como "mau sucesso"? Sim, há e estou certo de que você já o viu. Existem pessoas de alto desempenho, segundo a definição do mundo. Talvez elas movimentem e abalem a economia, sejam famosas celebridades que vivem em casas fabulosas, ou astros dos esportes que ganham milhões de dólares por semana batendo em uma bola ou chutando-a. Contudo, o que algumas dessas pessoas têm é apenas sucesso em acumular riquezas.

Mas, amigo, ter apenas sucesso financeiro não é ter bom sucesso. O bom sucesso é integral e permeia todas as áreas da sua vida. Se você analisasse mais de perto os indivíduos que só têm sucesso financeiro, descobriria que outras áreas das suas vidas estão sofrendo. Por exemplo, embora eles possam ter dinheiro em abundância, suas vidas podem ser marcadas por vários casamentos malsucedidos. Amado, ser um sucesso na vida pública, mas um fracasso na vida privada não é ter um bom sucesso!

Existem pessoas que são promovidas tão rapidamente e que assumem tantas responsabilidades de trabalho, que não têm mais tempo para levar os próprios filhos para a cama ou ler para eles uma historinha antes de dormirem. Elas se tornam vítimas do seu sucesso na carreira e, para manterem o "sucesso" que criaram no agressivo mundo corporativo, permitem que suas vidas passem sem desfrutá-las. Elas podem ter ganhado mais dinheiro do que jamais necessitarão, mas não poderão desfrutar de seus cônjuges e do crescimento de seus filhos, nem realmente conhecê-los.

Perceba o seguinte: mesmo que você vença a competição acirrada depois de um dia todo de agitação, tudo que você terá atingido é o *status* de número um! Vale realmente a pena sacrificar seu casamento e seus filhos por isso? Não enterre sua vida na escalada corporativa. Certifique-se de que sua escada esteja apoiada no prédio certo e não espere atingir o topo para perceber que não era isso o que você realmente desejava da vida.

## Nem Toda Promoção É Necessariamente o Melhor de Deus para Você

Frequentemente, digo aos membros da minha congregação que eles deveriam crer em Deus não somente para um emprego, mas depender do Seu favor para **uma posição de influência**. Todavia, também os lembro de terem o cuidado de não serem promovidos para fora do seu lugar de bênçãos, porque nem toda promoção é necessariamente o melhor de Deus para eles.

Você sabia que pode ser promovido para fora do bom sucesso de que atualmente desfruta para um lugar em que você só obtém um sucesso parcial? Essa promoção que você receber também poderá trazer novas responsabilidades que o farão abrir concessões de seu tempo com sua família e afastá-lo de estar na casa de Deus. De repente, em vez de estar na casa de Deus na manhã do domingo e levar seus filhos a um piquenique após a igreja, você se encontrará no escritório todo fim de semana. Talvez você precise responder a *e-mails* urgentes, resolver grandes crises, participar de esmagadoras reuniões do conselho ou fazer mais uma viagem crítica de negócios. Veja, tudo pode soar muito legítimo, mas é esse o "bom sucesso" que Deus deseja para você?

Observe cuidadosamente o que estou dizendo. Sou totalmente favorável a você ser promovido na sua empresa. De fato, creio que Deus pode promovê-lo até muito além das suas qualificações educacionais e da sua experiência profissional! Basta ver o que Deus fez por José. Ele foi promovido de escravo (a mais baixa posição possível) a mordomo na casa de Potifar. E, mesmo quando foi atirado na prisão, o favor do Senhor fez com que ele fosse novamente promovido e ele se tornou o supervisor de todos os prisioneiros.

José teve uma promoção após outra, até tornar-se primeiro-ministro do Egito (a mais alta posição possível)! Não há dúvida de que Deus deseja promovê-lo e prosperá-lo. Mas, note que os olhos de José não estavam fixados em qualquer das promoções que ele recebeu. Eles estavam fixados no Senhor a cada passo do caminho. **Isso** lhe dava segurança para a promoção seguinte e ele crescia no **bom sucesso** que o Senhor tinha para ele.

## O Medo Rouba de Você a Sua Herança em Cristo

Leiamos Josué 1, que registra um ponto crítico da história de Israel, para vermos o que podemos aprender a respeito de ter o "bom sucesso" que Deus prometeu a Josué. Josué foi designado como o novo líder de Israel após a morte de Moisés; ele deveria conduzir o povo de Deus à Terra Prometida. Esta era uma responsabilidade gigantesca. Quarenta anos antes disso, os filhos de Israel estavam prestes a entrar na Terra Prometida. Mas, por terem se recusado a crer nas promessas de Deus a eles, aquela geração passou 40 anos vagando pelo deserto.

Essa não era a vontade de Deus para eles. Deus queria levá-los a uma terra que **manava** leite e mel. Ele queria dar-lhes uma terra cheia de grandes e lindas cidades que eles não edificaram, casas cheias de boas coisas que eles não puseram ali, poços que eles não cavaram, e vinhas e oliveiras que não plantaram.[1] Em outras palavras, Ele queria que eles desfrutassem dos frutos de outros.

---

*Não temos de nos esforçar para sermos abençoados.*

---

Amado, *esse* é o bom sucesso. Esse é o tipo de sucesso em que você desfruta de abundância de provisão em todas as áreas da sua vida. Esse é o tipo de sucesso que se caracteriza pelo descanso, porque a Bíblia diz que, hoje, nossa terra prometida é o descanso de Deus.[2] Estamos gozando dos frutos do trabalho de Outro. E esse é o tipo de sucesso que Cristo nos deu hoje. Não temos de nos esforçar para sermos abençoados.

O que fez toda a geração ter roubada a sua herança prometida? Para responder a essa pergunta, precisamos fazer outra: quem eram os líderes daquela geração? O Senhor me mostrou que Moisés seguira o conselho de seu sogro, de designar "... homens capazes, tementes a Deus, homens de verdade, que aborreçam a avareza"[3] como seus líderes para ajudá-lo a governar os filhos de Israel.

Os doze espias enviados para observar Canaã só podem ter sido escolhidos desse grupo de líderes. Isso significa que todos eles eram homens capazes e tementes a Deus, homens de verdade que aborreciam a avareza (a propósito, quando Jesus foi tentado pelo diabo no deserto, Ele disse: "Retira-te, Satanás, porque está escrito: Ao Senhor, teu Deus, adorarás, e só a ele darás culto".[4] Jesus citou Deuteronômio 6:13, que diz: "O Senhor, teu Deus, temerás, a ele servirás...". Jesus substituiu a palavra "temerás" pela palavra "adorarás". Assim, de acordo com Jesus, temer a Deus é adorar a Deus), mas a despeito de terem todos esses atributos de liderança, nenhum desses espias ou líderes designados por Moisés entrou na Terra Prometida, exceto Josué e Calebe. Nenhum! Por quê?

A resposta é: faltava-lhes coragem! Podemos ler o relato dessa história em Números 13:17 a 14:9. Moisés enviou doze espias à Terra Prometida. Somente Josué e Calebe voltaram com um bom relato sobre a terra, dizendo: "A terra pelo meio da qual passamos a espiar é terra muitíssimo boa. Se o SENHOR se agradar de nós, então, nos fará entrar nessa terra e no-la dará, terra que mana leite e mel. Tão-somente não sejais rebeldes contra o SENHOR e não temais o povo dessa terra, porquanto, como pão, os podemos devorar; retirou-se deles o seu amparo; o SENHOR é conosco; não os temais".[5] Os outros dez espias deram um mau relato, dizendo: "Não poderemos subir contra aquele povo, porque é mais forte do que nós... todo o povo que vimos nela são homens de grande estatura. Também vimos ali gigantes... e éramos, aos nossos próprios olhos, como gafanhotos e assim também o éramos aos seus olhos."[6]

Todos viram a mesma terra, os mesmos gigantes, mas que forte contraste nos relatos trazidos por eles! Josué e Calebe tinham um espírito diferente[7] (um espírito de fé) e focaram nas promessas e na bondade de Deus. Mas, os demais se acovardaram e viram somente os gigantes e os desafios da terra. **Eles tinham boas qualidades de liderança, mas ela foi totalmente negada devido ao seu medo**. O medo os paralisou! A nação de Israel só poderia ir até onde seus líderes fossem capazes de conduzi-la. Devido aos seus líderes serem medrosos, toda aquela geração foi destituída das promessas de Deus para suas vidas!

## Não Tenha Medo da Opinião Que o Homem Tem de Você

Voltemos a Josué 1. Naquele capítulo, Josué foi exortado quatro vezes a ser forte e corajoso.[8] Esta é uma poderosa lição de liderança. A liderança designada por Deus precisa estar cheia de Sua força e coragem. Todo crente é um líder em alguma capacidade, de modo que a exortação se aplica a VOCÊ. Isso significa que você precisa ousar ser diferente. Você precisa posicionar-se quanto àquilo em que crê, em vez de fazer concessões quanto à sua moral e valores cristãos. Também significa que você não aja por medo da opinião que o homem tem de você ou permita que suas decisões sejam moldadas pela necessidade de aprovação pelo homem.

Colegas pastores e ministros, sejam fortes e tenham boa coragem. Seu povo só pode ir até onde a sua liderança os conduzir. Ele precisa que você o lidere para entrar na terra prometida. Ele precisa que você o leve a um lugar onde ele possa desfrutar do bom sucesso que Cristo comprou para ele! Parem de fazer concessões quanto às promessas da nova aliança de Deus. Não se afastem do evangelho da graça só porque existe uma pequena minoria de pessoas que abusam do evangelho da graça e consideram-no sua licença para pecar. Esteja você pregando graça ou não, esse punhado de pessoas ainda exercerá seu livre-arbítrio e continuará a viver em pecado. De fato, a única maneira de ajudá-las é pregar a graça sem concessões, uma vez que somente a graça (favor imerecido) tem o poder de transformar um pecador e remover o domínio do pecado sobre ele.[9]

---

*O evangelho da graça não é a licença para pecar. Ao contrário, ele é o poder para que as pessoas não pequem mais!*

---

Meus líderes não têm qualquer problema em confrontar pessoas que frequentam nossa igreja, mas insistem em viver em pecado. Eles não abrem mão do evangelho da graça, mesmo que essas pessoas argumentem que têm o direito de continuar vivendo como lhes parece melhor porque estão "sob a graça". De fato, meus líderes lhes dirão francamente que elas **não** estão sob a graça, porque, segundo Romanos 6:14, se elas estiverem sob a graça, o pecado não terá domínio sobre elas! (Graças a Deus por terem sido poucas pessoas ao longo dos anos e isso é, em si mesmo, um atestado do poder do evangelho da graça ser pregado em nossa igreja.) O evangelho da graça não é a licença para pecar. Ao contrário, ele é o poder para que as pessoas não pequem mais!

Certa vez, um pastor me disse que, após ter tomado posse dos meus ensinamentos sobre o completo perdão dos pecados, ele pesquisou as Escrituras e estudou todos os versículos que eu utilizara em meus ensinamentos. Ele confirmou que **todos** os nossos pecados — passados, presentes e futuros — foram, realmente, perdoados quando Jesus morreu por nós. Mas, a despeito de saber que a Palavra de Deus declara que todos os nossos pecados foram perdoados e me dizer que "está na Bíblia e eu o vejo", ele me contou que não pregaria isso à sua congregação, porque "não há como saber o que eles farão". Fiquei pasmo e profundamente entristecido. Esse pastor tinha mais fé na carne das suas pessoas do que no Espírito Santo que mora nelas.

Necessitamos de toda uma nova geração de pregadores da graça que possam ser muito fortes e corajosos em pregar o evangelho não adulterado de Jesus, Sua pessoa e Sua obra perfeita na cruz. Necessitamos de líderes estabelecidos na nova aliança da graça (favor imerecido) e que não se satisfaçam com colocar vinho novo em odres velhos, fazendo concessão com uma mistura de lei e graça! Sejam ousados e preguem o evangelho como ele é, sem acrescentar a ele engrandecendo as obras do homem ou subtrair dele tentando remover da equação o favor imerecido de Deus. É o evangelho de Jesus e Seu favor imerecido que produzem bom sucesso. É tempo de conduzirmos as pessoas à sua herança prometida!

## Medite na Palavra de Deus

Voltando à designação de Josué como sucessor de Moisés, veja as instruções que Deus deu a Josué: "Não cesses de falar deste Livro da Lei; antes, medita nele dia e noite, para que tenhas cuidado de fazer segundo tudo quanto nele está escrito; então, farás **prosperar** o teu caminho e serás **bem-sucedido**."[10] Deus disse a Josué que, para ter bom sucesso, ele tinha de meditar na lei dia e noite. Josué viveu sob a velha aliança; então, de que maneira nós, que vivemos sob a nova aliança, nos beneficiaríamos desta passagem?

Precisamos ler esse texto bíblico à luz da obra consumada de Jesus. É por isso que me foi essencial passar os dois capítulos anteriores estabelecendo você firmemente no alicerce sólido como rocha da nova aliança da graça. Agora que você sabe que não estamos mais sob a lei, qual é a maneira da nova aliança para ser abençoado e ter bom sucesso? Josué só tinha a lei para meditar, porque o Novo Testamento ainda não fora escrito. Para nós, o segredo para obter bom sucesso está em meditar na Palavra de Deus à luz da **nova aliança da graça**.

---

*O segredo para obter o bom sucesso está em meditar na Palavra de Deus à luz da nova aliança da graça.*

---

Antes de nos aprofundarmos sobre o significado de meditar na Palavra de Deus, exatamente o que significa "meditar"?

Quando a Bíblia fala sobre meditação, ela não se refere a um exercício mental. A palavra hebraica para meditação usada no Antigo Testamento é *hagah*, que significa pronunciar ou murmurar.[11] Então, *hagah* é falar audivelmente. Perceba que o Senhor disse a Josué: "Não cesses de falar deste Livro da Lei..." Ele não disse "Não cesses de pensar neste Livro da Lei". A chave para meditar sobre a Palavra de Deus não é contemplação mental. Ela está em falar as promessas de Deus com sua boca!

*"Pastor Prince, isso significa que devo ficar repetindo a Palavra de Deus? Por exemplo, devo ficar dizendo 'por suas pisaduras sou sarado' quando preciso de cura?"*

Meditar na Palavra de Deus não significa fazer vãs repetições das Escrituras. Meditar na Palavra é muito mais e é algo que ocorre primeiramente no fundo do seu coração. O salmista Davi capturou mais apropriadamente a essência da meditação ao dizer: "Esbraseou-se-me no peito o coração; enquanto eu meditava, ateou-se o fogo; então, disse eu com a própria língua…"[12] Quando você estiver meditando na Palavra de Deus, peça ao Espírito Santo para dar-lhe uma nova revelação de Jesus. Deixe essa passagem queimar com revelação em seu coração. E, quando você fala a partir dessa revelação abrasadora, Deus unge as palavras que você fala. Quando você declarar: "Por suas pisaduras sou sarado" e esta declaração for pronunciada com um senso de revelação e fé em Jesus, haverá poder na sua declaração.

## Medite em Jesus, a Palavra Que se Fez Carne, e Vivencie o Bom Sucesso

Sob a nova aliança, nós meditamos **na pessoa de Jesus** quando meditamos na Palavra. Jesus é a Palavra que se fez carne e, quando você medita em Seu amor por você, em Sua obra consumada, em Seu perdão e em Sua graça, Deus garante que você terá bom sucesso.

Você pode separar um versículo e meditar no amor de Jesus por você. Por exemplo, você pode começar a sussurrar o Salmo 23:1: "O Senhor é o meu pastor; nada me faltará." Ao meditar nesse simples versículo, você começa a perceber que o Senhor é (tempo verbal presente) o seu pastor. Um pastor provê às suas ovelhas, alimenta-as e as protege. Devido a Jesus ser o seu pastor, nada lhe faltará. Não lhe faltará sabedoria, direção, provisão — coisa alguma. Você começa a ver que Jesus está presente com você, dando-lhe provisão, atentando a você e certificando-se de que você e sua família terão mais do que o suficiente. Agora, bem nesse momento, naquele curto período de meditação em Jesus, fé é transmitida e seu coração é encorajado pela realidade de que Jesus **está** com você, mesmo quando você estiver enfrentando alguns desafios.

Seja você dona de casa, vendedor ou empresário, sua alma será nutrida e fortalecida quando meditar em Jesus. De fato, toda vez em que você meditar na Palavra de Deus, Jesus o impulsionará em direção ao sucesso, sem você sequer percebê-lo! Sem você ter de esquematizar, inventar ou fazer todo tipo de plano, Jesus direcionará seus passos, o liderará até o lugar onde você deva estar e fará portas de oportunidade abrirem-se sobrenaturalmente para você. Quando você medita em Jesus, seus caminhos sempre se tornam prósperos. Ora, não tenha medo de usar a palavra "próspero". Ela é uma promessa de Deus na Bíblia. A Bíblia diz que, quando você meditar (sussurrar) sobre Jesus dia e noite: "farás prosperar o teu caminho e serás bem-sucedido"!

Algumas pessoas pensam ser prósperas ao fazerem seu primeiro milhão. Mas, ao examinar suas vidas, você descobre que, em algum lugar do seu dificultoso caminho para ganhar mais e mais dinheiro, elas perderam exatamente as coisas realmente importantes. Elas podem ter acumulado um impressionante portfólio de investimentos, mas seus filhos não querem mais saber delas, e elas feriram as pessoas que as amaram. Isso não é verdadeira prosperidade ou bom sucesso.

Quando Deus abençoa você com prosperidade, bênçãos financeiras estão incluídas, mas somente como uma pequena parte do todo. O bom sucesso proveniente de Jesus nunca tirará você da sua igreja. Ele nunca o tirará dos seus entes queridos. Acima de tudo, ele nunca o tirará de si mesmo. Você não acordará um dia, em meio à sua perseguição do sucesso, e descobrirá que não mais conhece a pessoa que você vê no espelho.

Meu amigo, aprenda a meditar na pessoa de Jesus. **Ele** é o seu bom sucesso. Quando você tem Jesus, você tem tudo. A Bíblia nos diz que a fé vem pela pregação, e a pregação, pela palavra de Deus.[13] Esta palavra "Deus", no original em grego, é *Christos*,[14] referindo-se a Cristo. Em outras palavras, a fé vem pelo ouvir, e ouvir a Palavra de **Cristo**.

---

*Jesus é seu bom sucesso. Quando tem Jesus, você tem tudo.*

---

A fé não vem apenas por ouvir a Palavra de Deus. A fé vem por ouvir a Palavra de **Jesus** e Sua obra consumada. Da mesma maneira, meditar sobre a Palavra de Deus é meditar, murmurar e ouvir a respeito de Jesus. Isto não significa que você lê somente os quatro Evangelhos, de Mateus, Marcos, Lucas e João. Não, cada página de toda a Bíblia, de uma capa à outra, aponta para a pessoa de Jesus!

Se você deseja experimentar o bom sucesso em sua vida, incentivo-o a meditar nas mensagens pregadas por ministérios que se dedicam a exaltar a pessoa de Jesus, Sua beleza, Seu favor imerecido e Sua obra perfeita por você na cruz. Escute ministros da nova aliança que não misturam lei e graça, mas discernem corretamente a Palavra de Deus e pregam o evangelho de Jesus não adulterado. Quanto mais você escutar sobre Jesus e a cruz, mais fé lhe será transmitida e você terá bom sucesso em sua vida!

CAPÍTULO 15

# *O Homem Abençoado* Versus *o Homem Amaldiçoado*

Ao aprendermos qualquer coisa, sempre há alicerces que precisam ser estabelecidos para poder prosseguir. Em Matemática, é necessário aprender adição antes de seguir para o aprendizado da multiplicação. Ao aprender seu idioma, você deve, primeiro, ser capaz de reconhecer as letras do alfabeto antes de avançar para a parte básica de soletração, estrutura de sentenças e pontuação.

De maneira semelhante, se quiser aprofundar-se na Palavra de Deus, precisará primeiro estar estabelecido na verdade de que agora está sob a nova aliança da graça. Toda revelação da Palavra de Deus é construída sobre a revelação de Jesus Cristo e Sua obra consumada. Meu desejo é que, ao continuar a percorrer as páginas deste livro comigo, você possa chegar a um ponto de maturidade em sua compreensão da nova aliança da graça.

O livro de Hebreus nos diz que "... todo aquele que se alimenta de leite é inexperiente na **palavra da justiça**, porque é criança".[1] Isto significa que, se você está estabelecido na Sua justiça (a palavra de justiça) através de Cristo, não é mais um bebê espiritual. Quando você tiver a revelação de que sua justiça não depende do seu **procedimento correto**, mas da sua **crença correta** em Jesus, você terá amadurecido e se tornado habilidoso na palavra da justiça.

Veja que não é necessário o Espírito Santo para compreender a lei. Se você tivesse de andar por qualquer rua e entrevistasse transeuntes para descobrir como uma pessoa pode ir para o céu, a maioria provavelmente lhe diria que você pode ir para o céu se tiver se comportado bem e fizer boas obras. Essa ênfase no próprio comportamento, esforços e méritos de alguém são, de fato, *obras* baseadas no sistema da lei.

Na realidade, os sistemas de crença do homem baseiam-se no sistema da lei. Dito de maneira simples, se você fizer o bem, recebe o bem. Se fizer o que é mau, leva uma surra! O mundo não tem problemas para compreender conceitos como retribuição e julgamento sob o sistema da lei. Talvez você tenha assistido à série humorística "My Name Is Earl". Bem, as pessoas do mundo são, geralmente, como Earl. Quando Earl faz algo bom, ele espera que algo bom lhe aconteça. Reciprocamente, quando faz algo ruim, espera alguma forma de punição.

---

*Jesus fez tudo por nós e nos qualificou para o céu e para toda bênção de bom sucesso!*

---

Porém, sabe de uma coisa? Você e eu temos algo que o mundo é *incapaz* de compreender, e isso se chama graça (favor imerecido)! Não fizemos nada — Jesus fez tudo por nós e nos qualificou para o céu e para toda bênção de bom sucesso! Mesmo quando falhamos, podemos ter uma confiante expectativa de boas coisas, em vez de uma medrosa expectativa de punição. Isso não ocorre porque armazenamos suficientes méritos ou boas obras, mas puramente porque o sangue de Jesus nos lavou, deixando-nos mais brancos que a neve. O que temos como da nova aliança é tão bom, que necessitamos do Espírito Santo para sermos capazes de compreender a transbordante riqueza do favor imerecido de Jesus para nós.

## Maldito o Homem Que Confia no Homem

Quero mostrar-lhe a diferença entre um homem abençoado e um homem amaldiçoado. A Bíblia diz com impressionante clareza como você pode ser um homem amaldiçoado. No entanto, caso você esteja interessado, pensei que deveria mencionar que a Bíblia também lhe mostra como pode ser um homem abençoado. Você está interessado em aprender mais sobre isto? Abra sua Bíblia comigo em Jeremias 17:5-8:

> Maldito o homem que confia no homem, faz da carne mortal o seu braço e aparta o seu coração do SENHOR! Porque será como o arbusto solitário no deserto e não verá quando vier o bem; antes, morará nos lugares secos do deserto, na terra salgada e inabitável. Bendito o homem que confia no SENHOR e cuja esperança é o SENHOR. Porque ele é como a árvore plantada junto às águas, que estende as suas raízes para o ribeiro e não receia quando vem o calor, mas a sua folha fica verde; e, no ano de sequidão, não se perturba, nem deixa de dar fruto.

Comecemos por como alguém pode se tornar um homem amaldiçoado. No versículo 5, vemos que quando um homem "confia no homem" e não no Senhor, ele se torna um homem amaldiçoado. Confiar no homem também se refere a alguém depositar confiança em suas próprias boas obras e esforços, dizer ter-se "feito por si mesmo", escolher depender de si mesmo e rejeitar o favor imerecido de Deus.

Um homem que "faz da carne mortal o seu braço" também é amaldiçoado. Quando você vê a palavra "carne" na Bíblia, ela nem sempre se refere ao seu corpo físico. Você precisa observar o contexto do versículo. Neste contexto, "carne" pode ser parafraseada como "esforço próprio". Em outras palavras, podemos ler o versículo 5 como "Maldito o homem que confia no homem e faz do **esforço próprio** o seu braço".

*Não use toda a sua saúde para perseguir a fortuna, só para depois gastar toda a sua fortuna para recuperar a sua saúde!*

Amigo, existem, essencialmente, duas maneiras de viver esta vida. A primeira é dependermos e confiarmos inteiramente no favor imerecido do Senhor, enquanto a outra é depender dos nossos esforços e lutar acirradamente pelo sucesso. Nunca podemos obter o bom sucesso que vem de Deus dependendo de nossos próprios esforços. Não importa quanto nos esforcemos e lutemos, não podemos operar por nossa própria justiça ou obter o nosso próprio perdão. Qualquer sucesso que possamos atingir é apenas um sucesso parcial.

No entanto, o tipo de sucesso de Deus é completo, íntegro e permeia todos os aspectos de nossas vidas — espírito, alma e corpo. A Palavra de Deus diz: "A bênção do Senhor enriquece, e, com ela, ele não traz desgosto."[2] Deus nunca nos dá sucesso à custa de nosso casamento, família ou saúde. Como sempre digo aos empresários membros da minha igreja, não use toda a sua saúde para perseguir a fortuna, só para depois gastar toda a sua fortuna para recuperar a sua saúde! O que é um homem próspero? Um homem que tem uma gorda conta bancária, mas está preso ao leito com uma doença, ou um que pode não ter muito em sua conta bancária, mas goza de divina saúde?

Olhe à sua volta. Está claro que a verdadeira prosperidade e o bom sucesso não podem ser medidos em termos de quanto dinheiro temos em nossas contas bancárias. Com o favor imerecido de Deus, o homem que pode não ter muito neste momento de sua vida **terá** bom sucesso.

Saúde e integridade em seu corpo físico fazem parte das bênçãos de Deus. Se você está constantemente submetido a tremendo estresse e tem ataques de pânico regularmente devido à natureza do seu trabalho, eu o encorajaria a diminuir o ritmo e buscar o conselho do Senhor. O estresse rouba a sua saúde, enquanto o bom sucesso proveniente do Senhor renova a sua juventude.

Quando você depende dos seus esforços, pode lutar durante muitos anos e obter certa medida de sucesso. Contudo, os caminhos de Deus são mais elevados. Com apenas um momento do Seu favor, você pode experimentar bênçãos e crescimento acelerados que anos de esforços e lutas nunca conseguiriam proporcionar.

Veja a vida de José. Ele era nada além de um humilde prisioneiro. No entanto, uma hora após encontrar-se com Faraó ele já tinha sido promovido ao mais alto posto de todo o império egípcio. Amado, mesmo que você esteja por baixo (como José estava) neste momento da sua vida, o Senhor pode promovê-lo sobrenaturalmente em um instante quando você escolher fixar os olhos nele!

Continuemos a leitura da passagem de Jeremias 17, que prossegue descrevendo o homem amaldiçoado: "Porque será como o arbusto solitário no deserto e **não verá quando vier o bem**". Ora, isto é surpreendente! Deixe-me fazer-lhe uma pergunta. De acordo com essa passagem, o bem passa pelo caminho do homem amaldiçoado? Sim! Mas, a triste realidade é que ele não consegue vê-lo.

Como pastor, tenho visto, ao longo dos anos, pessoas que não colocam a confiança no Senhor no tocante aos seus casamentos, finanças e outras áreas de fraquezas. Elas estão determinadas a confiar em seus próprios esforços e tendem a ser muito arrogantes e frustradas com as pessoas à sua volta. Muitas vezes, quando você observa pessoas assim, percebe que elas são incapazes de ver boas coisas que estão bem debaixo de seus narizes. Elas não têm reconhecimento por seus cônjuges, negligenciam os filhos e, mesmo quando outras bênçãos lhes surgem, elas as perdem!

*As pessoas que vivem sob a graça podem desfrutar verdadeiramente das bênçãos que as rodeiam porque sabem que essas bênçãos são imerecidas.*

Por que elas são incapazes de enxergar o bem quando ele chega? É porque as pessoas que confiam em seus próprios esforços não têm qualquer **capacidade** de enxergar e receber bênçãos provenientes do Senhor. Elas só creem no "bem" que pode provir dos seus esforços. É por isso que elas são orgulhosas. Você provavelmente perceberá que essas pessoas não dizem "obrigado" com muita frequência às pessoas à sua volta. Elas se sentem como se fossem habilitadas para tudo que recebem e merecedoras dessas coisas. Raramente são agradecidas ou reconhecidas, porque acham que seus cônjuges são merecidos, em vez de vê-los como uma bênção do Senhor.

Em contraste, pessoas que vivem sob a graça e confiam no favor imerecido do Senhor são, constantemente, gratas, louvando a Deus e dando graças a Jesus. Elas são gratas e reconhecidas pelas pessoas à sua volta.

Quando eu era solteiro, tive uma ideia do tipo de esposa que desejava e levei meu pedido ao Senhor. Sabe o que aconteceu? Ele respondeu à minha oração com mais do que eu pedira e me deu Wendy! Sou verdadeiramente grato ao Senhor por Wendy e sei que esse é o favor imerecido de Jesus. Quando olho para a minha filha Jessica, sei que não mereço uma filha tão linda; mesmo assim, o Senhor me deu essa preciosa menina. Veja, meu amigo, eu não fiz nada para merecer isto, mas o Senhor me abençoou com uma família maravilhosa. Pessoas que vivem sob a graça podem desfrutar verdadeiramente das bênçãos que as rodeiam porque sabem que essas bênçãos são imerecidas.

## Uma Imagem do Homem Abençoado

Vejamos algumas das imagens que a Bíblia pinta para nós em Jeremias 17. A Palavra de Deus é extraordinária. Ele nos fala através de imagens compostas por palavras na Bíblia. Ela diz que o homem amaldiçoado "será como o arbusto solitário no deserto". Que sombria imagem de um homem! Uma pessoa que está sempre confiando em si mesma é como um arbusto seco, ela tem aparência de velha, cansada e desfigurada.

No entanto, graças a Deus, a Bíblia não se deteve na descrição do homem amaldiçoado. Ela vai adiante e descreve uma bela imagem de um homem abençoado. Jeremias 17:7-8 nos diz: "Bendito o homem que confia no Senhor e cuja esperança é o Senhor. Porque ele é como a árvore plantada junto às águas, que estende as suas raízes para o ribeiro e não receia quando vem o calor, mas a sua folha fica verde; e, no ano de sequidão, não se perturba, nem deixa de dar fruto." Uau! Eu sei qual tipo de homem prefiro ser. Verdadeiramente, uma imagem vale mais do que mil palavras! Quero que você se veja hoje como essa árvore plantada junto às águas!

Quando eu estava em férias com Wendy, nas empolgantes Montanhas Rochosas canadenses, nós passamos bastante tempo apenas passeando e desfrutando do esplendor da criação do nosso Pai celestial. Ao caminharmos ao longo da encosta de um rio tranquilo que conhecemos por acaso, encontramos uma árvore majestosa ancorada junto à margem da água. Seu tronco era robusto e forte e seus galhos estendiam-se formando uma copa perfeita acima dele. Em contraste com as outras árvores mais distantes do rio, suas folhas eram refrescantemente verdes e suculentas. Isso era devido à árvore ser constantemente nutrida pelo rio.

Olhando para aquela impressionante e linda árvore, só pude lembrar-me do homem abençoado descrito em Jeremias 17 e recordo, então, de dizer a mim mesmo: "Sou como essa árvore, em nome de Jesus!" Quando você depende do Senhor e confia nele, você também é como essa árvore. Jesus fará com que você seja uma imagem de robusta força, vitalidade e bom sucesso. Veja-se como uma linda árvore plantada junto às águas. A Palavra de Deus diz que, mesmo quando vier o calor, você não o temerá!

Você percebeu uma diferença crucial entre o homem abençoado e o homem amaldiçoado? Enquanto o homem amaldiçoado é incapaz de ver o bem quando ele vem, o homem abençoado não temerá nem quando o calor vier! A Bíblia diz que o homem abençoado "não receia quando vem o calor". Isto é surpreendente. Significa que o calor vem até para o homem abençoado; contudo, ele não teme estações quentes, mas continua a ser forte e a florescer. Ele será como uma árvore cuja folha permanece verde. Quando você for como o homem abençoado, será permanentemente verde! Isto significa que você desfrutará de saúde, juventude, entusiasmo e dinamismo divinos.

---

*O homem abençoado não toma consciência de estações quentes, mas continua a ser forte e a florescer.*

---

Quando você for abençoado, seu corpo será cheio de vida, pois o Senhor renova sua juventude e vigor. Você não perderá a saúde, nem a juventude. Não haverá estresse, nem medo ou ataques de pânico, porque o homem abençoado "no ano de sequidão, não se perturba". Um ano de sequidão fala de grande fome e, em nosso vernáculo moderno, não seria diferente da crise financeira global, da crise do *subprime*, do colapso dos bancos de investimentos globais, dos voláteis mercados de ações e da inflação crescente. Embora tudo isto possa ser má notícia para o mundo, o homem abençoado pode permanecer descansado e não ficar ansioso, porque Deus prometeu que, mesmo em meio a uma crise, ele não "deixa de dar fruto". Como isso acontece? Isso acontecerá porque ele deposita sua confiança no Senhor!

No final da década de 1990, um dia, eu me levantei na igreja e disse à minha congregação que o Senhor me dera uma palavra de sabedoria. Ele disse que uma escassez, uma fome financeira, estava chegando à Ásia. Porém, ao mesmo tempo, Ele também disse que, mesmo quando ela chegasse, nós não teríamos de nos preocupar, porque Ele cuidaria de nós e nossa igreja teria mais do que o suficiente para ajudar os necessitados.

Poucos meses depois, a moeda tailandesa despencou de maneira repentina e dramática. Isto produziu um efeito dominó sobre todas as moedas regionais, mergulhando-nos na crise financeira asiática. Durante aquele período, nossa igreja, pela graça de Deus, teve o privilégio de abençoar financeiramente outras igrejas de nossa nação e também daquela região. Deus pode usar-nos para ajudar a manter alguns desses ministérios à tona e impedi-los de restringir suas equipes. Também fomos capazes de ajudar as preciosas vidas sob seus cuidados, que atravessavam difíceis reveses financeiros.

A Palavra de Deus concretizou-se e nós atravessamos a crise sem sermos afetados. De fato, pessoas da minha igreja até se beneficiaram da crise, comprando novas casas e carros a preços muito reduzidos. Mesmo em tempo de fome, seus negócios, suas carreiras e sua saúde financeira continuaram a florescer e elas não "deixaram de dar fruto".

Não recebemos qualquer crédito por essas bênçãos. Sabemos que elas vieram inteiramente devido ao favor imerecido do Senhor. Nossa parte foi, simplesmente, continuar confiando em Jesus e manter nossa esperança nele. A palavra grega para "esperança" usada no Novo Testamento é *elpis*, que significa uma "expectativa de bem".[3] Continue esperando no Senhor!

Nossa igreja vivenciou as mesmas bênçãos durante a crise financeira global de 2008 a 2009. **Antes** de a crise do *subprime* ficar em evidência, o Senhor já estava preparando nosso povo. Ao pregar em um domingo, exortei a igreja a não assumir novas dívidas. Instruí que eles suspendessem compras de novas casas, carros ou qualquer grande despesa e mantivessem o mínimo de dívidas. Muitas pessoas de nossa igreja começaram a posicionar-se e estavam preparadas e prontas quando a grande fome começou.

Em outra ocasião distinta, quando o mercado de ações em meu país **atingiu seu auge antes de entrar em colapso**, profetizei à minha igreja e incentivei as pessoas a saírem do mercado de ações, embora todos estivessem tentando fazer parte dele. Então, em poucos meses, o banco Bears Sterns entrou em colapso, seguido pelo Lehman Brothers. Todos nós sabemos que isso levou a um massivo frenesi nos mercados financeiros globais e que bilhões de dólares desapareceram completamente durante a venda em pânico que se seguiu.

Algum tempo depois, um dos principais líderes de minha igreja, que trabalha em um dos principais bancos norte-americanos, me disse ter trazido um amigo à igreja no domingo em que eu dissera à minha congregação para sair do mercado de ações, e eu utilizara a palavra "volátil" para descrever a situação que se aproximava. Seu amigo, financeiramente treinado e experiente, começou a tomar ações defensivas em seu investimento, com base na expectativa de condições voláteis e, em vez de perder dinheiro de seus investimentos, obteve substanciais ganhos a partir deles.

Ora, para aqueles de vocês que não me conhecem, eu não monitoro o mercado de ações, nem sei muito a respeito de investimentos. De fato, não muito tempo atrás, quando eu estava pregando em uma conferência em outro país, visitei uma livraria e folheei um livro intitulado *Investimento para Leigos*. Ora, isto é um pouco embaraçoso para mim, mas vou lhe contar mesmo assim — eu não entendi! O que isso diz a meu respeito em relação aos investimentos? Não dê gargalhada. Sou um pastor, não um corretor de ações. Contudo, esse sou eu. Pergunte a qualquer um dos meus líderes e eles lhe dirão que eu não leio publicações sobre negócios e não tenho qualquer interesse nos altos e baixos do mercado de ações. TODA a glória é do Senhor por preparar a igreja e proteger nosso povo contra o forte revés financeiro que se aproximava!

Pelo favor imerecido do Senhor, nossa igreja ajudou igrejas, ministérios e missionários no mundo todo durante o tempo da crise. Demos generosamente aos necessitados e desvalidos de nossa nação, ajudando a alimentar os famintos e a vestir os pobres. Nossa igreja inteira, que tinha mais de 19 mil pessoas na época, fez parte de uma iniciativa nacional para ajudar os pobres com carregamentos de mantimentos. Muitos também compraram itens domésticos novos, como camas, refrigeradores e máquinas de lavar roupa, para famílias que não tinham condições financeiras para comprá-los. Ficamos agradecidos por, durante aquele período, o Senhor ter continuado a abençoar-nos para sermos uma bênção para outros. Entretanto, não nos regozijamos por nossas boas obras. Regozijamo-nos no Senhor e em Seu amor por nós.

## A Única Maneira de um Crente Cair Sob a Maldição

*"Pastor Prince, é possível ser um cristão e ainda confiar em seus próprios esforços?"*

Sim, certamente. Existem crentes, hoje em dia, que preferem depender de si mesmos e não de Jesus. Eles só dependem de Jesus para a sua salvação, mas depois disso, eles se atribuem a responsabilidade pelo sucesso em suas famílias, carreiras e finanças.

*"O que acontece quando um crente confia em seus próprios esforços e rejeita a graça de Deus?"*

Todos os crentes são redimidos da maldição da lei através da obra consumada de Jesus. Contudo, quando um crente rejeita a graça de Deus e depende de suas próprias obras para ser abençoado, ele volta a ficar sob a maldição da lei. Esta é a **única maneira** pela qual um crente pode recair sob a maldição da lei. Sua rejeição da graça de Deus não significa que ele perde a salvação. Significa, apenas, que ele tira de si mesmo a alegria das plenas bênçãos que Jesus comprou para ele com Seu sangue e o tornar-se a pessoa abençoada que citamos neste capítulo.

---

*Quando você volta a depender de suas próprias obras para ser abençoado, está retornando ao sistema da lei e recaindo sob a maldição da lei.*

---

Rejeitar a graça de Deus é recair da graça para as obras. Contrariamente à crença popular, cair da graça não significa cair em pecado. De acordo com a Bíblia, cair da graça é recair nas **obras** e na velha aliança da lei. Gálatas 5:4 afirma claramente: "...vós que procurais justificar-vos na lei; **da graça decaístes**".

Quando você volta a depender de suas próprias obras para ser abençoado, está retornando ao sistema da lei e recaindo sob a maldição da lei. O apóstolo Paulo deixa muito claro em Gálatas 3:10: "Todos quantos, pois, são das **obras da lei** estão debaixo de maldição." Sejamos muito claros aqui. **Não é** Deus quem lhe amaldiçoa. É a própria lei que o condena. Ninguém é capaz de cumprir os padrões perfeitos da lei. O versículo continua, dizendo: "Maldito todo aquele que não permanece em **todas as coisas** escritas no Livro da lei, para **praticá-las**." A lei é um padrão impossível e extrairá o pior de qualquer pessoa. Ninguém é capaz de manter-se cumprindo a lei perfeitamente. No momento em que você falha em uma lei, é culpado de falhar em todas elas.

Gálatas 3:11-12 continua: "E é evidente que, pela lei, **ninguém** é justificado diante de Deus, porque o justo viverá pela fé. Ora, a lei não procede de fé..." Realmente espero que você esteja percebendo que ninguém é capaz de cumprir a lei perfeitamente e ser justificado. Somos justificados somente pela fé e é por isso que o justo — você e eu — viverá pela fé. Fé em quê? Fé na obra consumada de Jesus! Sejamos o homem abençoado cuja confiança está no Senhor e não em seu próprio braço.

Agora, deixe-me mostrar-lhe dois versículos muito importantes que você precisa conhecer. Segundo Gálatas 3:13-14, "**Cristo nos resgatou da maldição da lei**, fazendo-se ele próprio maldição em nosso lugar (porque está escrito: Maldito todo aquele que for pendurado em madeiro), para que a bênção de Abraão chegasse aos gentios, em Jesus Cristo...". Perceba que Jesus tinha de morrer na cruz para redimir-nos da maldição da lei, não da maldição do pecado. A maioria das pessoas pensa que será amaldiçoada quando peca, mas isso não é o que a Palavra de Deus diz. Ela diz que Jesus nos redimiu da maldição da lei.

Então, mesmo que falhar, a lei não pode condená-lo, porque em Jesus você está perdoado e justificado. Através de Jesus existe esperança quando você falha e poder para **não falhar mais**. Porém, que esperança há quando você recai no sistema da lei e em depender de seus próprios esforços para ser justificado? A própria lei amaldiçoa você e a bênção de Abraão não pode fluir em sua vida. O pecado não é mais o problema, porque Jesus lidou com os seus pecados na cruz, com Seu próprio sangue. O problema é a insistência do homem em confiar em seus próprios esforços!

## A Definição do Rei Davi de um Homem Abençoado

Você quer saber a definição do rei Davi de um homem abençoado? Leia Romanos 4:6-8: "E é assim também que Davi declara ser bem-aventurado o homem a quem Deus atribui justiça, independentemente de obras: Bem-aventurados aqueles cujas iniquidades são perdoadas, e cujos pecados são cobertos; bem-aventurado o homem a quem o Senhor **jamais imputará pecado**." Você consegue ver quão abençoado é esse homem? A Bíblia não diz que esse homem não peca. Ela diz que sua bênção é que, mesmo quando ele peca, esse pecado **não** lhe será imputado! Por quê? Porque todos os seus pecados já foram imputados e punidos no corpo de Jesus!

*"Pastor Prince, você está dizendo que um crente ainda pode pecar?"*

Antes de responder à sua pergunta, deixe-me compartilhar com você a definição de pecado. A palavra grega para "pecado" usada no Novo Testamento é *hamartia*, que significa literalmente "errar o alvo".[4] Quando você compreende a definição de pecado, pode ver que a pergunta mais adequada e precisa a fazer é se um crente ainda pode "errar o alvo". A resposta é óbvia — crentes ainda errarão o alvo de tempos em tempos.

A pergunta mais pertinente, então, é se um crente ainda é justo quando erra o alvo. A definição de Davi de um homem abençoado responde a essa pergunta: "bem-aventurado o homem a quem Deus atribui justiça, independentemente de obras... cujas iniquidades [instâncias de errar o alvo] são perdoadas, e cujos pecados [instâncias de errar o alvo] são cobertos; bem-aventurado o homem a quem o Senhor jamais [lhe] imputará pecado [suas instâncias de errar o alvo]".

Ora, saber que Deus não lhe imputa seu pecado quando você erra o alvo o faz desejar sair pecando? De maneira alguma! Seu favor imerecido transforma você e enche seu coração de amor e gratidão por Ele. Sabendo que está completa e eternamente perdoado por Deus, você pode correr audaciosamente para Ele e levar-lhe todas as áreas de necessidade.

---

*Devido à sua confiança estar no Senhor, você não receará quando vier o calor, mas as suas folhas ficarão verdes e, no ano de sequidão, não se perturbará, nem deixará de dar fruto.*

---

Você se torna alguém que confia no Senhor e cuja esperança está no Senhor. Qual é o resultado disso? Eu declaro, em nome de Jesus, que você será como uma árvore plantada junto às águas, que estende as suas raízes para o ribeiro e não receia quando vem o calor, mas a sua folha fica verde; e, no ano de sequidão, não se perturba, nem deixa de dar fruto. Você se encontrará desfrutando das bênçãos do homem abençoado em todas as áreas da sua vida!

## CAPÍTULO 16

# *Andando na Bênção de Abraão*

No capítulo anterior, mostrei-lhe as diferenças entre um homem abençoado e um homem amaldiçoado. Que gloriosa e majestosa imagem a Bíblia pinta do homem abençoado, que é como uma árvore plantada junto às águas! Porém, a Bíblia é muito rica e empolgante. Apenas estudando a palavra "abençoar", podemos coletar muito mais informação a respeito do coração do Senhor por você e por mim. Creio que, enquanto analisamos em maior detalhe esta palavra, o Senhor está lhe preparando para adentrar uma dimensão ainda maior e mais profunda das Suas bênçãos para você. Mergulhemos nela, então.

A palavra hebraica para "abençoar" é *barak* e a palavra grega é *eulogeo*. De acordo com o *Theological Workbook of the Old Testament*, essas duas palavras significam revestir de poder para o sucesso, a prosperidade, a fecundidade (frutificação na geração de filhos) e longevidade.[1]

Ora, realmente não entendo por que existem alguns crentes que lutam contra ministérios que proclamam a verdade de que Deus quer dar-nos sucesso, prosperidade e saúde. Esses crentes não percebem estar, essencialmente, lutando para permanecerem doentes e pobres. Eles não percebem que doença e pobreza pertencem ao reino da maldição? Eles não percebem que Jesus já fez um caminho para vivermos por Seu favor imerecido e adentrarmos o reino das Suas bênçãos?

É tempo de os crentes serem como o apóstolo Paulo — pararem de ser apologéticos a respeito das boas-novas que recebemos. Paulo declarou: "Pois **não me envergonho** do evangelho, porque é **o** poder de Deus para a salvação de todo aquele que crê, primeiro do judeu e também do grego; visto que a justiça de Deus se revela no evangelho, de fé em fé, como está escrito: O justo viverá por fé".[2] O evangelho (que significa "boas-novas") de Jesus Cristo é O poder de Deus para a salvação. Isto significa que não existe outro poder para a sua salvação, exceto o evangelho de Jesus Cristo!

A propósito, "salvação" aqui não está relacionada apenas a ser salvo do inferno. A palavra grega para "salvação" aqui é *soteria*. Seu significado abrange livramento, preservação, segurança e saúde.[3] A salvação do Senhor em sua vida é completa e integral, e se baseia em você crer na Sua justiça e depender dela pela fé. Não tenha vergonha de quão boas realmente são as boas-novas de Jesus. Não tenha vergonha de Jesus ter o poder de lhe dar bom sucesso, curar seu corpo físico, fazer prosperar tudo que suas mãos tocarem, lhe abençoar com filhos e satisfazer você com longa vida!

## A Bênção de Abraão

Jesus quer que você experimente Suas bênçãos em sua vida. As bênçãos de Deus fazem parte de nossa herança na nova aliança da graça, que Jesus morreu para nos dar. A Palavra de Deus nos diz que "Cristo nos resgatou da maldição da lei, fazendo-se ele próprio maldição em nosso lugar... para que **a bênção de Abraão** chegasse aos gentios, em Jesus Cristo, a fim de que recebêssemos, pela fé, o Espírito prometido".[4] Não é interessante que o Senhor tenha sido muito específico ao mencionar que Cristo se tornou maldição por nós na cruz para que possamos experimentar e desfrutar da bênção de Abraão? Ele não quer que simplesmente experimentemos qualquer tipo de bênção. Ele quer que experimentemos **a bênção de Abraão**. Penso que, então, nos compete descobrir o que é "a bênção de Abraão" e quem pode recebê-la.

*Todo aquele que crê em Cristo é um herdeiro.*

A Bíblia nos diz: "...se sois de Cristo, também sois descendentes de Abraão e herdeiros segundo a promessa."[5] Você é de Cristo? Você pertence a Jesus? Então, isso faz de você um herdeiro **segundo a promessa**. Todo aquele que crê em Cristo é um herdeiro. Toda vez que você ouve a palavra "herdeiro", ela fala de algo bom. Ela fala de uma herança pela qual você não trabalha, uma herança que é sua não pelo que você faz, mas pela pessoa **a quem** você pertence. Neste caso, como crente da nova aliança em Jesus, você pertence a Jesus e tem uma herança comprada com sangue em Cristo como semente de Abraão. Você, amado, é herdeiro segundo A promessa!

## A Promessa de Deus a Abraão

Ora, existem muitas promessas na Bíblia, mas qual é A promessa que Deus fez a Abraão? Não podemos reclamar o direito a essa promessa se não sabemos qual ela é. Precisamos ir à Palavra (usar a Bíblia para interpretar a Bíblia) para estabelecer o que é a promessa. E encontramos a resposta em Romanos 4:13 — "Não foi por intermédio da lei que a Abraão ou a sua descendência coube **a promessa** de ser **herdeiro do mundo**, e sim mediante a justiça da fé".

*Em Cristo, você é um herdeiro do mundo — seus bens, suas dotações, suas riquezas, suas vantagens e seus prazeres.*

Andando na Bênção de Abraão | 217

A promessa a Abraão e sua semente (você e eu) é que ele seria "o herdeiro do mundo"! No texto original em grego, a palavra "mundo" aqui é *kosmos*. Seu significado inclui "todo o círculo de bens, dotações, riquezas, vantagens e prazeres terrenos".[6] Ora, é **disso** que você é herdeiro mediante a obra concluída de Jesus! Em Cristo, você é herdeiro do mundo — seus bens, suas dotações, suas riquezas, suas vantagens e seus prazeres. Esta é A promessa que Deus fez a Abraão e sua semente. Não se desculpe por isso. É a sua herança em Cristo!

## Você É um Herdeiro do Mundo

O que significa ser um herdeiro do mundo? Observemos a vida de Abraão para ver o que o Senhor fez por ele. A Palavra de Deus nos diz que Abraão não apenas se tornou rico. Ele se tornou muito rico.

*"Mas, Pastor Prince, ser um herdeiro do mundo se refere a riquezas espirituais!"*

Espere aí, não é isso o que a minha Bíblia diz. De acordo com Gênesis 13:2, Abraão era "muito rico; possuía gado, prata e ouro". Ora, se as bênçãos financeiras não fazem parte das bênçãos do Senhor, então você está me dizendo que o Senhor amaldiçoou Abraão com riqueza? Alegro-me que Deus tenha definido as riquezas de Abraão de maneira muito específica. Deus deve ter previsto uma geração de pessoas que argumentariam que Ele é contra o Seu povo ter sucesso financeiro, então disse claramente, em Sua Palavra, que Abraão era muito rico em gado, prata e ouro. Abraão não era apenas espiritualmente rico. Amado, Deus não é contra você possuir riquezas, mas é definitivamente contra a riqueza possuir você.

O Senhor abençoou Abraão para que ele pudesse ser uma bênção para outros. Ele disse a Abraão: "...te abençoarei... Sê tu uma bênção".[7] Semelhantemente, Ele lhe abençoará financeiramente, para que você possa ser uma bênção para outros. Você não pode ser uma bênção para as pessoas à sua volta — seus entes queridos, a igreja local, a comunidade e os pobres — se não for, primeiramente, abençoado pelo Senhor.

Suponha que você saiba que Deus o está chamando para fazer algo, como fazer uma viagem missionária, apoiar um ministério, edificar uma igreja ou abençoar um missionário. Porém, você não pode fazê-lo por não ter o suficiente para sequer cuidar da sua família. Ora, o que se tornou maior em sua vida? Deus ou o dinheiro? Deus diz "Vá", mas seu bolso diz "Não". Qual deles é maior nesta situação? Algo está, claramente, errado aqui. Entretanto, hoje existem crentes que se contentam com crenças tradicionais que não são bíblicas, em vez de buscarem a verdade de Deus. Essas crenças mantiveram a igreja escravizada durante décadas, e é por isso que o mundo geralmente vê a igreja como pobre, incapaz e endividada. É por isso que, de fato, o mundo diz: "Tão pobre quanto um camundongo de **igreja**". (Mas, no mundo, até o camundongo Mickey é próspero e tem um reino mágico!)

## Ser um Herdeiro do Mundo Inclui Ter Bênçãos Financeiras

A ironia é que, se você examinasse as vidas daqueles crentes que lutam contra o ensinamento de que Deus abençoa Seus filhos com mais do que o suficiente, veria que eles não têm problemas com dar o melhor de si para assegurar uma casa agradável e dar a seus filhos a melhor formação educacional que o dinheiro pode comprar. Embora eles não creiam que Deus quer nos abençoar financeiramente, você provavelmente os encontraria em busca de oportunidades de investimento, esperando por promoções em suas carreiras ou procurando melhores ofertas de trabalho para ganharem mais.

*O sucesso pelo qual nós, como crentes da nova aliança, podemos esperar em Deus é um sucesso bom, integral, que permeia todas as áreas de nossas vidas!*

Veja, eles não têm problema com acumular riquezas para si mesmos e viver bem, mas têm um problema quando nós lhes dizemos que o sucesso financeiro provém de Deus. Eles preferem acreditar em seus próprios esforços e dizer que seu sucesso é "feito por eles mesmos" do que dar o crédito a Deus. Em vez de concordarem com o ensinamento de que Deus é a fonte de todas as bênçãos, eles o atacam. Mas, não se decepcione, meu amigo, toda bênção em nossas vidas nos dias de hoje, todo bem e dom perfeito, fluem diretamente do rio do favor imerecido de Deus.[8]

Nosso Pai celestial quer fazer de você um sucesso e esse sucesso inclui o sucesso financeiro. Você já sabe que as finanças, isoladamente, não fazem de você um sucesso. Existem muitas pessoas "pobres" no mundo atual que têm muito dinheiro. Elas podem ter contas bancárias vultosas, mas seus corações estão vazios sem a revelação do amor de Jesus por elas. Você e eu temos algo de Jesus que é muito superior. O sucesso pelo qual nós, como crentes da nova aliança, podemos esperar em Deus é um sucesso bom, integral, que permeia todas as áreas de nossas vidas!

*"Bem, Pastor Prince... a Bíblia diz que o dinheiro é a raiz de todos os males. O que você tem a dizer a esse respeito?"*

A Bíblia é, frequentemente, citada equivocadamente no tocante a isso. Ela não diz que o dinheiro é a raiz de todos os males. Ela diz que **"o amor ao dinheiro"**[9] é raiz de todos os males. Devido a essa citação equivocada e ao ensinamento incorreto, muitos crentes têm sido enganados. Quando o Senhor tenta abençoá-los, eles evitam Suas bênçãos porque creem que ter mais dinheiro os levará a todos os tipos de mal. Escute cuidadosamente o que estou dizendo. Ter mais dinheiro não significa, necessariamente, que você ama o dinheiro. Mesmo alguém que não tem um único centavo pode estar pensando obsessivamente em dinheiro o tempo todo.

---

*Quanto mais ocupado você estiver com Jesus,*
*mais dinheiro virá ao seu encontro!*

O que mantém você seguro para o sucesso financeiro é saber que suas bênçãos provêm do favor imerecido de Jesus. Quando você tiver essa revelação, não se preocupará mais com ter dinheiro, porque você está preocupado com o Senhor. Surpreendentemente, você perceberá que quanto mais ocupado estiver com Jesus, mais dinheiro virá ao seu encontro! Ora, por que isso? É simplesmente porque, quando você busca primeiro o reino de Deus e coloca Jesus, Sua justiça (não a sua própria justiça), Sua alegria e Sua paz como sua prioridade, a Palavra de Deus lhe promete que lhe são acrescentadas TODAS as coisas materiais de que você necessita.[10]

O Senhor sempre lhe dá dinheiro com uma missão e prosperidade com um propósito. Ele lhe abençoa e, quando você é abençoado, pode ser um vaso para abençoar outras pessoas. O evangelho da graça pode ser pregado, igrejas podem ser construídas, vidas preciosas podem ser tocadas, pecadores podem renascer, casamentos podem ser restaurados e corpos físicos podem ser curados quando você envia a Palavra de Jesus com seu apoio financeiro.

Não ame o dinheiro e use as pessoas. Use o dinheiro para amar as pessoas. Que possa ser assentado em seu coração, de uma vez por todas, que é desejo de Deus que você seja um sucesso financeiro e tenha mais do que o suficiente. Você é a semente de Abraão e a promessa para você é que será um herdeiro do mundo. Está claro que você não pode ser um herdeiro do mundo se estiver constantemente quebrado e com dívidas.

## Suas Bênçãos Incluem Saúde e Renovação da Juventude

Agora, vejamos o que mais significa ser um herdeiro do mundo. Que outras bênçãos Abraão recebeu? Sabemos que Abraão era saudável e forte, e assim era sua esposa Sara. O Senhor renovou sua juventude de maneira tão impressionante, que quando Abraão tinha cerca de 100 anos e Sara, cerca de 90, ela concebeu Isaque após muitos anos de esterilidade.

No início deste capítulo, mostrei-lhe que, quando Deus abençoa, Suas bênçãos incluem a fecundidade, que é a frutificação na geração de filhos. Ninguém pode argumentar que a renovação da juventude de Abraão e Sara foi meramente espiritual. Isaque é prova de que a renovação deles foi também física. Como herdeiro do mundo, o Senhor também fará com que você seja forte e saudável.

Não é possível ser herdeiro do mundo se você está constantemente fatigado, doente e acamado. De maneira alguma! Deus lhe fará saudável e manterá você em divina saúde, em nome de Jesus!

Alguns anos atrás, perguntei ao Senhor por que a Bíblia chama toda mulher crente de filha de Sara.[11] Existiram muitas outras mulheres de fé na Bíblia, como Rute e Ester. Assim, por que Deus não escolheu referir-se às mulheres crentes como filhas de Rute ou filhas de Ester? Então, o Senhor me mostrou, em Sua Palavra, que Sara foi a única mulher da Bíblia que teve sua juventude renovada na velhice. Encontramos prova da renovação da juventude de Sara quando ela foi desejada duas vezes por dois diferentes reis que quiseram incluí-la em seus haréns.

Você sabe qual era a idade de Sara quando Faraó, o primeiro desses reis, a desejou? Quase 65 anos! Ora, se isso não é prova suficiente para você, você sabe qual era a idade de Sara quando Abimeleque, rei de Gerar, a desejou? Cerca de 90 anos! Ei, eles eram reis **pagãos**. Estou certo de que eles não foram cativados por sua beleza interior ou espiritual. Sara deve ter tido sua juventude física renovada para que aqueles reis a desejassem em idade avançada. Mulheres, vocês estão entendendo? O Senhor chama vocês de filhas de Sara. Você pode confiar no Senhor para renovar a sua juventude como Ele fez com Sara!

A Palavra de Deus promete uma renovação da sua juventude e força. Existem duas passagens da Bíblia que eu quero que você leia. O Salmo 103:1-5 diz:

> Bendize, ó minha alma, ao Senhor, e tudo o que há em
> mim bendiga ao seu santo nome. Bendize, ó minha alma,

ao Senhor, e não te esqueças de nem um só de seus benefícios. Ele é quem perdoa todas as tuas iniquidades; quem sara todas as tuas enfermidades; quem da cova redime a tua vida e te coroa de graça e misericórdia; quem farta de bens a tua velhice, **de sorte que a tua mocidade se renova como a da águia.**

Enquanto isso, Isaías promete o seguinte:

Mas os que esperam no Senhor renovam as suas forças, **sobem com asas como águias, correm e não se cansam, caminham e não se fatigam.**

— Isaías 40:31

Como no caso de Sara, nós podemos ter uma literal renovação dos nossos corpos físicos. Creiamos em Deus para essa renovação física da nossa juventude e que, depois dessa renovação, teremos **um corpo novo em folha,** mas nossa **mente** será **sábia e experiente.** Ora, essa é uma combinação poderosa e é o tipo de renovação que Deus nos quer dar.

*"Pastor Prince, você está sempre falando sobre as bênçãos da saúde, riqueza e bom sucesso. Eu sei que você era um daqueles que pregam o evangelho da prosperidade... um daqueles pregadores de saúde e riqueza!"*

Meu amigo, não há "evangelho da prosperidade"; só existe o evangelho de Jesus Cristo. Quando você tem Jesus e depende do Seu favor imerecido, todas essas bênçãos lhe são acrescentadas. Sobre o que você preferiria que eu pregasse? Que Deus quer que você permaneça doente e pobre? Imagine-se indo aos seus amigos não crentes e dizendo-lhes: "Ei, Deus quer que você seja doente e pobre. Você quer ser cristão?" Sua resposta seria: "Não, obrigado, sozinho já tenho problemas suficientes!"

---

*Não há "evangelho da prosperidade"; só existe o evangelho de Jesus Cristo.*

---

É incrível existirem crentes que combatem o ensinamento de que Deus cura nos dias de hoje. Eles não percebem estar, essencialmente, lutando pelo direito de serem doentes? Contudo, no momento em que caem doentes, eles não têm qualquer desconforto quanto a consultar um médico e tomar remédios, ou a ir para o hospital. Ora, se eles realmente creem que ficar doente é o plano de Deus para eles e que Ele lhes está ensinando algumas coisas, por que vão contra a Sua vontade tentando melhorar? Claramente, há algumas inconsistências nisso.

**Não** é o plano de Deus você ficar doente. Doenças, vírus e enfermidades não provêm dele e, certamente, Ele não colocou doença em você para dar-lhe uma lição, da mesma maneira que você não colocaria doença em *seus* filhos para dar-lhes uma lição! Fique bem claro que Deus nunca disciplinará você com doenças, acidentes e enfermidades. Estamos do mesmo lado dos médicos, travando a mesma batalha contra a doença.

Amado, é muito importante que você entenda corretamente essa doutrina, para poder crer nela corretamente. Qual esperança existe e como você pode ter uma expectativa confiante de ser curado se, erroneamente, pensa que sua doença veio do Senhor? É tempo de você parar de ser enganado por ensinamentos errados. Basta olhar para o ministério de Jesus para ver o coração de Deus por você. Veja os quatro Evangelhos. O que aconteceu toda vez que Jesus entrou em contato com uma pessoa doente? A pessoa doente foi curada! Você nunca encontrará Jesus se aproximando de uma pessoa perfeitamente saudável e dizendo: "Quero dar-lhe uma lição de humildade e paciência. Agora, receba um pouco de lepra!" De maneira alguma. Contudo, isso é, basicamente, o que algumas pessoas estão dizendo a respeito do Senhor.

---

*Jesus quer abençoar você com mais do que o suficiente, para que possa ser uma bênção para outras pessoas!*

---

Agora, diga-me, o que aconteceu cada vez que Jesus viu carência de alguma coisa? Quando o rapazinho trouxe seus cinco pães e dois peixes para Jesus, Ele os devorou e disse: "Estou lhe dando uma lição sobre pobreza?" Claro que não! Jesus tomou os cinco pães e dois peixes, multiplicou-os e alimentou mais de cinco mil pessoas, restando ainda 12 cestos cheios de sobras![12] Este é o meu Jesus! Este é o meu Salvador! Jesus não alimentou as multidões com alimento apenas suficiente. Ele as abençoou com alimento **mais do que suficiente**. Ele é o Deus do mais do que suficiente e este é o Seu estilo. De maneira semelhante, Jesus quer abençoar você com mais do que o suficiente, para que possa ser uma bênção para outras pessoas!

## Veja a Bênção de Deus na Semente Natural de Abraão

Agora, analisemos a semente natural de Abraão, o povo judeu. Você alguma vez imaginou como uma nação minúscula produziu alguns dos maiores inventores, pensadores, músicos, empresários, cientistas, médicos, acadêmicos e filósofos da humanidade? Eis apenas alguns dos judeus de quem você pode ter ouvido falar:

- Os Rothchilds da Europa, que revolucionaram o ramo bancário.
- Albert Einstein, cujas teorias resultaram em numerosas invenções e avanços, e cuja famosa equação, $E = MC^2$, revolucionou o mundo científico.
- Alan Greenspan, presidente do Federal Reserve (Principal Banco dos Estados Unidos) de 1987 a 2006.
- Steven Spielberg, facilmente o mais bem-sucedido diretor e produtor de Hollywood.
- Levi Strauss, cuja empresa é, provavelmente, a mais reconhecida fabricante de *jeans* do mundo.
- Stan Lee, conhecido pelos milhões de fãs de suas histórias em quadrinhos como o criador de personagens como Homem

Aranha, X-Men, O Incrível Hulk, O Quarteto Fantástico e Homem de Ferro.

- Paul Allen, cofundador da Microsoft com Bill Gates.
- Johann Strauss II, celebrado compositor de mais de 170 valsas, inclusive O Danúbio Azul e A Valsa do Imperador.
- Yehudi Menuhin, comumente considerado um dos maiores virtuoses do violino do século XX.

Ora, posso não concordar com a conduta moral de alguns desses judeus famosos, mas o fato é que a lista das suas realizações e contribuições à humanidade é muito extensa! Para uma população tão pequena, eles também produziram um número desproporcionalmente alto de ganhadores do Prêmio Nobel. De acordo com alguns relatórios, dos mais de 750 Prêmios Nobel conferidos entre 1901 e 2008, no mínimo 163 agraciados, ou mais de 21%, são judeus.[13]

Embora as realizações dos judeus sejam tão espetaculares, eles estão vivenciando apenas um gotejamento e um **resíduo** da bênção de Abraão. Muitos deles não conhecem Jesus e só têm a sobra. Quanto mais devemos esperar você e eu, que **não temos o resíduo, mas a plena substância de Jesus** em nossas vidas!

---

*O segredo para andar na bênção de Abraão em sua vida é parar de tentar merecê-la. Em vez disso, exercite sua fé para crer que você é justo por meio da obra consumada de Jesus.*

---

Por que, então, não existem mais crentes da nova aliança, a semente espiritual de Abraão, vivenciando a plena bênção de Abraão? A resposta se encontra em Romanos, que diz:

> **Não foi por intermédio da lei** que a Abraão ou a sua descendência coube a promessa de ser herdeiro do mundo, **e sim mediante a justiça da fé**. Pois, se os da lei é que são os herdeiros, anula-se a fé e cancela-se a promessa,

porque a lei suscita a ira; mas onde não há lei, também não há transgressão. Essa é a razão por que provém da fé, para que seja segundo a graça, a fim de que seja firme a promessa para toda a descendência...

— ROMANOS 4:13-16

A bênção de Abraão para o crente da nova aliança é cancelada e tornada sem efeito quando ele tenta conquistá-la e merecê-la por meio dos seus esforços. Portanto, o segredo para andar na bênção de Abraão em sua vida é parar de tentar merecê-la. Em vez disso, exercite sua fé para crer que você é justo por meio da obra consumada de Jesus. Quanto mais consciente da justiça você for, mais bênçãos experimentará. Comece a vivenciar a bênção abraâmica de ser um herdeiro do mundo nos dias de hoje, confiando inteiramente no favor imerecido de Deus em sua vida!

## CAPÍTULO 17

# *Tornando-se Herdeiro do Mundo*

O fato de Deus querer que você seja herdeiro do mundo deixa claro Seu desejo de vê-lo vivendo uma vida de superação e vitória. Isto significa que Ele quer que você REINE na vida. Ele quer que você reine sobre toda doença, enfermidade, necessidade financeira, medo, dependência e ansiedade. Não importa com o que você possa estar lutando neste momento, Jesus o ajudará a reinar sobre isso! A Palavra de Deus promete que "os que **recebem** a abundância da graça [favor imerecido] e o dom da justiça **reinarão em vida** por meio de um só, a saber, Jesus Cristo".[1]

Amigo, a palavra eficaz aqui é "recebem". Reinar em vida não é uma luta. A única coisa que você precisa fazer é receber — receber não apenas favor imerecido, mas uma ABUNDÂNCIA de favor imerecido, e o DOM da justiça! É impossível ter um excesso de favor imerecido. O Senhor quer que você receba continuamente Seu favor imerecido até você ter uma abundância dele para reinar em vida. É disto que este livro trata. Ele trata de você ter uma abundância do favor imerecido de Jesus em sua vida e eu oro para que, após ler este livro, esteja tão saturado com o favor imerecido de Jesus, que você só possa experimentar bom sucesso em todas as áreas da sua vida!

Romanos 5:17 afirma claramente que a justiça é um **dom**. Um dom não pode ser conquistado. Ele só pode ser recebido. Qualquer coisa que você tenta conquistar não pode ser chamada de dom. Isso contraria a definição da palavra "dom"! A melhor resposta de dom da justiça é dizer um grande "Obrigado" a Jesus por torná-lo justo por Seu sangue. Não tente merecer Seu dom por intermédio das suas obras. Isto seria um insulto a Jesus, que já o concedeu gratuitamente a você. Simplesmente receba o dom!

---

*A promessa de que você será herdeiro do mundo é sua devido a quem você é em Cristo.*

---

De maneira semelhante, não há nada que você possa fazer para merecer a promessa de Deus de que você será **herdeiro** do mundo. A promessa é sua devido a **quem você é em Cristo**. Ela é sua herança. E, como um dom, uma herança só pode ser recebida. Hoje, Deus quer que você receba sua herança de todas as bênçãos, promessas e benefícios que a obra consumada de Jesus realizou por você!

No capítulo anterior, analisamos por que nem todo crente está vivenciando a manifestação da bênção de Abraão, mesmo que, por pressuposto, ela esteja incluída em sua herança através de Cristo. Vimos que, de acordo com a Bíblia, essa bênção não era para Abraão ou para a sua semente por intermédio da lei, mas pela justiça da fé. Isso significa que o acesso à bênção de Abraão não se dá por intermédio do nosso desempenho ou da nossa capacidade de cumprir os Dez Mandamentos, mas por crer que somos justos pela fé em Jesus. Romanos 4:13 diz: "Não foi por intermédio da lei que a Abraão ou a sua descendência coube a promessa de ser herdeiro do mundo, e sim **mediante a justiça da fé.**" Embora a Bíblia seja muito clara a esse respeito, muitos crentes ainda pensam que, se ficam doentes, por exemplo, é porque não obedeceram a Deus em algumas áreas de suas vidas. É assim que a igreja foi programada para pensar, na atualidade. Quando algo negativo ocorre, os crentes sempre olham para si mesmos e perguntam: "Onde foi que pisei na bola? O que fiz de errado?"

Quero que você veja que a pergunta que deveríamos estar fazendo é: "Em que foi que **acreditei** incorretamente?" Veja, aquilo em que você crê é crítico. Você crê ser justificado pelas obras ou crê que, de acordo com a Palavra de Deus, você é justificado pela fé em Jesus? A Bíblia é clara a respeito de como a bênção de Abraão ocorrerá em sua vida. Se você não está vendo a manifestação das bênçãos, seja na área da sua saúde, nas finanças, seja nos relacionamentos ou carreira, é porque você está tentando conquistar as bênçãos de Deus por meio da lei e do seu desempenho, quando essas bênçãos só vêm pela justiça da fé.

## Viver Corretamente É Resultado de Crer Corretamente

*"Mas, pastor Prince, você não acha que o nosso desempenho é importante?"*
Acho, com certeza. Porém, creio que nosso desempenho como maridos, esposas, pais, empregados e filhos de Deus é o **resultado** de crermos ser justificados pela fé. Digo repetidamente e nunca me cansarei de dizer: Viver corretamente é resultado de crer corretamente. Existem muitas pessoas pregando e focando o viver corretamente. Para elas, viver corretamente sempre diz respeito a tornar-se mais santo, temer mais a Deus, fazer mais, orar mais, ler mais a Bíblia, servir mais na igreja ou dar mais dinheiro para ajudar os necessitados. Contudo, amigo, quando você foca somente no comportamento externo, está tratando apenas com elementos superficiais.

Embora a pregação enfática a respeito de santidade possa ter um efeito temporal sobre o comportamento das pessoas, ela não trará mudanças duradouras e permanentes. Deixe-me fazer uma analogia. Se você cortar as ervas daninhas de seu jardim, mas não remover as raízes, imediatamente elas voltarão a crescer no mesmo local. É isso que a pregação acerca de viver corretamente faz na igreja. Temporariamente, o problema pode parecer resolvido, mas enquanto as raízes ainda estiverem vivas, o mesmo comportamento indesejável, os mesmos maus hábitos e as mesmas dependências tornarão a aparecer, exatamente como as teimosas ervas daninhas.

---

*Creia corretamente e você viverá corretamente. O oposto também é verdadeiro: creia incorretamente e viverá incorretamente.*

---

Durante décadas, a igreja pregou sobre "viver corretamente", sem qualquer resultado de transformação duradoura ou permanente no comportamento das pessoas. É tempo de irmos à raiz e a raiz não está em pregar o viver corretamente, mas em pregar o **crer corretamente**. Creia corretamente e viverá corretamente. O oposto também é verdadeiro: creia incorretamente e viverá incorretamente. Cristianismo não tem a ver com modificação do comportamento. Ele tem a ver com transformação interior do coração. Comece, então, a atacar a raiz e tome posse de bons ensinamentos repletos de Jesus e de justificação pela fé nele. Quando você estiver ancorado nesses alicerces inabaláveis, seu comportamento externo se alinhará com a Sua Palavra e você começará a ser transformado em Sua imagem, de glória em glória! Você produzirá os frutos da justiça!

Para que não haja qualquer mal-entendido, deixe-me declarar claramente em preto e branco: eu, Joseph Prince, **odeio o pecado** e o viver incorretamente. Como pastor de uma igreja local há mais de duas décadas, testemunhei em primeira mão os efeitos devastadores do pecado. Ele destrói casamentos, desagrega famílias, acarreta doenças e, basicamente, rasga uma pessoa de dentro para fora. Estou do mesmo lado daqueles que pregam contra o pecado e ensinam sobre a necessidade de viver corretamente. Contudo, minha diferença é que eu creio que a solução para interromper o pecado não se encontra em focar o viver corretamente. Ela se encontra no **crer corretamente**.

Creio no melhor dos filhos de Deus. Creio que verdadeiros crentes renascidos em Jesus não estão à procura de oportunidades para pecar, mas estão buscando poder para **vencer** e reinar sobre o pecado. Mesmo que suas ações possam não estar todas corretas, creio que já sabem como *deveriam* estar vivendo e desejam fazê-lo. Assim, creio que meu papel como pastor é ajudá-los, em primeiro lugar, a crerem corretamente. Quando crerem corretamente e souberem que são justificados pela fé e não por suas obras, *viverão* corretamente.

Vemos na Bíblia que as características do viver corretamente incluem autocontrole, perseverança, fraternidade e amor.[2] No entanto, você sabia que a Bíblia também nos conta por que alguns crentes não têm essas qualidades? Diz 2 Pedro 1:9: "Pois aquele a quem estas coisas não estão presentes é cego, vendo só o que está perto, **esquecido da purificação dos seus pecados de outrora**." Uau! Este versículo está, essencialmente, dizendo-nos que o motivo de alguém não manifestar essas qualidades do viver corretamente é que ele se esqueceu de que todos os seus pecados foram perdoados e que ele é tornado justo pela fé em Jesus.

Então, comece a crer corretamente e viverá corretamente! Se não enxergar um viver corretamente em determinada área da sua vida — talvez esteja lutando contra uma dependência secreta — verifique em que você crê nessa área. Em algum momento ao longo do caminho, você acreditou em uma mentira. Porém, aqui está a boa notícia: Quando você começar a confessar sua justiça por meio de Jesus nessa área, seu avanço estará muito próximo. Jesus quer libertar você!

## Use Sua Fé para Crer Que Você É Justo em Cristo

Você pode usar sua fé para muitas áreas de sua vida, como sua família, saúde, necessidades materiais e sua carreira. Mas, a área mais importante na qual você deve usar a sua fé é a área da justiça. A Bíblia diz que, quando você busca primeiro o reino de Deus e Sua justiça, e não a sua própria justiça, "todas essas coisas" — as bênçãos que você crê que receberá de Deus — lhe serão acrescentadas.[3] Na maior parte do tempo, quando a fé é mencionada no Novo Testamento, especialmente nas cartas do apóstolo Paulo, isso ocorre no contexto de usar a sua fé para crer que você é justificado em Cristo. Trata-se, principalmente, de justiça pela fé.

Você sabe qual é o oposto de fé? Muitos crentes pensam que é o medo. Mas, esta não é uma resposta fundamentada na Bíblia. O oposto de fé é, em verdade, as **obras**. Você pode ver o contraste entre obras e fé em Gálatas 2:16: "... o homem não é justificado por **obras** da lei, e sim mediante a **fé** em Cristo Jesus." Também sabemos que a promessa de que Abraão seria o herdeiro do mundo foi feita por intermédio da justiça da **fé** e não pelas **obras** da lei.

A propósito, se fé não é o oposto de medo, você sabe qual é? A Bíblia nos diz, em 1 João 4:18, que "... o **perfeito amor** lança fora o medo". Isto significa que o oposto de medo é amor. O perfeito amor de Jesus por você é a antítese do medo! Se você estiver sentindo qualquer medo exagerado em sua vida, aprenda a substituir esse medo pelo perfeito amor e a aceitação de Jesus. Você não precisa temer as opiniões de homens ou lutar pela aprovação de homens quando está repleto do perfeito amor de Jesus. Com Seu amor, você se torna completo e seguro, como um justo filho de Deus.

## Veja o Fim da Influência do Diabo Sobre Você

Você sabe que, no momento em que a bênção de Abraão é ativada na vida de um crente, termina a influência do diabo sobre ele? Agora, então, imagine que você fosse o diabo. Qual estratégia usaria, sabendo que a promessa de que um crente seria herdeiro do mundo não vem da lei, mas pela justiça da fé? Você iria, é claro, promover a lei o máximo possível e transformar todos os seus demônios em marqueteiros e propagandistas da lei. A Palavra de Deus nos diz que "o próprio Satanás se transforma em anjo de luz. Não é muito, pois, que os seus próprios ministros se transformem em ministros de justiça; e o fim deles será conforme as suas obras".[4]

E você não pararia aí. Você desencadearia um ataque massivo contra a mensagem da justiça pela fé e, ao mesmo tempo, tentaria assassinar a reputação daqueles que pregam essa mensagem. Você faria tudo que pode para curto-circuitar e sabotar exatamente o canal pelo qual Deus libera a promessa de que os crentes seriam herdeiros do mundo.

Amigo, abra seus olhos para os dispositivos do diabo e não se permita continuar a ser roubado! Quando o Senhor abriu meus olhos para o evangelho da graça anos atrás, eu realmente senti que tinha sido trapaceado em minha caminhada cristã. Está tão claro na Bíblia e, mesmo assim, eu sofri durante anos devido a crer incorretamente. Como eu gostaria que alguém tivesse me ensinado a respeito das verdades em que me regozijo hoje, verdades como "sou justo pela fé em Jesus e não por minhas próprias obras"!

*A lei trata do fazer, enquanto a fé trata do falar.*

A propósito, é importante você saber que a justiça pela fé não é um "ensinamento básico". Não, esse é um ensinamento poderoso. E, mesmo que você pense que já sabe tudo a respeito desse ensinamento, desafio-o a analisar mais profundamente as áreas da sua vida em que a bênção de Abraão parece nula e sem efeito. Desafio-o realmente a dedicar um tempo para analisar essas áreas e fazer-se a seguinte pergunta: "Eu realmente compreendo a justiça pela fé?" Também quero desafiá-lo a começar a declarar sua justiça pela fé nessas áreas.

## A Justiça da Fé Fala

Deixe-me dizer algo a respeito da fé. Você não pode ter fé sem declará-la. Quando estudar Romanos 10, você perceberá que ali diz:

"... a justiça decorrente da lei... Mas a justiça decorrente da fé assim **diz**".[5] A lei trata do fazer, enquanto a fé trata do falar. Não é suficiente apenas saber, em sua mente, que você é justo. Não é suficiente apenas ler este capítulo ou escutar um sermão sobre a justiça e, mentalmente, concordar que você é justo. Você precisa abrir sua boca e declarar, pela fé: "Eu sou a justiça de Deus em Cristo". É nisso que muitos crentes estão perdendo a bênção de Abraão. Eles não estão declarando sua justiça pela fé.

*Quando você falha e não atinge o padrão perfeito da lei, esse é o momento em que você deve exercitar sua fé para dizer: "Eu sou a justiça de Deus em Cristo".*

Nossa primeira reação a uma situação de desafio é muito importante. Nossa primeira reação quando descobrimos um sintoma em nosso corpo, quando recebemos um diagnóstico ruim, ou quando enfrentamos uma provação, deve ser sempre dizer: "Eu sou a justiça de Deus em Cristo". Veja bem, esse é o momento importante. É quando precisamos declará-la. Você precisa não apenas saber que é justo, mas também crer e declarar sua justiça em Cristo. Sua fé não é fé até você declará-la! Paulo disse: "Tendo, porém, o mesmo espírito da fé, como está escrito: Eu cri; por isso, é que falei. Também nós cremos; por isso, também falamos..."[6] O espírito da fé é, claramente, crer e declarar. Então, não importa quantos sermões ou livros sobre a justiça você ouviu e leu, você precisa declará-la.

Quando você falha e não atinge o padrão perfeito da lei, esse é o momento em que você deve exercitar a sua fé para dizer: "Eu sou a justiça de Deus em Cristo". Naquele exato momento em que você está fervendo de raiva contra o seu cônjuge, ou quando você acabou de perder a calma no trânsito, é necessário ter fé para dizer que você é justo, porque você sabe que errou. E sabe o que acontece? No momento em que você declarar, mesmo ainda estando em meio à raiva, você se sentirá como se tivesse introduzido algo bom naquela situação. Você dá um passo atrás e começa a relaxar, e a raiva se dissipa quando você percebe sua verdadeira identidade em Cristo.

Homens, se vocês veem uma mulher com pouquíssima roupa na televisão ou na capa de uma revista e são tentados, qual é a sua primeira reação? Vocês ficam conscientes do pecado ou conscientes da justiça? A consciência do pecado lhes levará a sucumbir à sua tentação, enquanto a consciência da justiça lhes dá o poder de superar toda tentação. É por isso que o inimigo quer manter você consciente do pecado. Confessar seus pecados o tempo todo o mantém consciente do pecado. É como se Jesus não tivesse se tornado os seus pecados na cruz. A consciência da justiça o mantém consciente de Jesus. Toda vez que declara isso, você exalta a obra de Jesus na cruz.

## É Impossível Perder a Comunhão com Deus

Existem alguns cristãos que creem ser possível perder a comunhão com Deus quando você peca, e que você precisa confessar seu pecado a Deus e obter perdão para tornar-se novamente justo. Eles afirmam que o seu **relacionamento** com Deus não é interrompido quando você peca, mas a **comunhão** com Ele, sim, e por isso você precisa confessar o seu pecado para restaurar a comunhão com Ele.

Isso soa muito bem. Mas, crer que a sua comunhão com Deus é rompida quando você peca afetará sua capacidade de aproximar-se com ousadia de Seu trono de graça para receber dele. Em realidade, as palavras "relacionamento" e "comunhão" provêm da mesma raiz grega, a palavra *koinonia*.[7] Isto significa que, mesmo que você falhe, o relacionamento e a comunhão com Deus **não** são rompidos. Por quê? Porque seus pecados e suas falhas foram todos pagos na cruz. De que maneira você pode perder a sua justiça em Cristo quando ela se baseia inteiramente na Sua obra perfeita e não na sua imperfeição?

---

*Hoje, como crente da nova aliança, você é justo não somente até a próxima vez em que pecar. Você tem justiça eterna!*

Para ver como temos justiça eterna em Cristo, veja a profecia contida no livro de Daniel a respeito da obra de Jesus no Calvário. Essa passagem descreve Sua missão sem termos incertos: "... para fazer cessar a transgressão, para dar fim aos pecados, para expiar a iniquidade, para trazer a **justiça eterna...**"[8] Amado, nós podemos regozijar-nos hoje porque Jesus cumpriu cada letra dessa profecia! O sangue de bois e bodes da velha aliança só proporciona justiça limitada e temporal aos filhos de Israel, e é por isso que, a cada nova transgressão, os sacrifícios tinham de ser repetidos.

Porém, na nova aliança, o sangue de Jesus pôs **fim** ao pecado e nos deu justiça eterna! Escute isto cuidadosamente: Jesus não tem de ser crucificado repetidamente sempre que você falha, porque todo pecado já foi pago na cruz. Precisamos confiar em quão completa e perfeita é a Sua obra consumada. Hoje, como crente da nova aliança, você é justo não somente até a próxima vez em que pecar. Você tem **justiça eterna!**

## Tenha Consciência da Justiça e Vivencie a Bênção de Abraão

Existe na Bíblia um versículo poderoso, comumente citado: "Toda arma forjada contra ti não prosperará."[9] Você quer saber o segredo para desencadear essa promessa de proteção em sua vida? Esse versículo é raramente citado em sua totalidade: "Toda arma forjada contra ti não prosperará; toda língua que ousar contra ti em juízo, tu a condenarás; esta é a herança dos servos do SENHOR e **o seu direito que de mim procede**, diz o SENHOR." Quando você souber que a sua justiça provém do Senhor, então nenhuma arma forjada contra você prosperará e toda língua de acusação, julgamento e condenação que se levantar contra você fracassará!

---

*Se você mantiver sua crença e confissão de ser justo em Cristo, a promessa feita a Abraão e todas as bênçãos de ser um herdeiro do mundo serão liberadas em todos os aspectos da sua vida.*

---

Para muitos de nós, é fácil confessar ser justo quando tudo vai bem. Contudo, falemos sobre os momentos em que você enfrenta uma crise no trabalho, cometeu um engano, está enfermo, é tentado ou está deprimido. É aí que o diabo, que é o "acusador de nossos irmãos",[10] irá contra você e gritará pensamentos acusatórios de condenação em seus ouvidos: "Você se denomina cristão? Você pensa que Deus escutará a sua oração desta vez?"

Meu amigo, **este** é o momento de começar a declarar a sua justiça e nenhuma arma forjada contra você prosperará. O acusador quer que você focalize seu desempenho e, se você adentrar o reino da lei, a fé é anulada e a promessa perde o efeito.[11] Porém, se você mantiver sua crença e confissão de ser justo em Cristo, a promessa feita a Abraão e todas as bênçãos de ser um herdeiro do mundo serão liberadas em todos os aspectos da sua vida.

O acusador é muito sutil. Ele não tem problemas quanto a você usar a sua fé para outras coisas, como um novo carro ou uma promoção, desde que você não use a sua fé para a coisa mais importante — crer que é justificado pela fé em Jesus. Quando focar e canalizar toda a sua fé nessa direção, não somente o acusador perderá seu poder sobre você, mas todas as bênçãos que você deseja também lhe serão acrescentadas! Conforme promete a Palavra de Deus: "...buscai, pois, em **primeiro lugar**, o seu reino e a sua justiça, e todas estas coisas vos **serão acrescentadas**".[12]

---

*Coisas boas simplesmente nos acontecem quando estamos usando nossa fé para crer que somos justos!*

---

Eu amo o fato de o Senhor tornar as coisas tão simples para nós. Ele quer que apenas nos concentremos em usar a nossa fé para crermos que somos justos diante dele. Isso é tudo que precisamos fazer. Quando fizermos isso, as bênçãos de Deus virão ao nosso encontro. Quando usarmos nossa fé para crer que somos justos em Cristo, experimentaremos boas coisas em nossas vidas. Experimentaremos incríveis avanços e oportunidades que nem estamos crendo que Deus proporcionará. Coisas boas simplesmente nos acontecem quando estamos usando a nossa fé para crer que somos justos!

O Salmo 128:2-4 diz: "...feliz serás, e tudo te irá bem. Tua esposa, no interior de tua casa, será como a videira frutífera; teus filhos, como rebentos da oliveira, à roda da tua mesa. Eis como será abençoado o homem..." Este versículo está falando a respeito de VOCÊ. Você é o homem abençoado. Quando você é abençoado, sua carreira é abençoada e, como José na Bíblia, tudo que as suas mãos tocarem prosperará. Além disso, se você estiver crendo que Deus lhe dará filhos, sua esposa será uma vinha frutífera e seus filhos serão obedientes e ungidos (oliveiras falam de unção). Veja-se como essa pessoa abençoada!

*"Mas, pastor Prince, eu... eu não mereço essa bênção."*

Você está absolutamente certo, meu amigo. Nenhum de nós merece a bênção de Abraão e é por isso que é importante sabermos que somos justos por fé. Não estamos recebendo o que a nossa justiça merece. Estamos recebendo o que a justiça de Jesus merece. Não fizemos nada certo, mas Jesus fez tudo certo por nós. *Isso* é a graça — o favor inconquistável e imerecido de Deus. Sua graça é a chave para tornar-se um herdeiro do mundo e para experimentar a totalidade das bênçãos de Abraão.

Você precisa ler esta parte das Escrituras:

> Porque, se Abraão foi justificado por obras, tem de que se gloriar, porém não diante de Deus. Pois que diz a Escritura? Abraão creu em Deus, e isso lhe foi imputado para justiça. Ora, ao que trabalha, o salário não é considerado como favor, e sim como dívida. **Mas, ao que não trabalha, porém crê naquele que justifica o ímpio, a sua fé lhe é atribuída como justiça.**
>
> — ROMANOS 4:2-5

O segredo das bênçãos de Abraão encontra-se no versículo 5. Em que Abraão creu? Ele creu que Deus justifica o ímpio. Dedique algum tempo a meditar sobre isso. Deus quer que você use a sua fé para crer que, mesmo quando você falha, Ele é um Deus que justifica o ímpio e o torna justo. Isto é graça.

Amigo, coloque sua fé no favor imerecido de Jesus, em vez de nas suas obras. Ser justo não se baseia no seu desempenho perfeito. Ser justo se baseia na Sua obra perfeita. Seu papel é usar sua fé para crer que você é, deveras, justificado pela fé, de modo que você reinará nesta vida, se tornará herdeiro do mundo e terá uma vida de superação e vitórias.

Gostaria que você colocasse sua mão sobre seu coração agora. Digamos isso diante do Senhor e eu creio que milagres acontecerão. Você está pronto? Diga isto:

"Deus Pai, agradeço-te porque, em Teu grande plano de amor, Tu quiseste me abençoar em todas as áreas da minha vida. O desejo do Teu coração, segundo 3 João 1:2, é que eu prospere e tenha saúde, e que a minha alma também prospere. Agradeço-te porque meus filhos, casamento, carreira e ministério serão abençoados com a bênção de Abraão. Eu sei que ela vem devido à Tua promessa e não devido aos meus esforços ou às minhas obras. Então, Pai, em nome de Jesus, livra-me do cristianismo orientado pelo desempenho e dá-me a Tua graça para ser estabelecido na justiça da fé. Eu confesso diante de Ti que **sou** a justiça de Deus em Cristo. Portanto, toda bênção que pertence ao justo é minha. Esse é o meu chamado. Esse é o meu destino. O diabo está sob os meus pés. Eu estou acima do maligno porque estou em Cristo, que é a minha justiça. Eu tenho justiça eterna. Não sou justo hoje e não justo amanhã. Eu sou justo para sempre. O Espírito Santo habita em mim para mostrar-me quão justo Tu me tornaste. Em nome de Jesus, eu declaro que reinarei em vida e serei um herdeiro do mundo. Amém!"

Quando você focar e confessar sua justiça em Cristo, prepare-se para ver Suas bênçãos virem ao seu encontro. Poderá não ocorrer da noite para o dia, mas se você se mantiver confessando pela fé que é a justiça de Deus, você estará honrando o que Jesus fez para torná-lo justo, e Deus fará valer Sua promessa em sua vida!

## Capítulo 18

# *Ocupação Consigo* Versus *Ocupação com Cristo*

É maravilhoso saber que, hoje, Deus não mede e julga você com base em seu desempenho. Em vez disso, Deus olha para Jesus e, tal como Jesus é, assim Ele vê você. Sua Palavra declara: "Nisto é em nós aperfeiçoado o amor, para que, no Dia do Juízo, mantenhamos confiança; pois, **segundo ele é, também nós somos neste mundo.**"[1]

Como crentes da nova aliança, não temos de temer o dia do julgamento, simplesmente porque todos os nossos pecados foram completamente julgados na cruz e, tal como Jesus é, assim somos nós! Perceba que o versículo não diz "tal como Jesus **foi** na terra, assim somos nós neste mundo". Isso teria sido muito surpreendente, porque durante o ministério de Jesus na terra, curas, bênçãos e abundância o seguiam aonde quer que Ele fosse. Contudo, não é isso o que a Palavra diz. O que ela diz é: "tal como Jesus **é**" (perceba o uso do tempo presente); em outras palavras, tal qual Ele é **exatamente agora**, assim somos nós neste mundo.

Que poderosa revelação! Apenas considere onde Jesus está hoje. A Bíblia nos diz:

> ... [Deus] ressuscitando-o [Jesus] dentre os mortos e fazendo-o **sentar à sua direita nos lugares celestiais**, acima de todo principado, e potestade, e poder, e domínio, e de todo nome que se possa referir, não só no presente século, mas também no vindouro. E pôs todas as coisas debaixo dos pés, e para ser o cabeça sobre todas as coisas, o deu à igreja, a qual é o seu corpo, a plenitude daquele que a tudo enche em todas as coisas.
>
> — EFÉSIOS 1:20-23

Hoje, Jesus está sentado à direita do Pai, em uma posição de poder e autoridade. Se eu fosse você, dedicaria algum tempo a meditar sobre esta passagem, porque a Bíblia nos diz que, tal qual Jesus é, assim somos nós agora, neste mundo. Medite sobre como Jesus está "acima de todo principado, e potestade, e poder, e domínio, e de todo nome que se possa referir" — assim estamos nós! Veja você mesmo na Palavra de Deus.

---

*Como Jesus está "acima de todo principado, e potestade, e poder, e domínio, e de todo nome que se possa referir" — assim estamos nós!*

---

Caso você não esteja convencido, a Bíblia também deixa claro que, pelo favor imerecido de Deus, nós estamos sentados com Cristo à direita do Pai:

> Mas Deus, sendo rico em misericórdia, por causa do grande amor com que nos amou, e estando nós mortos em nossos delitos, nos deu vida juntamente com Cristo, — pela graça sois salvos, e, juntamente com ele, nos

ressuscitou, **e nos fez assentar nos lugares celestiais em Cristo Jesus**; para mostrar, nos séculos vindouros, a suprema riqueza da sua graça [favor imerecido], em bondade para conosco, em Cristo Jesus.

— Efésios 2:4-7

## Descansando na Obra Consumada de Jesus

O que significa estar sentado juntamente nos lugares celestiais em Cristo Jesus? Significa que, hoje, nós estamos em uma posição de descanso na obra consumada de Jesus. Estar sentado em Cristo é descansar, confiar nele e receber tudo que o nosso lindo Salvador realizou por nós. Amigo, Deus quer que tomemos a posição de confiar em Jesus para o bom sucesso em todas as áreas de nossas vidas, em vez de confiarmos em nossas boas obras e esforços humanos para obter sucesso. Que bênção é estar nessa posição de dependência do nosso Salvador!

Mas, em vez de olhar para Jesus, os crentes são enganados pelo diabo para **olharem para si mesmos**. Durante milhares de anos a estratégia do diabo não mudou. Ele é mestre em acusá-lo, apontando todas as suas falhas, fraquezas, enganos e imperfeições. Ele continuará lembrando você dos seus erros do passado e usando de condenação para perpetuar o ciclo da derrota em sua vida.

Quando o apóstolo Paulo encontrou-se afundando em ocupação consigo mesmo, ficou deprimido e bradou: "Desventurado homem que sou! Quem me livrará…?"[2] No versículo imediatamente seguinte, ele vê a solução de Deus e diz: "Graças a Deus por Jesus Cristo, nosso Senhor!" Semelhantemente, amado, é tempo de você deixar de ser consciente de si mesmo e ocupado consigo mesmo, e começar a ser ocupado com Cristo.

Hoje, você não deve mais perguntar-se: "Sou aceito diante de Deus?" Esta pergunta coloca o foco de volta em você e isto coloca você sob a lei. Eu sei que existem pessoas que o incentivarão a fazer-se essa pergunta, mas é um erro perguntar-se se você é aceito diante de Deus. A pergunta correta a fazer é: "Cristo é aceito diante de Deus?", porque, tal como Cristo é, assim é você neste mundo. Não pergunte: "Sou agradável a Deus?" Em vez disto, pergunte: "Cristo é agradável a Deus?" Você consegue ver a diferença na ênfase? A velha aliança da lei tem a ver com **você**, mas a nova aliança da graça tem a ver totalmente com **Jesus**! A lei exige que você tenha um bom desempenho e o torna consciente de si mesmo, enquanto a graça coloca a exigência sobre Jesus e torna você consciente de Jesus.

---

*Seu amoroso Pai celestial quer você enraizado, estabelecido e ancorado em Seu inabalável amor por você.*

---

Você é capaz de imaginar uma criancinha crescendo e sempre imaginando em seu coração: "Sou agradável ao papai? Sou agradável à mamãe? Papai e mamãe me aceitam?" Essa criança crescerá emocionalmente distorcida se não tiver a segurança e garantia do amor e da aceitação de seus pais. É por isso que seu amoroso Pai celestial quer você enraizado, estabelecido e ancorado em Seu inabalável amor por você. Ele demonstrou Seu amor por você quando enviou Jesus para tornar-se seu pecado na cruz para que você possa se tornar Sua justiça. Nosso papel hoje é nos afastarmos de nós mesmos e olharmos para Jesus!

## O Poder de Olhar para Jesus

*"Pastor Prince, você está sempre pregando a respeito de olhar para Jesus e de ocupar-se com Cristo em vez de ocupar-se consigo mesmo, mas qual é o valor de ver Jesus? Como isso coloca dinheiro em minha conta bancária e alimento em minha mesa? Como isso ajuda meus filhos em seus estudos?"*

Os crentes que me fizeram essas perguntas pensam estar sendo pragmáticos, mas não percebem que os milagres acontecem quando eles mantêm os olhos em Jesus. Veja o que aconteceu a um pescador chamado Pedro, que era um dos discípulos de Jesus, em Mateus

14:22-33. Quando seu barco estava no meio de um lago, a coisa mais prática que um pescador experiente podia fazer era permanecer no barco. A ciência lhe diz que, quando você pisa na água, você afunda!

Porém, o maior milagre que Pedro vivenciou aconteceu uma noite, quando ele pisou fora de seu barco em meio a uma tormenta, atendendo ao chamado de Jesus. Naquela noite, os ventos eram violentos, mas enquanto Pedro manteve seus olhos em Jesus, ele fez o impossível — andou sobre a água. Jesus estava andando sobre a água e, quando Pedro olhou para Jesus, ele se tornou semelhante a Jesus e fez o sobrenatural. A Palavra de Deus declara que "todos nós, com o rosto desvendado, **contemplando**, como por espelho, a glória do Senhor, somos **transformados, de glória em glória, na sua própria imagem**, como pelo Senhor, o Espírito".[3]

Amado, tal como Jesus é, assim é você neste mundo. Quando mantém seu foco em Jesus, você é transformado à Sua imagem de glória em glória. Você é transformado por contemplar, não por fazer. Quando vir que Jesus está acima das tempestades de sua vida, você se elevará sem esforço acima delas. Nenhuma quantidade de esforço próprio poderia ter ajudado Pedro a andar sobre a água. Quando ele o fez, a coisa aconteceu, simplesmente porque ele estava olhando para Jesus.

Agora, observe o que aconteceu no momento em que Pedro desviou os olhos de Jesus e começou a olhar para o vento e as ondas ao seu redor. Naquela instância, Pedro se tornou natural e começou a afundar. Imaginemos que não houvesse tempestade, nenhum vento uivante e nenhuma onda batendo contra o barco naquela noite. Imaginemos que fosse uma noite perfeitamente calma e que o mar da Galileia estivesse imóvel como um espelho, sem uma única marola em sua superfície. Pedro poderia ter andado sobre a água? É claro que não!

*Mantenha os olhos em Jesus. Embora isso possa soar impraticável, é a coisa mais poderosa que você pode fazer, e Jesus fará com que você reine sobre toda tempestade em sua vida!*

Andar sobre a água não é algo que qualquer um é capaz de fazer, esteja a água calma ou não. O vento e as ondas não fizeram, de fato, diferença na capacidade de Pedro de andar sobre a água. A melhor coisa que Pedro poderia ter feito seria manter os olhos em Jesus e não olhar para a tempestade. Da mesma maneira, em vez de olhar para quão intransponíveis suas circunstâncias e desafios são, afaste-se deles e mantenha os olhos em Jesus. Embora isso possa soar impraticável, é a coisa mais poderosa que você pode fazer, e Jesus fará com que você reine sobre toda tempestade em sua vida!

Deixe-me compartilhar um testemunho de uma senhora da nossa igreja. Certa manhã, ela foi fazer uma mamografia e os médicos encontraram alguns caroços em seu seio. Eles lhe disseram para retornar à clínica à tarde, para que eles pudessem fazer mais exames para determinar se os caroços eram cancerosos. Contudo, recentemente, essa senhora me ouvira ensinar que tal como Jesus é, assim somos nós neste mundo. Então, antes de retornar à clínica para a biópsia, ela escreveu em seu relatório médico: "Jesus tem caroços em Seu seio? Tal como Ele é, assim sou eu neste mundo". Naquela tarde, ela foi fazer os testes adicionais — e adivinhe o que aconteceu! Os médicos lhe disseram que devia ter havido um engano — eles não conseguiam encontrar caroço algum! Você sabe por quê? Porque, tal como Ele é, ela é!

Você acaba de ver o poder de olhar para Jesus. Se você pensa que simplesmente olhar para Cristo é impraticável, estou lhe desafiando hoje a ver que não é assim. De fato, essa é a coisa mais prática que você poderá fazer. Mantenha seus olhos em Jesus e você se tornará mais e mais semelhante a Ele.

## Torne Jesus Sua Prioridade e Veja Bênçãos Serem Acrescentadas a Você

*"Bem, pastor Prince, isso não vai ajudar o meu negócio. Meu negócio está em apuros e preciso de ajuda agora."*

Amado, você pode se preocupar o quanto quiser com a crise atual, mas isso não melhorará ou mudará a sua situação em nada. Por favor, compreenda que eu não estou fazendo pouco caso do que você está atravessando. Estou apenas lhe oferecendo a melhor solução que sei que funciona. Seu avanço não virá como resultado do seu esforço. Ele virá quando você descansar na pessoa de Jesus e em Sua obra consumada.

Jesus disse: "...não andeis ansiosos pela vossa vida, quanto ao que haveis de comer ou beber; nem pelo vosso corpo, quanto ao que haveis de vestir..."[4] Ora, Jesus não estava dizendo que essas coisas — alimento, bebida, vestuário — não são importantes. De fato, Ele diz que "vosso Pai celeste sabe que necessitais de todas elas".[5] O que Jesus quer que façamos é "buscar, em primeiro lugar, o seu reino e a sua justiça" e Ele promete que "todas essas coisas vos serão acrescentadas".[6]

---

*O Senhor derrama sobre nós uma grande quantidade de benefícios diariamente!*

---

Ora, quem é a justiça de Deus? Jesus Cristo. E quem é o rei do "reino de Deus" que devemos buscar? Jesus Cristo![7] Jesus estava, na verdade, referindo-se a Si mesmo ao pregar isso. Quando você o busca primeiro em sua vida e faz dele sua prioridade a cada dia, todas essas provisões materiais — o que comerá, beberá e vestirá — lhe serão acrescentadas. Deus não tira coisas de você. Ele as acrescenta, desenvolvendo, promovendo e enriquecendo você. O Salmo 68:19 diz: "Bendito seja o Senhor que, **dia a dia**, leva o nosso fardo! Deus é a nossa salvação." O Senhor derrama sobre nós uma grande quantidade de benefícios diariamente! Esse é o tamanho da bondade do nosso Salvador. Suas misericórdias e Seu favor imerecido renovam-se a cada manhã. Essa é a maneira de viver e desfrutar a vida, sabendo que Jesus está *com você* e *por você* a cada passo do caminho.

Coloque Jesus em primeiro lugar em tudo que você faz. Honre-o e dê-lhe preeminência em sua vida diária. Participe da Sua obra consumada diariamente lendo Suas palavras vivas para você. Pratique a presença de Jesus e esteja consciente de que Ele está com você, da mesma maneira que José era consciente de que o Senhor estava com ele (veja nos capítulos 1 e 2 nossa discussão a esse respeito). Jesus abençoará as obras das suas mãos, e tudo que você tocar prosperará e trará bom sucesso à sua vida.

Jesus é o pão da vida; o pão precisa ser comido fresco a cada dia. Vemos isto como um princípio na Bíblia. Perceba que, quando os filhos de Israel estavam no deserto, Deus os instruiu a recolherem o maná fresco a cada manhã e a comerem esse maná no mesmo dia em que fora coletado. (A única exceção era o sexto dia, quando eles deveriam recolher uma porção dupla, de modo a descansarem no sábado, o dia seguinte.[8]) Veja o que aconteceu quando alguns dos israelitas não deram ouvido à instrução de Deus e deixaram algum maná para o dia seguinte — ele deu bichos e cheirava mal.[9] Você não pode viver com o maná de ontem. Ele precisa ser recolhido e comido fresco diariamente.

## Como Comer do Pão da Vida Todos os Dias

Agora, lembre-se, Jesus está **oculto** no Antigo Testamento e **revelado** no Novo Testamento. O maná do Antigo Testamento é uma sombra de Jesus, mas, no Novo Testamento, Jesus é a nossa substância e o nosso pão da vida.[10] Por isso, da mesma maneira que o maná tinha de ser recolhido e comido fresco todos os dias, nós precisamos ter uma revelação fresca de Jesus todos os dias! Isto provém de ler a Sua Palavra, escutar mensagens ungidas que direcionam você para a Sua obra consumada, ler recursos repletos de Jesus, e passar tempo com Ele e alimentar-se do Seu amor diariamente. Não se engane. Isso não é um dever. Quando tiver uma revelação do amor pessoal de Jesus por você, você desejará alimentar-se dele, não porque você tem de fazê-lo, mas porque **deseja** fazê-lo. Fazer algo bom por obrigação é voltar para debaixo da lei. Fazer algo bom porque você **deseja** é graça.

Em todo caso, se você não tem lido a Palavra há algum tempo, **não deve sentir-se culpado.** Você deve sentir-se **faminto.**

Por exemplo, se você está lendo a Bíblia apenas porque pensa que tem de fazê-lo para ser abençoado, não há dúvida de que você ainda será abençoado devido à Sua Palavra viva, mas acabará perdendo o ânimo. Sob a graça, você lê a Sua Palavra porque quer ver mais de Jesus. É a mesma ação, mas uma é motivada por legalismo, enquanto a outra é motivada pelo amor e favor imerecido de Jesus. Uma nasce da ocupação consigo mesmo, enquanto a outra é movida pela ocupação com Cristo. Uma depende de seu empenho e força de vontade, enquanto a outra depende do Seu poder operando poderosamente em você.[11] Quando você ler a Palavra de Deus movido por obrigação legalística, descobrirá que cinco minutos podem parecer uma eternidade. E, se você a estiver lendo na cama, dormirá sem sequer perceber. Você já teve essa experiência?

Entretanto, quando você é consumido pelo amor de Jesus, o tempo passa muito rapidamente, sem você sequer perceber. Você está simplesmente imerso e desfrutando de Sua presença, Sua Palavra e Seu favor. Embora, superficialmente, as ações pareçam a mesma, você perceberá um mundo de diferença. Por quê? Porque uma nasce de legalismo, enquanto a outra nasce de um relacionamento vivo e dinâmico com o próprio Salvador!

## Faça a Coisa Necessária

Voltemos às perguntas que estávamos analisando. Você pensa que é praticável ocupar-se com Jesus? Isso ajuda você? Isso coloca alimento na mesa? Prospera as suas finanças? Torna seu corpo físico saudável?

Nós analisamos o que isso fez por Pedro. Agora, vejamos o que isso fez por Maria. Você pode encontrar essa história de Maria e sua irmã Marta em Lucas 10:38-42.

Maria estava sentada aos pés de Jesus quando o Senhor veio visitá-las. Marta, a irmã mais velha, estava ocupada trabalhando na cozinha, certificando-se de que tudo estivesse em ordem e assegurando haver alimento e bebida suficientes para o seu convidado. A quem Marta estava ocupada servindo? Jesus. E, enquanto Marta corria freneticamente para dentro e para fora da cozinha, o que fazia sua irmã mais nova Maria? Em meio a toda a ocupação e atividade, Maria estava sentada aos pés de Jesus, olhando para a Sua beleza, contemplando Sua glória e sorvendo cada palavra que saía de Seus lábios. Enquanto Maria estava descansando e obtendo água viva de Jesus, sua irmã Marta estava agitada, frenética e tensa por servir Jesus. Uma irmã estava focada em servir, enquanto a outra estava focada em receber.

Veja o que aconteceu pouco depois. A tensão de Marta por servir acabou levando a essa explosão de frustração: "Senhor, não te importas de que minha irmã tenha deixado que eu fique a servir sozinha? Ordena-lhe, pois, que venha ajudar-me."[12] Em um momento de raiva, ela culpou duas pessoas: o Senhor Jesus e sua irmã Maria. Agora, escute com atenção a resposta de Jesus e você poderá ver-se na descrição que o Senhor fez de Marta: "Marta! Marta! Andas inquieta e te preocupas com muitas coisas. Entretanto, pouco é necessário ou mesmo uma só coisa; Maria, pois, escolheu a boa parte, e esta não lhe será tirada."[13]

Esta é uma resposta surpreendente. Na cultura do Oriente Médio, o correto era Maria estar na cozinha preparando alimento e servindo seu hóspede. Ora, teria sido uma coisa vergonhosa Maria sentar-se aos pés de Jesus e não ajudar Marta se Jesus fosse apenas um hóspede comum. Mas, Maria sabia algo que Marta ignorava. Jesus não era um hóspede comum. Ele era Deus manifestado em carne, e a melhor maneira pela qual você pode ministrar a Deus quando Ele está em sua casa é sentar-se aos Seus pés e receber dele! É isso o que delicia o nosso Senhor.

---

*A única coisa necessária é você sentar-se aos pés de Jesus e manter seus olhos, ouvidos e coração atentos a Ele.*

---

Jesus ama quando você vem a Ele para absorver o máximo que puder dele. Foi por isso que Jesus se agradou de Maria. Foi por isso que Ele defendeu a atitude de Maria, dizendo: "pouco é necessário ou mesmo uma só coisa; Maria, pois, escolheu a boa parte". Qual é a "uma só coisa" necessária? É ocupar-se em servir ao Senhor? É preocupar-se com muitas coisas? Não, a única coisa necessária é você sentar-se aos pés de Jesus e manter os olhos, ouvidos e coração atentos a Ele. Uma irmã viu Jesus ao natural, necessitando do seu ministério. A outra o viu como Deus vestido de carne, com uma abundância a ser recebida. Qual irmã você supõe que honrou Jesus e o fez sentir-se como o Deus que Ele é? Maria. Obviamente, Marta se esqueceu de que esse Homem-Deus multiplicara pães e peixes para alimentar uma multidão. **Ele não veio para alimentar-se, mas para alimentar!**

Infelizmente, às vezes, a coisa mais difícil de fazermos é sentar! Às vezes, a coisa mais desafiadora que podemos fazer é cessar nossos esforços e descansar unicamente no favor imerecido de Jesus. Frequentemente, somos como Marta — preocupados, ocupados e atribulados com muitas coisas. Todas as coisas que nos preocupamos podem ser legítimas. No caso de Marta, ela estava dando o melhor de si para servir ao Senhor. Ela acabou fazendo muitas coisas naquele dia, mas deixou de fazer a única coisa realmente necessária.

---

*Quando você fizer a única coisa necessária, acabará fazendo a coisa certa no momento certo e Deus fará com que tudo que você tocar seja incrivelmente abençoado.*

---

Os crentes que fazem essa única coisa necessária não se preocupam com nada mais. No entanto, os crentes que não fazem essa única coisa acabam atribulados com **muitas** coisas. Você crê que uma única coisa é necessária — descansar aos pés de Jesus e receber dele?

## Ouça a Palavra do Agora Que Deus Tem para Você

Você não escolheu este livro para ouvir o que Joseph Prince tem a dizer. Você o escolheu para ver mais de Jesus, para ouvir Suas palavras e para receber a "palavra do agora" que Ele tem para você. Mil palavras de um simples homem nada farão por você. Porém, apenas uma palavra de Jesus pode transformar sua vida para sempre. Ao escrever este livro, minha oração é que a pessoa de Jesus seja exaltada e glorificada nestas páginas enquanto Ele fala através de mim. Sou apenas um vaso. Estou sempre orando para que o Senhor me dê a capacidade sobrenatural de proclamar e revelar a Sua beleza, amabilidade e obra perfeita de uma maneira revigorante e poderosa.

Agora, é praticável apenas estar ocupado com Jesus? Totalmente. Encontramos mais adiante, no Evangelho de João, que Maria tomou uma libra de caríssimo óleo de nardo, ungiu os pés de Jesus e enxugou-os com os seus cabelos, para prepará-lo para o Seu sepultamento.[14]

Na manhã da ressurreição, algumas mulheres vieram com unguento para ungir o corpo de Jesus, mas era tarde demais. Elas estavam fazendo a coisa certa, mas no momento errado. O Senhor já ressuscitara. No entanto, Maria fez a coisa certa no momento certo. Isso nos mostra que, quando você fizer a única coisa necessária, acabará fazendo a coisa certa no momento certo e Deus fará com que tudo que você tocar seja incrivelmente abençoado.

Como Maria, escolha focar-se na beleza, na glória e no amor de Jesus. Escolha não ser atribulado com muitas coisas ou estar constantemente ocupado consigo mesmo. Como Pedro, desvie-se da tempestade e olhe para Jesus, e você começará a andar acima da tempestade. Amado, escolha olhar para o Senhor e descansar em Sua obra consumada. Tal como Jesus é, assim é você neste mundo!

## Capítulo 19

# *A Oração do Servo Sem Nome*

Concluímos o capítulo anterior mostrando que, quando você fizer **a única coisa necessária** — descansar aos pés de Jesus e receber dele — você acabará fazendo a coisa certa no momento certo. Para avançar uma etapa, desejo compartilhar a maneira que você pode depender do favor imerecido de Jesus para encontrar-se **no lugar certo no momento certo**. Abra a Bíblia comigo em Eclesiastes, que diz:

> ... não é dos ligeiros o prêmio, nem dos valentes, a vitória, nem tampouco dos sábios, o pão, nem ainda dos prudentes, a riqueza, nem dos inteligentes, o favor; porém tudo depende do tempo e do acaso.
>
> — Eclesiastes 9:11

Esta é uma passagem muito interessante, escrita pelo homem mais sábio que já pisou na terra (excetuando-se Jesus). Seu nome é Salomão e ele é filho do rei Davi.

No sistema do mundo, o prêmio é dos ligeiros, a vitória é dos valentes, o pão é dos sábios, as riquezas são dos prudentes e o favor é dos inteligentes. O sistema de recompensas do mundo baseia-se em meritocracia e realização. Em outras palavras, você será bem-sucedido na vida com base em quão ligeiro, valente, sábio, prudente e inteligente você é. Ele se baseia inteiramente em você e em suas capacidades.

---

*Como crente em Cristo da nova aliança, embora viva no sistema do mundo, que se baseia na meritocracia, você tem uma vantagem sobrenatural, porque tem o favor imerecido de Jesus.*

---

Ouça atentamente o que estou dizendo. Não existe, essencialmente, nada errado com esse sistema de recompensa do mundo. A meritocracia é um bom sistema e tem feito nações florescerem, comunidades prosperarem, e dado a pessoas o incentivo para criar oportunidades para si mesmas. Contudo, como crentes em Cristo da nova aliança, embora vivamos no sistema do mundo, que se baseia na meritocracia, temos uma vantagem sobrenatural, porque temos o favor imerecido de Jesus.

## Deus Escolhe os Fracos para Envergonhar os Fortes

Deus está interessado no seu sucesso. Mesmo que você não seja o mais rápido, o mais valente, o mais sábio, o mais prudente e o mais inteligente no natural, Deus ainda pode abençoá-lo com bom sucesso quando você depende da Sua graça. Você pode elevar-se acima do sistema de meritocracia através do Seu inconquistável e imerecido favor. O sistema do mundo só recompensa os fortes, enquanto os fracos são negligenciados e, em alguns casos, até mesmo desprezados. Mas, em Jesus, existe esperança para os fracos. O caminho de Deus é completamente o oposto do caminho do mundo. Segundo 1 Coríntios 1:26, "...não foram chamados muitos sábios segundo a carne, nem muitos poderosos, nem muitos de nobre nascimento". Não é fascinante descobrir que, embora o mundo olhe favoravelmente para os sábios, poderosos e nobres, Deus não o faz? Vejamos, no versículo seguinte, o que Deus escolhe: "Deus escolheu as **coisas loucas** do mundo para envergonhar os sábios e escolheu as **coisas fracas** do mundo para envergonhar as fortes".

Não é surpreendente? Deus escolheu as coisas loucas e fracas para qualificar para Suas bênçãos abundantes. No entanto, o versículo não diz que as coisas loucas e fracas continuarão a ser loucas e fracas. Em vez disso, pelo favor imerecido de Deus, elas envergonharão as assim chamadas coisas sábias e fortes deste mundo. Em Suas mãos de graça, as coisas loucas e fracas tornam-se ainda mais sábias e fortes que as coisas sábias e fortes do mundo.

Aqui está algo que vivenciei pessoalmente. Quando estava no ensino médio, eu era gago. Eu observava as outras crianças conversando e lendo em voz alta em classe, sem esforço, enquanto eu tinha séria dificuldade para fazer as palavras saírem da minha boca.

Lembro-me de um professor que entrava na classe e sempre me fazia ficar em pé e ler em voz alta. Ele fazia isso apenas pelo simples prazer de ver-me gaguejar, sabendo perfeitamente bem o que aconteceria. E, verdadeiramente, enquanto eu tentava fazer sair a primeira palavra — "aq- aq- aq- aq- aquele", meus colegas (especialmente as meninas) riam, o professor ria e minhas orelhas queimavam e ficavam vermelhas. Isso ocorria toda vez que ele me pedia para ler em classe.

Sinceramente, se você me dissesse naquela época que eu hoje estaria pregando para milhares de pessoas toda semana, eu teria corrido em busca de proteção debaixo da mesa e dito "Para trás de mim, Satanás!" Se havia uma área na qual qualquer pessoa que me conhecia naquela época sabia que eu fracassaria, seria em falar em público. Mas Deus olhou para baixo e disse: "Vou fazer deste garoto um pregador."

Um dia, quando eu estava cansado de ser infeliz, eu disse ao Senhor: "Senhor, não tenho muito para Te dar, mas tudo o que tenho eu Te dou." Lembro-me de como minha voz era o que mais me envergonhava, então eu disse: "Senhor, eu Te dou a minha voz." Quando eu disse isso, fiquei com pena dele por receber alguém como eu com tantas fraquezas.

Para encurtar a história, depois que entreguei todas as minhas fraquezas ao Senhor, algo sobrenatural aconteceu. Parei de me importar com minha gagueira e ela desapareceu sobrenaturalmente. Naquela área da minha fraqueza, Deus propiciou a Sua força. Há cerca de dois anos, uma das professoras do meu tempo do colegial veio à minha igreja e sentou-se em um dos cultos no qual eu estava pregando. Depois do culto, ela escreveu-me um bilhete que dizia: "Vejo um milagre. Isto só pode ser Deus!"

Creio que o motivo que Deus escolheu alguém como eu para pregar o evangelho é para que outros (especialmente aqueles que me conheceram antes) possam olhar para mim e dizer: "Só pode ser Deus!" e Deus recebesse a glória. Agora, vendo como Deus tem usado minha voz, minha principal fraqueza, para levar transformação de vida e milagres não somente a pessoas em Singapura, mas também em todo o mundo, por meio das nossas transmissões pela televisão, sinto-me humilde, porque sei como eu era antes de Deus tocar-me. Meu amigo, quando você olhar para si mesmo e vir somente fraquezas, tenha em mente que Deus pode usá-lo. Deus não pode usar os soberbos, os que dependem da sua força humana.

Por que o Senhor escolhe as coisas loucas e fracas para confundir as coisas sábias e fortes deste mundo? A resposta é simples. É para que "**ninguém se vanglorie na presença de Deus**".[1] Deus escolhe as coisas fracas no natural para que nenhum homem possa gabar-se de sua própria capacidade. Toda a glória se reverte para o Senhor e, como diz a Bíblia, "Aquele que se gloria, glorie-se no Senhor".[2]

É Jesus, Sua sabedoria em sua vida, Sua justiça e Sua perfeita obra redentora na cruz que fazem de você um sucesso. Então, quando se gaba do seu sucesso, você só pode gabar-se em Jesus. Sem Jesus, você não tem de que gabar-se. Contudo, com Jesus em sua vida, você pode gabar-se nele e somente nele por todo sucesso e bênção que vêm através do Seu favor imerecido. Se você é forte, valente e sábio em si mesmo, então o favor imerecido de Deus não pode fluir. Porém, quando você percebe suas fraquezas e sua loucura, e passa a depender de Jesus, *é aí* que o Seu favor imerecido pode fluir livremente em sua vida.

Vemos isso na história de Moisés. Em seus primeiros 40 anos como príncipe egípcio respeitado e admirado, ele pensava saber tudo. A Bíblia diz que, em seus primeiros 40 anos, Moisés era "poderoso em palavras e obras",[3] mas Deus não podia usá-lo. Contudo, nos 40 anos seguintes, algo aconteceu a Moisés. Ele fugira do Egito após matar um egípcio que estava espancando um hebreu e fora morar no deserto de Midiã. Ele se tornou pastor e não foi mais considerado poderoso em palavras ou em obras. De fato, até se tornou gago.[4]

E, a essa altura da sua vida, quando ele provavelmente pensava ser um esquecido, insignificante em comparação ao que tinha sido, e que seus dias de glória se acabaram, Deus lhe apareceu e disse: "...te enviarei a Faraó, para que tires o meu povo... do Egito".[5]

Quarenta anos antes, no zênite de sua capacidade, Moisés não fora capaz nem de enterrar adequadamente um egípcio que ele matara — foi descoberto e forçado a fugir.[6] Mas agora, destituído de sua dependência em sua força humana e cônscio de suas fraquezas, ele adentrou seu chamado, dependente unicamente do favor imerecido de Deus. E, desta vez, quando Moisés agitou seu bordão sobre o mar, este cobriu perfeitamente dezenas de milhares de egípcios.[7]

A Bíblia nos conta que "Deus resiste aos soberbos, contudo, aos humildes concede a sua graça [favor imerecido]".[8] Amado, Deus não nos imporá Seu favor imerecido. Toda vez que quisermos depender de nós mesmos e de nossa sabedoria, Ele nos permitirá fazê-lo. Seu favor imerecido é dado àqueles que, humildemente, reconhecem ser incapazes de ser bem-sucedidos por sua própria força e capacidade.

## Deus Enviou um Menino Pastor para Derrotar um Guerreiro Filisteu

Quando Deus quis derrubar um poderoso gigante que aterrorizava a nação de Israel, Ele enviou alguém fraco na carne. Pense nisto: aos olhos do mundo, o que poderia ser mais fraco contra um treinado e temível soldado do que um rapazinho sem treinamento militar formal, sem armadura, vestido com roupas humildes de pastor e sem qualquer arma real além de uma funda e cinco pedras lisas de um ribeiro? Não é de admirar que Golias zombasse desse jovem pastor e de sua estratégia. Quando Davi adentrou o campo de batalha, Golias perguntou-lhe, sarcasticamente: "Sou eu algum cão, para vires a mim com paus?"[9]

As implicações dessa batalha foram pesadas. Não se tratava apenas de um duelo ou disputa entre dois indivíduos. Os israelitas e os filisteus haviam concordado em cada qual enviar um guerreiro que representaria sua nação. O guerreiro derrotado entregaria toda a sua nação para tornar-se serva da outra nação. Seria pouco dizer que havia muito em jogo nessa luta. E quem Deus envia para representar Israel? Em termos naturais, Ele enviou possivelmente a pessoa menos qualificada de todo o campo de batalha do vale de Elá.

Davi nem sequer era um soldado do exército de Israel! Para começo de conversa, você se lembra de como esse rapazinho pastor acabou chegando ao campo de batalha? Davi estava lá para entregar pão e queijo aos seus irmãos, que faziam parte do exército![10] Contudo, Davi se viu em pé no campo de batalha como representante de Israel contra o altivo Golias. Entregando pão e queijo, ele agora era chamado a livrar toda a nação de Israel.

## Não Despreze o Dia das Origens Humildes

Davi estava no lugar certo no momento certo porque se humilhara e se submetera às instruções de seu pai, de entregar pão e queijo aos seus irmãos. Jovens, isto é algo que vocês precisam compreender. Submissão aos seus pais e liderança atribuída por Deus sempre farão o favor de Deus fluir em suas vidas e vocês se encontrarão, como Davi, no lugar certo no momento certo!

A Bíblia diz que não devemos desprezar o dia das origens humildes.[11] Entregar pão e queijo não é glamoroso, mas Davi não o desprezou. E isso o colocou bem no Vale de Elá, com o vento soprando em seu cabelo — um jovem pastor sem experiência militar representando a nação de Israel contra um poderoso gigante que era guerreiro desde a juventude.

> *Deus ama tomar as coisas loucas e fracas para envergonhar as coisas sábias e fortes do mundo.*

É isto o que Deus ama fazer: Ele ama tomar as coisas loucas e fracas para envergonhar as coisas sábias e fortes do mundo. Preste atenção às palavras desse jovem pastor quando entrou na batalha: "Tu vens contra mim com espada, e com lança, e com escudo; eu, porém, vou contra ti em nome do SENHOR dos Exércitos, o Deus dos exércitos de Israel, a quem tens afrontado. Hoje mesmo, o SENHOR te entregará nas minhas mãos; ferir-te-ei, tirar-te-ei a cabeça..."[12] Que palavras fortes e audaciosas vindas de um jovem pastor!

## A Definição de Deus de Humildade

*"Mas pastor Prince, você não acabou de dizer que Deus dá favor imerecido ao humilde? A fala de Davi certamente não soa muito humilde."*

Essa é uma ótima pergunta. Quando eu era um jovem cristão, costumava pensar que ser humilde significava sempre ter de falar com mansidão e dever sempre ceder aos outros. Na igreja que eu frequentava havia, então, um líder que sempre subia ao púlpito com uma leve reverência. Ele era sempre muito suave, quase apologético na maneira de falar e, para mim, essa era a imagem de um homem humilde. Mas, na realidade, humildade não tem nada a ver com você falar manso ou arquear-se ao caminhar. Essa é a maneira como o mundo define humildade.

A maneira mais clara de identificar a humildade em alguém é ver se a pessoa é ocupada com Cristo ou ocupada consigo mesma. Quando alguém é arrogante, orgulhoso e autoconfiante, ele é claramente ocupado consigo mesmo. No outro extremo, alguém sempre temeroso também tem um problema com orgulho, mesmo que pareça muito manso ao falar e suave. Em vez de olhar para Jesus, essa pessoa é consciente de si mesma e está constantemente olhando para si mesma. Os dois extremos são manifestações de soberba. Enquanto um extremo manifesta a soberba em termos de arrogância, o outro extremo manifesta a soberba em termos de consciência de si mesmo. Uma vez que a pessoa está ocupada consigo mesma, isso ainda é soberba. Humildade, então, é ser ocupado com Cristo. Esta pessoa sabe que, sem o Senhor, ela é incapaz de ter sucesso, mas, com o Senhor, todas as coisas são possíveis.

> *Uma vez que a pessoa está ocupada consigo mesma, isso ainda é soberba. Humildade, então, é ser ocupado com Cristo.*

Quando você observar a fala de Davi, verá que ele não se gloriou de si mesmo. Sua glória não estava em sua valentia e habilidade com armas. Não, ele foi à batalha "em nome do Senhor dos Exércitos". Davi estava completamente ocupado com o Senhor, em quem ele confiava que livraria a nação de Israel. Ele não fez qualquer menção das suas próprias capacidades. Ele prosseguiu para tornar isso ainda mais explícito quando disse a Golias: "Saberá toda esta multidão que o SENHOR salva, não com espada, nem com lança; **porque do SENHOR é a guerra**, e ele vos entregará nas nossas mãos."[13]

Eu amo o espírito desse jovem. Davi sabia que não era dele a batalha, mas do Senhor, e foi isso que lhe deu tanta ousadia para levantar-se contra Golias, enquanto o restante do exército israelita se encolhia de medo. É lindo ver como esse jovem pastor teve a sabedoria de não tocar a glória do Senhor. Ainda antes de a batalha acontecer, Davi declarou que a vitória pertencia a Israel e que todo crédito era do Senhor. Está claro, então, que embora Davi falasse com ousadia e coragem, ele não foi arrogante. Ele não sofria de soberba ou falta de humildade. De fato, sua ousadia e coragem vinham diretamente de sua humilde dependência do Senhor. Que gloriosa diferença entre uma pessoa cujo motivo de orgulho é seu próprio braço de carne e uma pessoa como Davi, cujo motivo de orgulho é o poderoso braço do Senhor que lhe traz livramento!

---

*A verdadeira humildade é estar ocupado com Cristo; então, você será cheio da Sua ousadia e coragem para vencer o seu gigante!*

---

Meu amigo, qualquer que seja a batalha que você possa estar enfrentando neste momento, pode confiar, como fez Davi, que a batalha pertence ao Senhor. Qualquer que possa ser o seu gigante, seja uma situação marital, dívida financeira, problemas em seu local de trabalho ou uma doença contra a qual você estiver batalhando, saiba isto: você pode ser fraco, mas **Ele** é forte. Você pode ser incapaz, mas **Ele** é mais do que capaz! Seja qual for a luta que estiver enfrentando, a batalha pertence a Ele. A verdadeira humildade é estar ocupado com Cristo; então, você será cheio da Sua ousadia e coragem para vencer o seu gigante!

## Lugar Certo, Momento Certo

Nunca esqueça de que "...não é dos ligeiros o prêmio, nem dos valentes, a vitória ... porém **tudo depende do tempo e do acaso**" (Eclesiastes 9:11). Deus quer que você tenha o sincronismo correto — o Seu sincronismo; então, nada será deixado por conta do acaso, porque você é um filho de Deus. O Salmo 37:23 diz: "O SENHOR firma os passos do homem bom e no seu caminho se compraz". Você é esse "homem bom", porque você é a justiça de Deus em Cristo.

Agora, observe a palavra "depende". No texto original em hebraico é usada a palavra *qarah*, que significa "encontrar-se com (sem prévia combinação), arriscar-se a estar presente".[14] Em resumo, ela significa "acontecimento certo". Amigo, você pode depender de Deus para fazer que você esteja no lugar certo no momento certo, para que acontecimentos certos ocorram em sua vida! Estou certo de que você concordaria que estar no lugar certo no momento certo é uma tremenda bênção. Certamente, você não quer estar no lugar errado no momento errado. Isso pode levar a resultados desastrosos.

---

*Um atraso pode se revelar a proteção de Deus contra um acidente vindouro.*

---

Porém, mesmo que você pense estar no lugar errado no momento errado, como quando fica preso em um congestionamento ou quando perde o trem, não fique agitado demais. Um atraso pode se revelar a proteção de Deus contra um acidente vindouro. Às vezes, um atraso de apenas alguns segundos pode significar a diferença entre vida e morte!

Em 2001, um irmão de minha igreja escreveu para compartilhar que o escritório de seu filho ficava nas Torres Gêmeas, em Nova York. Em determinada manhã, o despertador de seu filho não tocou, ele acabou perdendo o trem que habitualmente tomava para ir ao trabalho e chegou lá atrasado. Se ele chegasse no horário naquela manhã, estaria em seu escritório quando os aviões se chocaram contra os edifícios durante os devastadores ataques terroristas de 11 de setembro.

Em 2003, outro irmão de minha igreja estava em Jacarta, na Indonésia, em viagem de negócios. Hospedado no Hotel Marriott, ele estava no saguão quando uma bomba explodiu do lado de fora do hotel. Ela destruiu a parede do saguão e ele viu um corpo passar voando por ele enquanto o barulho ensurdecedor reverberava em toda a sua volta.

Depois que a poeira baixou, ele viu sangue espalhado sobre ele e entulho espalhado por toda parte, mas o mais surpreendente era que ele estava ileso. No exato instante em que a bomba explodiu, **aconteceu** de ele estar passando por trás de uma coluna e ela o protegeu do impacto da explosão. Imagine o que teria acontecido se ele tivesse chegado até aquela coluna apenas alguns segundos antes ou depois de a bomba explodir!

Por mais inteligente que você seja, por mais opulentas que sejam suas contas de investimento ou por mais prestígio que o nome da sua família tenha, não há como você saber antecipadamente quando se posicionar atrás de uma coluna enquanto uma bomba da qual você não tem conhecimento explode perto de você. Só Deus pode colocá-lo no lugar certo na hora certa. Foi o Senhor quem colocou aquele irmão atrás da coluna naquele exato instante. Seus passos foram literalmente firmados e ordenados pelo Senhor. Toda a glória seja dada a Ele! Jesus é a nossa verdadeira coluna de proteção!

A fidelidade de Deus em proteger os Seus amados, colocando-os no lugar certo no momento certo, foi demonstrada ainda mais recentemente. Duas grandes explosões abalaram novamente Jacarta, na Indonésia, na manhã de 17 de julho de 2009 e, desta vez, os hotéis Marriott e Ritz-Carlton foram alvos de ataques terroristas.

Uma senhora de nossa igreja estava no saguão do Ritz-Carlton quando uma das bombas foi detonada no restaurante próximo, onde os hóspedes tomavam o desjejum. A força da explosão fez estilhaços de vidro passar ao lado dela, cortando outros hóspedes que estavam em pé à sua frente. Surpreendentemente, ela não sofreu qualquer ferimento!

Ela compartilhou que, inicialmente, planejara tomar o desjejum naquele restaurante quando a bomba explodiu. Certamente, isso a teria colocado no lugar errado no momento errado. Se ela tivesse feito aquilo, poderia ter sido morta pela explosão no restaurante. Contudo, ela compartilhou que o motivo de ter perdido sua hora habitual de desjejum naquela manhã foi ter se entretido com a leitura de alguns devocionais de meu livro de devocionais *Destinados a Reinar* e dedicado um tempo ao Senhor em seu quarto do hotel. O "atraso" que ela sofreu ao ler meu livro a manteve afastada do restaurante e salvou sua vida! Jesus seja louvado!

Coloque sua confiança no Senhor e creia que Ele faz com que todas as coisas cooperem para o bem. Estar no lugar certo no momento certo nem sempre confere proteção contra alguma ocorrência má. Talvez o Senhor queira conectá-lo a alguém que você não encontra há anos e exista uma oportunidade de bênção esperando por você.

Não sei quantas vezes pessoas de minha igreja encontraram **casualmente** velhos conhecidos ou conheceram novas pessoas que, depois, acabaram abençoando-as. Tivemos testemunhos de conexões sobrenaturais que resultaram em incríveis oportunidades de negócios, bem como testemunhos de pessoas que receberam oportunidades de trabalho após encontrarem casualmente amigos que não viam havia anos.

Amigo, nada acontece por acaso — o Senhor sabe como colocá-lo no lugar certo no momento certo! Você pode depender de Jesus para os acontecimentos certos. Todos eles vêm por Seu favor imerecido e estão além da sua capacidade de obtê-los por meio de cuidadoso planejamento e criação de estratégias. O mundo diz: "Quando você não planeja, você planeja para o fracasso". Mas, é incapaz de planejar para *qarah*. Isto está evidente nos testemunhos que você acaba de ler.

---

*Nada acontece por acaso — o Senhor sabe como colocá-lo no lugar certo no momento certo!*

---

Ei, eu não sou contra planejamento. Tudo que estou dizendo é que você não deve ficar estressado e tenso quando as coisas não saem como você planejou. Não se apegue com tanta rigidez aos seus planos, que se esqueça de deixar espaço para o favor imerecido de Jesus fluir, proteger e posicionar você. A Bíblia diz que, na nova aliança da graça, o próprio Senhor escreve Suas leis em seu coração.[15] Ele pode falar-lhe e guiá-lo em tudo que você faz. Permita que Ele o lidere sobrenaturalmente!

Recebi outro testemunho de um casal de minha igreja que vivenciou exatamente isso. Era 2004, e eles haviam decidido passar o feriado de Natal em Penang, na Malásia. Sua intenção original era passar o dia todo descansando na praia, mas, inesperadamente, um deles sentiu um forte desejo de comer algo somente disponível no outro lado da ilha. Eles decidiram atender àquele desejo e saíram em busca daquele prato. Mais tarde, perceberam que, pouco depois de terem saído, o tsunami atingira a praia em que eles estiveram relaxando e destruíra tudo em seu caminho.

Veja, amigo, aqui não existem fórmulas rígidas. O Senhor fará tudo que for necessário para colocar Seus filhos em segurança. Envolva Jesus em seus planos e permita que Ele lidere você!

## A Primeira Menção de *Qarah* na Bíblia

Existe um princípio na interpretação da Palavra de Deus, conhecido como "o princípio da primeira menção". Toda vez que uma palavra é mencionada pela primeira vez na Bíblia, existe, habitualmente, uma significância especial e uma lição que podemos aprender. Analisemos a primeira ocorrência da palavra *qarah*. Ela se encontra em Gênesis 24, quando Abraão enviou seu servo cujo nome não é revelado[16] a procurar uma noiva para seu filho Isaque.

O servo sem nome chegou, à noite, a um poço próximo à cidade de Naor e decidiu parar. Ali havia tantas jovens reunidas para tirar água, que ele não sabia quem seria a mulher certa para Isaque. Então, o servo orou assim: "Ó Senhor, Deus de meu senhor Abraão, rogo-te que me acudas hoje e uses de bondade para com o meu senhor Abraão!"[17]

A Oração do Servo Sem Nome | 267

A palavra traduzida como "acudas" é a palavra hebraica *qarah*, e esta é a primeira vez em que ela aparece na Bíblia. Essencialmente, o servo orou: "Dá-me *qarah* hoje". Desnecessário dizer que, com o *qarah* do Senhor, ou posicionando-se para os acontecimentos certos, o servo encontrou uma linda e virtuosa mulher chamada Rebeca, que se tornou a noiva de Isaque.

Precisamos que o Senhor nos dê *qarah* diariamente. Incentivo você a fazer a oração daquele servo sem nome. Diga ao Senhor: "Dá-me sucesso — *qarah* — hoje" e dependa do Seu favor imerecido para liderá-lo para estar no lugar certo no momento certo!

## A História de Rute

Existe na Bíblia uma linda história de uma mulher moabita chamada Rute. No natural, Rute tinha tudo contra si. Ela era uma viúva muito pobre e moabita, uma gentia na nação judaica. Porém, mesmo após a morte de seu marido, Rute permaneceu com sua sogra Noemi. Ela deixou sua família para seguir Noemi de volta a Belém e tomou o Deus de Noemi — o Deus de Abraão, Isaque e Jacó — como seu Deus.

Ora, devido à sua pobreza, Noemi e Rute não podiam comprar grãos e Rute teve de ir ao campo para desempenhar a servil tarefa de respigar tudo que os segadores tivessem deixado para trás. Quero que você perceba que Rute dependia do favor do Senhor, pois disse a Noemi: "Deixa-me ir ao campo, e apanharei espigas atrás daquele que mo **favorecer**."[18] Rute estava confiante de que Deus lhe concederia favor, muito embora ela fosse estrangeira e não conhecesse alguém do campo. Ela nem sequer sabia de qual parte do campo poderia apanhar espigas.

Veja o relato da Bíblia a respeito do que aconteceu a seguir: "Ela se foi, chegou ao campo e apanhava após os segadores; por **casualidade** entrou na parte que pertencia a Boaz, o qual era da família de Elimeleque".[19] De todos os pontos do campo em que Rute poderia ter vagueado, seu "**acaso**" foi ir à parte do campo que pertencia a Boaz, homem muito rico que **por acaso** vinha a ser parente de Noemi.

"Acaso" é uma palavra que significa "ocorrer" de estar no lugar certo. Contudo, no texto original, a raiz dessa palavra é a palavra *qarah*![20]

Quando Rute confiou no favor imerecido de Deus, ela teve *qarah*, ou ocorreu de ir à parte do campo que pertencia a Boaz. Para encurtar a longa história, Boaz viu Rute, apaixonou-se por ela e casou-se com ela. Rute estava, possivelmente, no ponto mais baixo de sua vida antes de encontrar Boaz. Todos os fatores naturais estavam contra ela. Mas, por ter depositado sua confiança no Senhor, que a colocou no lugar certo no momento certo, sua situação foi completamente transformada. De fato, ela se tornou uma das poucas mulheres a serem mencionadas na genealogia de Jesus em Mateus 1:5, que afirma: "Boaz; este, de Rute, gerou a Obede". Que honra ser incluída na genealogia de Jesus Cristo! Isso é estar no lugar certo no momento certo!

---

*Tenha fé na graça de Deus em sua vida. Suas bênçãos estão muito próximas!*

---

Amigo, não importam quais circunstâncias naturais possam estar contra você hoje, tenha confiança no favor imerecido de Jesus e o Senhor lhe dará aquilo que chamo "sucesso *qarah*". Ele fará você estar posicionado no lugar certo no momento certo para vivenciar sucesso em todas as áreas, como proteção física, relacionamentos, carreira e finanças.

Não importa se você não tem as qualificações educacionais certas ou a experiência necessária. Você pode ter nascido em uma família pobre, pode ser divorciado ou pai/mãe solteiro, mas seja qual for o caso, não desista da abundante graça de Deus em sua vida para dar uma reviravolta na sua situação. Tudo de que você necessita é um momento *qarah* e que o favor imerecido de Deus coloque você no lugar certo no momento certo. Tenha fé na graça de Deus em sua vida. Suas bênçãos estão muito próximas!

Uma senhora de minha igreja era órfã e estrangeira. Ela não tinha muitos recursos ao chegar à igreja e ninguém sabia quem ela era.

Após ouvir o evangelho da graça, ela começou a depender do favor imerecido de Jesus e a crer em Deus para grandes coisas. Ela participou de uma convenção de negócios em Israel, na qual encontrou alguns cientistas que tinham uma tecnologia especial de membrana para tratamento de água e aquele foi seu momento *qarah*.

Devido ao favor imerecido de Deus sobre ela, aqueles cientistas quiseram trabalhar com ela. Ela abriu uma empresa no ramo de tratamento de água e, em pouco tempo, conseguiu expandir o capital da empresa. Quando decidiu fazê-lo, o sincronismo era perfeito, pois a escassez de água estava em toda a mídia e disso resultou que as ofertas excederam várias vezes o valor da empresa quando suas ações foram colocadas à venda. Isso é estar no lugar certo no momento certo!

Seu sucesso não terminou ali. Pelo favor imerecido e sabedoria de Jesus, ela construiu uma empresa que, hoje, vale várias centenas de milhões de dólares. Ela também ganhou muitos prêmios importantes e, agora, é reconhecida como a mulher mais rica do Sudeste Asiático.

Não muito tempo atrás, alguns dos meus principais líderes e eu nos encontramos com ela. Escutando-a falar, era-me óbvio que essa empresária era não apenas humilde, mas também alguém que compreendia e andava no favor imerecido de Jesus. Ela viaja extensamente a negócios e compartilhou comigo que, onde quer que vá ao redor do mundo, ela leva DVDs com meus sermões e os assiste em seu quarto de hotel. Ela enfatizou quão vital foi para ela se manter ouvindo o evangelho da graça para permanecer firmada e enraizada no favor imerecido de Jesus. Ouvi-la dizer isso me deu vontade de assistir aos meus próprios DVDs ao voltar para casa! Ela teve, verdadeiramente, uma revelação sobre tornar o evangelho de Jesus uma prioridade em sua vida, independentemente de quão ocupada estivesse com seu negócio. Ela é um bom exemplo de uma pessoa segura para o sucesso. Ela não tem ilusões sobre a fonte de suas bênçãos. Como José na Bíblia, ela está consciente da presença do Senhor e sabe que tudo que ela tocar será abençoado devido ao Seu favor imerecido sobre ela. Isso é o que eu chamo bom sucesso!

Não olhe para as suas circunstâncias naturais. Essa empresária começou, literalmente, com nada e, no natural, as chances eram todas contra ela. Contudo, ao depender da graça (favor imerecido) de Deus, o Senhor virou tudo em seu favor em um momento *qarah*. Amado, Jesus pode fazer a mesma coisa por você. Faça a oração do servo sem nome e peça ao Senhor para dar-lhe *qarah* hoje!

## Capítulo 20

# *Sabedoria Divina para o Sucesso*

Neste capítulo, quero falar a respeito de como você pode depender da sabedoria de Deus para ter sucesso. A sabedoria do Senhor provém do favor imerecido de Deus. Ela não é algo que você possa estudar para obter, ou adquirir com os próprios esforços. A sabedoria do Senhor é algo que o mundo não pode ter. Isto não significa que o mundo não tem sabedoria. Entre em qualquer livraria hoje e encontrará estantes cheias de livros contendo teorias e métodos de especialistas a respeito de todo tipo de assunto. A grande maioria deles, porém, se origina na **sabedoria humana**, que fortalece e edifica somente a carne. Quer saibam, quer não, as pessoas do mundo estão clamando por verdadeira sabedoria do Senhor. Basta observar a constante demanda por livros de autoajuda. Mas, aquilo de que necessitamos não é mais "autoajuda". O que necessitamos é da ajuda do Senhor! Leia livros escritos por crentes cheios do Espírito e líderes cristãos que incentivam a olhar para Jesus, não para você mesmo.

O Salmo 1:1 nos diz isso desde o começo: "Bem-aventurado o homem que não anda no conselho dos ímpios." Amado, isso significa que *há* conselho na sabedoria humana. Mas o homem que *não* anda de acordo com a sabedoria do mundo é alguém bem-aventurado. Ao mesmo tempo, se o seu prazer estiver em Jesus, e se ele meditar nele dia e noite, o Salmo 1:3 diz: "Ele é como árvore plantada junto a corrente de águas, que, no devido tempo, dá o seu fruto, e cuja folhagem não murcha; e tudo quanto ele faz será bem sucedido." Soa familiar? A Palavra de Deus é muito consistente. As promessas contidas no Salmo 1 são as mesmas que vimos em Jeremias 17 a respeito do homem bem abençoado!

---

*Quando Jesus estava na terra, nunca esteve em uma situação em que lhe faltasse sabedoria.*

---

Meu amigo, tome a decisão de andar no conselho dos justos e não no conselho do mundo, e você verá que tudo o que fizer prosperará. Deus levantou homens e mulheres que são firmados nas verdades da nova aliança, e irão ajudá-lo a manter os olhos em Jesus. Nele, você encontrará toda a sabedoria que diz respeito à vida. A Bíblia nos diz que nele "estão escondidos todos os tesouros da sabedoria e do conhecimento" (Colossenses 2:2-3) para o seu sucesso. Continue confiando em Jesus, apoie-se na Sua sabedoria divina e veja a diferença que ela fará em você!

## Veja a Sabedoria de Cristo em Ação

Veja você mesmo a sabedoria de Jesus em ação. Quando Jesus estava na terra, nunca esteve em uma situação em que lhe faltasse sabedoria. Observe o que aconteceu quando os fariseus lhe trouxeram a mulher flagrada em adultério. Os fariseus vieram a Ele e citaram a lei, dizendo: "Mestre, esta mulher foi apanhada em flagrante adultério. E na lei nos mandou Moisés que tais mulheres sejam apedrejadas; tu, pois, que dizes?"[2]

274 | Capítulo 20

Eles pensavam ter tido sucesso em montar uma armadilha para Jesus, porque, se Ele lhes dissesse para apedrejá-la, eles o acusariam de não demonstrar o perdão e a graça sobre os quais Ele vinha pregando. Se Jesus dissesse que eles não deveriam apedrejá-la, os fariseus o acusariam publicamente de transgredir a lei de Moisés, buscando uma condenação para Ele.

Provavelmente, os fariseus estavam regozijando-se com confiança na esperta armadilha que haviam inventado. Foi por isso que eles confrontaram Jesus com essa mulher na área pública em torno do templo. Eles queriam constrangê-lo diante das multidões que vieram ouvi-lo ensinar. Agora, observe a sabedoria de Jesus em ação. Ele simplesmente lhes disse: "Aquele que dentre vós estiver sem pecado seja o primeiro que lhe atire pedra".[3]

Que majestade! Eles foram a Jesus com a lei de Moisés e Jesus lhes deu o padrão perfeito da lei. Sem hesitar, Ele simplesmente desafiou a pessoa que fosse perfeita perante a lei a atirar a primeira pedra. Os fariseus que foram enredar Jesus começaram a ir embora um a um, completamente silenciados. Esse mesmo Jesus, com toda a Sua sabedoria, é hoje nosso Cristo que ascendeu aos céus e está sentado à direita do Pai, a respeito do qual a Bíblia diz: "... se nos tornou, da parte de Deus, sabedoria".[4]

Antes de terminarmos esta história sobre Jesus e a mulher pega em adultério, quero que você veja algo importante. Quem era a única pessoa da cena que não tinha pecado? Era o próprio Jesus. Porém, em vez de condenar a mulher, Ele silenciou seus acusadores e mostrou a ela a Sua graça, perguntando: "Mulher, onde estão aqueles teus acusadores? Ninguém te condenou?... Nem eu tampouco te condeno; vai e não peques mais".[5]

Não é extraordinário saber que o ser mais poderoso do universo é, também, o mais bondoso, gracioso e perdoador? É vital você saber que "Deus enviou o seu Filho ao mundo, não para que julgasse o mundo, mas para que o mundo fosse salvo por ele".[6] Jesus não veio para nos condenar. Ele veio para nos salvar! Ao estender o dom da não condenação à mulher pega em adultério, Ele deu a ela o poder para "ir e não pecar mais". Da mesma maneira, é assim que o favor imerecido de Jesus por nós nos leva ao arrependimento e nos dá o poder de vencer os fracassos em nossas vidas!

Nosso Salvador é totalmente amoroso. Ele nunca está adiantado ou atrasado. Ele sempre está no lugar certo no momento certo. Ele sempre está em perfeita paz e não há nele sentimento de pressa. Quando era momento de ser brando, Ele era infinitamente suave. Quando foi o tempo de virar as mesas dos cambistas, Ele o fez com paixão. Ele nunca foi desgastado pelas tentativas dos fariseus de fazê-lo tropeçar e sempre fluiu com divina sabedoria. Ele é aço e veludo, brandura e majestade, perfeita humanidade e deidade. Este é Jesus e você **está nele**!

## Você Está em Cristo

Ora, o que significa estar em Cristo? Significa que somos novas criaturas.[7] Quando estamos em Cristo, somos abençoados com toda sorte de bênção.[8] Quando estamos em Cristo, estamos no lugar secreto do Altíssimo[9] e protegidos. Quando estamos em Cristo, somos a cabeça e não a cauda, somente em cima e não embaixo.[10] Não seja como o mundo e diga coisas como "Estou bem, dadas as circunstâncias". Você não tem de estar "sob" as circunstâncias. O Senhor pode fazer você elevar-se acima de todas as suas circunstâncias!

A Palavra de Deus nos diz que "vós sois dele, **em Cristo Jesus**, o qual se nos tornou, da parte de Deus, sabedoria, e justiça, e santificação, e redenção".[11] Quando estamos em Cristo, Deus faz Jesus tornar-se, para nós, sabedoria, justiça, santificação e redenção. Ao longo deste livro, temos falado a respeito de justiça, santidade e sua redenção através da obra consumada de Jesus. Neste ponto, espero que saiba que a pergunta a fazer hoje não é mais se você é justo ou santo aos olhos de Deus. As perguntas a serem feitas são: "Cristo é justo aos olhos de Deus?" e "Cristo é santo aos olhos de Deus?" Quando você está em Cristo, tal como Cristo é, **assim é você!**[12] Cristo é saudável, pleno de favor e agradável a Deus hoje? Então, assim é você!

---

*Você não precisa ser intimidado pelas suas circunstâncias. Quer você esteja enfrentando gigantes de necessidade financeira, doença ou depressão, todos eles são alimentos para você.*

---

Todas as bênçãos do justo que estão registradas na Palavra de Deus são suas hoje. Quando a Bíblia diz: "Muito pode, por sua eficácia, a súplica do justo",[13] você não precisa desejar ser um homem justo ou procurar um homem justo para orar por você. Amigo, vocês estão em Cristo. Cristo os fez justos. Tal como Ele é justo, assim é você. Com base na Palavra de Deus, isso significa que você pode orar e ter uma confiante expectativa de que suas orações muito poderão! Deus ouvirá e responderá às suas orações. A Bíblia diz que você não tem porque não pede.[14] Então, seja ousado e muito corajoso, e peça a Deus coisas grandes!

Eis aqui outra descrição do justo: "O justo é intrépido como o leão."[15] Isto descreve *você*, amado. Você não precisa ser intimidado pelas próprias circunstâncias. Você é ousado e tem a coragem de enfrentar qualquer gigante em sua vida. Quer você esteja enfrentando gigantes de necessidade financeira, doença ou depressão, todos eles são alimentos para você.

Mas sabe? A maior ousadia que você pode ter quando está estabelecido em justiça é apresentar-se diante de Deus sem qualquer medo ou consciência de pecado e receber Seu favor imerecido. Quando você está confiante de sua posição justa com base na justiça de Cristo, não precisa ter medo de que Deus venha atrás de você para julgá-lo ou condená-lo. Você é livre para ser ousado com o Senhor e reclamar as Suas promessas para você, mesmo tendo falhado — ou eu deveria dizer, **especialmente** quando você falhou.

Sabedoria Divina para o Sucesso | 277

Deus quer que "acheguemo-nos... confiadamente, junto ao **trono da graça** [favor imerecido], a fim de recebermos misericórdia e acharmos graça [favor imerecido] para socorro em ocasião oportuna".[16] Perceba que, para o crente, o trono de Deus não é um trono de julgamento. Ele é um trono de graça, um trono de favor imerecido. Você só poderá ter a coragem de crer no favor de Deus em sua vida quando estiver seguro de sua justiça em Cristo. Então, certifique-se de estar crendo corretamente hoje.

## Sabedoria É o Principal

Agora, perceba que, em 1 Coríntios 1:30, Cristo se torna, sobre nós, **primeiramente sabedoria**, depois justiça, santidade e redenção. A sabedoria vem em primeiro lugar! Jesus como nossa sabedoria recebe a primeira importância. Existe uma diferença entre sabedoria e conhecimento. O conhecimento incha.[17] Ele pode tornar uma pessoa orgulhosa e arrogante. Mas, a sabedoria o tornará humilde e ensinável. Você pode ler extensamente e acumular muito conhecimento, mas ainda não ter sabedoria. Você também não se torna sábio apenas por envelhecer e ter mais experiência na vida. A sabedoria não é natural. Não importa se você é jovem ou velho, experiente ou inexperiente, muito estudado ou não. A sabedoria provém do favor imerecido de Deus.

*Promoção e honra são um resultado de receber Jesus como a sua sabedoria.*

Ouça o que a Palavra de Deus diz a respeito da importância da sabedoria: "O princípio da sabedoria é: Adquire a sabedoria; sim, com tudo o que possuis, adquire o entendimento. Estima-a, e ela te exaltará; se a abraçares, ela te honrará; dará à tua cabeça um diadema de graça e uma coroa de glória te entregará".[18] Veja que promoção e honra são um resultado de receber Jesus como a sua sabedoria.

Lembro-me de que a principal coisa pela qual eu oraria diariamente no início de nossa igreja era por sabedoria de Deus para guiar-nos em tudo que fazíamos. Este era o meu foco. Eu não queria administrar a igreja com a minha sabedoria. Queria depender da sabedoria de Jesus. De fato, foi durante esse tempo de crença na sabedoria de Deus que o Senhor abriu meus olhos para o evangelho da graça!

Quando meus olhos foram abertos para o evangelho do favor imerecido de Jesus, vidas começaram a ser tremendamente transformadas e, de algumas centenas de pessoas na metade da década de 1990, nossa maior presença em nossos cultos de domingo até hoje foi de mais de 22 mil preciosas pessoas. Toda vez que me pedem para explicar como fizemos a igreja crescer, minha resposta é simples — foi e é inteiramente pelo favor imerecido de Jesus. Eu sei que foi a graça, e somente ela, que fez nossa igreja ter um crescimento assim explosivo.

Antes de nossa igreja ter tal explosão numérica, o Senhor me perguntou se eu faria uma coisa. Um dia, enquanto eu passava um tempo em Sua presença e lia Sua Palavra, Ele me perguntou se eu pregaria Jesus em todos os sermões. Para ser honesto, meu primeiro pensamento, naquele momento, foi que, se eu pregasse somente Jesus em toda mensagem, muitas pessoas deixariam de vir e o número de membros de nossa igreja encolheria. Então, o Senhor me perguntou: "Se as pessoas deixarem de vir, você ainda pregará Jesus em todas as suas mensagens?" Como todos os pastores jovens, eu era ambicioso e queria que a igreja crescesse, mas submeti-me ao Senhor e disse: "Sim, Senhor, mesmo que a igreja diminua, continuarei pregando Jesus!"

*A sabedoria sempre levará você à pessoa de Jesus e à cruz!*

Pouco eu sabia que esse fora, na realidade, um teste do Senhor, porque, a partir do momento em que comecei a pregar Jesus, revelando Sua amabilidade e a perfeição da Sua obra consumada todos os domingos, nunca nos lamentamos como igreja. Não percebi que, ao longo de todos esses anos de oração por sabedoria, a sabedoria de Deus me levaria à revelação do evangelho da graça — o evangelho da graça que não é adulterado pela lei e pelas obras do homem e se baseia inteiramente na obra consumada de Jesus. É isso o que a sabedoria faz. A sabedoria levará você à pessoa de Jesus e à cruz!

Hoje, o mesmo evangelho da graça que pregamos todo domingo em nossa igreja é transmitido a milhões de lares nos Estados Unidos, Europa, Oriente Médio e à região da Ásia banhada pelo Oceano Pacífico. Começamos como uma pequena igreja em Singapura, da qual ninguém ouvira falar, mas o favor imerecido de Deus nos abençoou para nos tornarmos um ministério internacional que está impactando o mundo com as boas-novas do Seu favor imerecido. Não recebemos crédito por isso, porque essa sabedoria provém de Jesus, e nos gloriamos nele e somente nele.

## O Espírito de Sabedoria

Falamos a respeito de a sabedoria ser a coisa principal, mas você sabe o que é o "espírito de sabedoria"? Veja a oração que o apóstolo Paulo fez pela igreja de Éfeso:

> ...que o Deus de nosso Senhor Jesus Cristo, o Pai da glória, vos conceda **espírito de sabedoria e de revelação no pleno conhecimento dele**, iluminados os olhos do vosso coração, para saberdes qual é a esperança do seu chamamento, qual a riqueza da glória da sua herança nos santos e qual a suprema grandeza do seu poder para com os que cremos, segundo a eficácia da força do seu poder...
> — Efésios 1:17-19

Você está entendendo? O espírito de sabedoria e revelação está no **conhecimento de Jesus!** Quanto mais você conhecer Jesus e tiver uma revelação do Seu favor imerecido em sua vida, mais você terá o espírito de sabedoria. Desafio-o a fazer essa oração por sabedoria regularmente, porque, quando você crescer no conhecimento de Jesus, certamente Ele o levará a bom sucesso em todos os aspectos da sua vida.

---

*Quanto mais você conhecer Jesus e tiver uma revelação do Seu favor imerecido em sua vida, mais você terá o espírito de sabedoria.*

---

Observe que, quando Paulo fez essa oração pelos crentes de Éfeso, eles já eram cheios do Espírito Santo. Porém, Paulo ainda orou para que Deus lhes desse um espírito de sabedoria e revelação em seu conhecimento de Jesus. Uma coisa é ter o Espírito Santo dentro de você, mas outra coisa é deixar o Espírito Santo que está dentro de você fluir como o espírito de sabedoria e revelação. Quando o Espírito Santo conduzir você na sabedoria de Jesus, não haverá situação impossível, problema insolúvel e crise insuperável. A sabedoria de Jesus em você o ajudará a navegar com sucesso por todas as suas tribulações e lhe fará prevalecer sobre todos os seus desafios.

## O Segredo para a Sabedoria de Salomão

Analisemos a vida de Salomão. Quando Salomão se tornou rei, ele era apenas um jovem de uns 18 anos com grandes desafios como sucessor de Davi no trono. Salomão não foi cheio de sabedoria logo que ascendeu ao trono, mas era, claramente, muito zeloso. Ele foi ao monte Gibeão, onde estava o tabernáculo de Moisés, para oferecer mil ofertas queimadas ao Senhor. No monte Gibeão, o Senhor apareceu a Salomão em sonho e disse: "Pede-me o que queres que eu te dê".[19]

Agora, pense nisto durante um momento: O que você teria pedido se estivesse no lugar de Salomão? Salomão não pediu riquezas. Também não pediu para ser honrado por todos os homens. Em vez disso, ele disse ao Senhor: "Dá-me, pois, agora, **sabedoria e conhecimento**, para que eu saiba conduzir-me à testa deste povo; pois quem poderia julgar a este grande povo?"[20] A Bíblia registra que o pedido de Salomão "agradou ao Senhor"[21] e o Senhor respondeu: "Porquanto foi este o desejo do teu coração, e não pediste riquezas, bens ou honras, nem a morte dos que te aborrecem, nem tampouco pediste longevidade, mas sabedoria e conhecimento, para poderes julgar a meu povo, sobre o qual te constituí rei, sabedoria e conhecimento são dados a ti, e te darei riquezas, bens e honras, quais não teve nenhum rei antes de ti, e depois de ti não haverá teu igual".[22]

O livro de 1 Reis nos diz que Salomão disse ao Senhor: "Dá, pois, ao teu servo coração compreensivo para julgar a teu povo, para que prudentemente discirna entre o bem e o mal; pois quem poderia julgar a este grande povo?"[23]

Então, quando Salomão pediu sabedoria e conhecimento, ele estava pedindo um coração **compreensivo**. Vamos aprofundar-nos. A palavra "compreensão", aqui, é a palavra hebraica *shama*, que significa "ouvir inteligentemente".[24] Em outras palavras, Salomão pedira um **coração que escutasse** — ouvisse o Espírito de Deus, que nos conduz a toda a verdade, e fluísse guiado por Ele.[25] Você precisa de um coração que escuta para que a sabedoria de Deus flua através de você em todos os aspectos da sua vida!

Creio que o mesmo pedido que, então, agradou ao Senhor também agrada a Ele hoje. Deus se agrada quando pedimos sabedoria a Jesus. Pedir-lhe sabedoria é colocarmo-nos em uma postura de confiança e dependência do Seu favor imerecido. Somente os humildes podem pedir a Jesus sabedoria e um coração que escuta. Embora Salomão só tenha pedido sabedoria, o Senhor lhe acrescentou "riquezas, bens e honra". Um número excessivo de pessoas está atrás de riqueza, bens e honra, não percebendo que eles vêm através da sabedoria de Jesus. Mesmo que alguém enriquecesse repentinamente, sem a sabedoria de Jesus para administrá-la, o dinheiro seria desperdiçado. Porém, com a sabedoria de Jesus, você não será apenas abençoado, mas também será capaz de manter as bênçãos em sua vida. Jesus o torna seguro para o bom sucesso que produz frutos duradouros e permanentes de geração em geração.

> *Jesus torna você seguro para o bom sucesso que produz frutos duradouros e permanentes de geração em geração.*

Voltando a Salomão, vejamos o que ele fez logo após receber sabedoria de Deus. Davi instituíra a adoração no monte Sião, não no monte Gibeão. Sobraram do tabernáculo de Moisés no monte Gibeão somente os objetos físicos, a estrutura e a forma. Ele tinha o castiçal, a mesa dos pães da proposição e o altar do incenso, mas faltava a peça mais importante do tabernáculo — a arca da aliança, que tinha a presença de Deus.

O rei Davi tivera uma especial revelação da arca da aliança, levara-a de volta a Jerusalém e a colocara no monte Sião. Vemos que, por alguma razão, Salomão preservava a tradição antes de receber a sabedoria. Embora ele fosse sincero em buscar o Senhor no monte Gibeão, a presença do Senhor estava, na realidade, no monte Sião. O tabernáculo de Moisés só tinha a forma, mas a substância da presença do Senhor estava com a arca da aliança em Jerusalém. No entanto, perceba isto: Quando Salomão recebeu a sabedoria do Senhor, **a primeira coisa** que ele fez ao acordar foi ir a Jerusalém, onde "pôs-se perante a arca da Aliança do Senhor, ofereceu holocaustos, apresentou ofertas pacíficas e deu um banquete a todos os seus oficiais".[26]

## A Sabedoria Faz Você Valorizar a Presença de Jesus

Como você pode saber se alguém recebeu sabedoria do Senhor? A primeira coisa que ele fará será valorizar a presença de Jesus! Quando Salomão foi inundado com a sabedoria de Deus, deixou a estrutura formal no tabernáculo de Moisés e foi buscar a presença do Senhor em Jerusalém. Após receber sabedoria e um coração que escutava, ele valorizou e considerou valiosa a presença do Senhor. Da mesma maneira, quando você receber a sabedoria de Deus, ela não o afastará da igreja. Em vez disso, ela o fará desejar receber ainda mais da Palavra de Deus e da presença de Jesus.

"*Pastor Prince, o que existe de tão significante a respeito da arca da aliança?*"

A arca da aliança é uma figura de Jesus. Ela é feita de madeira, que fala da humanidade de Jesus,[27] e é recoberta com ouro, que fala da divindade de Jesus.[28] Jesus é 100% homem e 100% Deus. Na arca existem três itens: As tábuas de pedra dos Dez Mandamentos, o bordão de Arão que florescera e um pote de ouro contendo maná. Esses itens representam, respectivamente, a falha e a rebelião do homem contra a lei perfeita de Deus, Sua liderança designada e Sua provisão.[29]

Agora, veja o coração de Deus por Seu povo. Ele dera instruções para que esses símbolos da rebelião do homem fossem colocados dentro da arca e cobertos com o propiciatório! O propiciatório é onde o sumo sacerdote espargiria o sangue da oferta, para cobrir todas as falhas e a rebelião dos filhos de Israel.

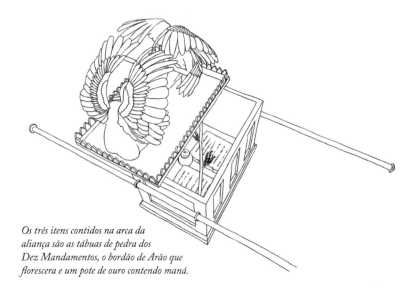

*Os três itens contidos na arca da aliança são as tábuas de pedra dos Dez Mandamentos, o bordão de Arão que florescera e um pote de ouro contendo maná.*

A arca da aliança não passa de uma sombra. Hoje, nós temos a substância da obra consumada de Jesus na cruz, onde o sangue do Filho do próprio Deus, não o sangue inferior de bois e bodes, foi derramado para apagar **todos** os nossos pecados, falhas e rebelião **de uma vez por todas**!

Não é espantoso que, nas batalhas em que os filhos de Israel **reconheciam o valor** da arca, eles se saíam vitoriosos. Da mesma maneira hoje, uma clara indicação da sabedoria de Deus em sua vida é quando você valoriza e reconhece a pessoa de Jesus e o que Ele fez por você na cruz. E, devido à verdadeira arca da aliança estar com você o tempo todo, você só pode ser triunfante, bem-sucedido e vitorioso em qualquer batalha que esteja travando. Salomão percebeu isso e, imediatamente, buscou a presença do Senhor após acordar de seu sonho. Amigo, busque a presença de Jesus em sua vida. Ele é a sua sabedoria e vitória sobre toda batalha nos dias de hoje!

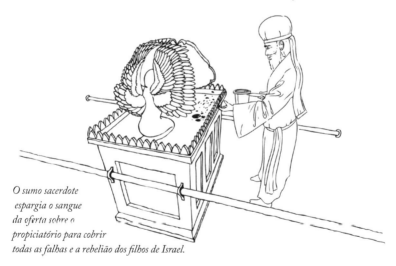

*O sumo sacerdote espargia o sangue da oferta sobre o propiciatório para cobrir todas as falhas e a rebelião dos filhos de Israel.*

## Sabedoria e Longevidade

A Bíblia promete algo quando você tem sabedoria: "Feliz o homem que acha sabedoria... O **alongar-se da vida está na sua mão direita**, na sua esquerda, riquezas e honra".[30] Infelizmente, para o rei Salomão, ele apenas teve a mão esquerda da sabedoria, que segura riquezas e honra. O Senhor havia lhe dito: "Se andares nos meus caminhos e guardares os meus estatutos e os meus mandamentos, como andou Davi, teu pai, prolongarei os teus dias".[31]

Para Salomão, que estava sob a velha aliança da lei, a bênção da longevidade era uma bênção condicional, que ele só poderia receber se pudesse guardar a lei com perfeição. Entretanto, Salomão falhou em fazer isso e não desfrutou de longevidade, a qual está na mão direita da sabedoria. Hoje, por estarmos sob a nova aliança da graça, Jesus está à direita do Pai e Ele é a nossa sabedoria. E quando temos Jesus, podemos ser abençoados com as duas mãos da sabedoria por causa da Sua obra consumada na cruz. Isso significa que riquezas e honra, assim como longevidade, pertencem a nós! Que tremendo Deus é este a quem servimos!

Amado, busque Jesus e você experimentará sabedoria em todas as áreas da sua vida. Você não pode tentar conquistar, merecer ou estudar para adquirir a sabedoria de Deus. Ela vem através do Seu favor imerecido. Sua sabedoria lhe dará bom êxito em sua carreira. Ela fará com que você tenha êxito como estudante, pai, mãe ou cônjuge.

---

*A sabedoria de Deus sempre leva à promoção e ao bom sucesso.*

---

Por exemplo, se você está enfrentando alguns problemas no seu casamento, Deus não irá fazer o seu cônjuge retroceder e fazer com que ele ou ela dance *moonwalk*\* e volte para você! A mesma coisa que afastou o seu cônjuge de você originalmente o afastará outra vez. O que você precisa é de sabedoria para lidar com sua situação conjugal!

Se você está enfrentando uma crise em seus negócios, dependa do Senhor para lhe dar a Sua sabedoria. Não existem "problemas de

---

\* Dança que consiste em passos que são dados para trás e ficou famosa nas coreografias do cantor Michael Jackson.

dinheiro", apenas "problemas de ideias". Confie que o Senhor irá abençoá-lo com a sabedoria do céu para fazer com que tudo que você toca no seu local de trabalho prospere. A sabedoria de Deus sempre leva à promoção e ao bom êxito.

## A Sabedoria de Deus Traz Promoção

Em Gênesis 39:3-4, vemos que, quando Potifar viu que o Senhor estava com José e que tudo que ele tocava prosperava, Potifar imediatamente promoveu José e o encarregou de todos os assuntos de sua casa. De maneira semelhante, quando Faraó viu que o Espírito de Deus estava em José e que não havia alguém com maior sabedoria e discernimento do que José, Faraó o encarregou de todo o Egito.[32] Porém, você precisa observar isto: José **sabia** que Deus era a fonte de sua sabedoria. Quando Faraó disse: "Tive um sonho, e não há quem o interprete. Ouvi dizer, porém, a teu respeito que, quando ouves um sonho, podes interpretá-lo". Respondeu-lhe José: "Não está isso em mim; mas Deus dará resposta favorável a Faraó."[33] José sabia que sua sabedoria era um resultado do favor imerecido do Senhor e não receberia qualquer crédito pessoal por ela. Claramente, ali estava um homem que compreendia a graça e merecia confiança com aumento, promoção e melhor sucesso.

Observe a sabedoria de José em ação. José não apenas interpretou o sonho de Faraó. Ele foi adiante, aconselhando Faraó sobre como tirar vantagem dos sete anos de abundância para se preparar para os sete anos de fome revelados em seu sonho. Você percebeu como o sábio conselho de José levou a criação de uma posição de influência para ele mesmo? É assim que a sabedoria do Senhor opera. Provérbios 18:16 diz: "O presente que o homem faz alarga-lhe o caminho e leva-o perante os grandes". José sabia que sua sabedoria era um dom do Senhor. Ele sabia que não a tinha conquistado e que ela fluía do favor imerecido de Deus para ele.

Sabedoria Divina para o Sucesso | 287

Os caminhos do Senhor são surpreendentes. Veja a extensão da promoção de José em Gênesis 41. Em menos de uma hora, ele foi elevado de um humilde prisioneiro ao posto mais alto possível de todo o Egito. Isso, meu amigo, é o favor imerecido de Deus! Sem luta, sem esforço próprio, sem concessões e sem manipulação, apenas a pura graça e somente a graça fez toda a diferença na vida de José!

Não se esqueça do que abordamos no início deste livro. Quando o Senhor está com você, você é uma pessoa bem-sucedida. Pode parecer que você está em uma prisão agora, preso em uma situação sem esperança, lançado fora e esquecido como José foi, mas a história ainda não acabou! A promoção do Senhor está muito próxima. Seja qual for a situação em que você se encontra neste momento, não desista.

---

*Quando você receber sabedoria de Deus, riquezas, honra e longa vida virão ao seu encontro.*

---

Se você está preso em uma situação e não sabe o que fazer, é tempo de humilhar-se e pedir sabedoria ao Senhor. A Bíblia diz: "Se... algum de vós necessita de sabedoria, peça-a a Deus, que a todos dá liberalmente e nada lhes impropera; e ser-lhe-á concedida".[34] Pedir sabedoria ao Senhor é dizer: "Eu não sou capaz, Senhor, mas Tu és. Desisto dos meus esforços próprios e dependo inteiramente de Teu favor imerecido e sabedoria". Quando você receber sabedoria de Deus, riquezas, honra e longa vida virão ao seu encontro. Corra para Ele agora!

## CAPÍTULO 21

# *Grandemente Abençoado, Altamente Favorecido, Profundamente Amado*

izemos uma empolgante jornada para compreender o favor imerecido do Senhor e agora estamos no penúltimo capítulo desta jornada. Oro para que Deus tenha aberto os seus olhos para as abundantes riquezas de Sua graça (favor imerecido) em Sua bondade por nós em Cristo Jesus, e dado a você a revelação do que verdadeiramente significa ser justificado pela fé e não por obras.

Somos lavados pelo sangue de Jesus, cheios com Seu Espírito e revestidos da Sua justiça. Quando Jesus morreu na cruz por nossos pecados, o véu que nos separava da santa presença do Senhor foi rasgado em dois[1] e um novo e vivo caminho para a santa presença de Deus foi aberto. Hoje, podemos entrar **confiantemente** no santo dos santos, sem medo ou receio, porque não estamos apoiados em nossa própria santidade, mas na de Cristo. Amado, você sabe que tremendo privilégio é isso? Fazer isso era impossível sob a velha aliança da lei.

Sob a velha aliança da lei, a única pessoa que podia entrar no Santo dos Santos, onde ficava a arca da aliança, era o sumo sacerdote de Israel. E mesmo o sumo sacerdote não podia entrar quando quisesse. Só era permitida a sua entrada na presença de Deus **uma vez por ano**, no dia da expiação. Entretanto, hoje, você e eu temos livre e completo acesso à presença de Jesus a qualquer tempo. Jesus está conosco o tempo todo. Isso significa que podemos ter sucesso sempre, em tudo que fazemos!

---

*Jesus está conosco o tempo todo. Isso significa que podemos ter sucesso sempre, em tudo que fazemos!*

---

## A Divina Troca na Cruz

Ao nos prepararmos para desacelerar, quero certificar-me de que, antes de fechar este livro, você terá total segurança do seu perfeito apoio em Cristo hoje. Deixe-me reiterar-lhe o que é a nova aliança, em termos muito simples. Na velha aliança da lei, Deus disse à nação de Israel que, a menos que eles cumprissem Seus mandamentos com perfeição, Ele não poderia aceitá-los. Mas, o próprio Deus encontrou falha na velha aliança, porque o homem nunca poderia preencher todos os seus requisitos, e decidiu fazer uma nova aliança, totalmente baseada na obra perfeita de Jesus.

Na nova aliança do favor imerecido, Deus disse, essencialmente: "Eu tenho um jeito melhor. Deixe Jesus cumprir perfeitamente todas as leis por você. E, mesmo que não haja pecado nele, deixe-o pagar o preço por toda a sua transgressão da lei. Deixe-o receber toda a punição que você merece. Uma vez que todos os seus pecados foram julgados no corpo de Jesus na cruz, eu nunca punirei você novamente por esses pecados. Tudo que você precisa fazer é aceitar Jesus e crer em todas as boas coisas que Ele fez, e eu colocarei em sua conta tudo que Ele realizou e lhe darei todas as bênçãos, o favor e o sucesso que Meu Filho merece."

"Quanto a todas as coisas erradas que você fez e sempre fará, eu as colocarei em Sua conta — na cruz, Ele receberá todo julgamento, condenação e punição que você merece por seus pecados. Desta maneira, todas as coisas boas que Ele fez se tornam suas e todas as coisas más que você fez e fará se tornam dele no Calvário!"

É por isso que nós o chamamos evangelho da graça. "Evangelho" significa "boas-novas" e essas são, verdadeiramente, BOAS-NOVAS! Mesmo que você não compreenda totalmente as diferenças teológicas entre a velha e a nova alianças, basta compreender a divina troca que ocorreu na cruz e já terá uma profunda e íntima compreensão do evangelho de Jesus. O que estou dizendo aqui? Estou lhe dizendo que você não precisa ser um mestre de ensino bíblico para compreender o evangelho. Você simplesmente precisa conhecer a pessoa de Jesus e tudo que Ele fez por você! Você precisa saber que, no momento em que aceitou Jesus, Deus lhe deu uma eterna nota "A+" por seu correto posicionamento com ele. Você precisa saber que, hoje, pode desfrutar do favor de Deus. Ele é completamente imerecido e pertence a você devido ao que Jesus fez na cruz!

## Como Crescer no Favor Imerecido de Deus

A Palavra de Deus nos diz que "Jesus **crescia em sabedoria**, estatura e **graça [favor]**, diante de Deus e dos homens".[2] Este é um bom versículo para declarar a respeito de seus filhos — que eles primeiro aumentam em graça diante de Deus e, depois, em graça diante dos homens. Seu "relacionamento vertical" com Deus deve sempre ter prioridade sobre seu "relacionamento horizontal" com as pessoas à sua volta.

Como Jesus, você pode crescer em sabedoria e no favor imerecido de Deus. Como? Provavelmente, você percebeu que alguns crentes parecem receber muito mais favor imerecido do que outros. Creio que isso ocorre porque esses crentes compreendem a chave para acessar o favor de Deus. Romanos 5:2 explicita claramente: "... por intermédio de quem obtivemos igualmente acesso, **pela fé**, a esta graça [favor imerecido] na qual estamos firmes". Para obter acesso ao seu computador ou à sua conta bancária, você necessita de uma senha. Para obter acesso e crescer no favor imerecido de Deus, a "senha" ou chave que precisamos ter é fé, fé para crer que VOCÊ, _____ (coloque seu nome), **é** altamente favorecido!

Uma das coisas que ensinei os membros de minha igreja a fazerem é declarar, a respeito de si mesmos, que são **grandemente abençoados, altamente favorecidos e profundamente amados**.

*"Como sabemos que somos grandemente abençoados, pastor Prince?"*

Leia Hebreus 6:13-14. Deus quis que estivéssemos tão ancorados no seguro e firme conhecimento de que **Ele** nos abençoará, a semente de Abraão, que jurou por si mesmo, dizendo: "Certamente, te abençoarei e te multiplicarei."

*"Como podemos dizer que somos altamente favorecidos?"*

Efésios 1:6 nos diz que a graça (favor imerecido) de Deus, Ele "... nos concedeu gratuitamente no Amado". No texto original em grego, a palavra "concedeu" é a palavra *charitoo*, que significa "altamente favorecido".[3]

*"E nós somos, de fato, profundamente amados por Deus?"*

Deus não apenas nos amou. João 3:16 diz que "Deus amou o mundo de tal maneira que deu o seu Filho unigênito". Ele demonstrou como nos amou DE TAL MANEIRA ao enviar Jesus para morrer na cruz por nós.

Oro para que os versículos que lhe mostrei aqui e em todo este livro o ajudem a crer que, através de Jesus, você é, de fato, grandemente abençoado, altamente favorecido e profundamente amado. Se essas verdades ainda não estiverem estabelecidas em seu coração, comece a declará-las. Olhe-se no espelho a cada manhã e declare ousadamente: "Devido à obra perfeita de Jesus na cruz, eu sou justo por Seu sangue e sou grandemente abençoado, altamente favorecido e profundamente amado! Tenho a expectativa de que boas coisas virão ao meu encontro. Tenho a expectativa de bom sucesso e uma confiante expectativa do bem!"

*Devido à obra perfeita de Jesus na cruz, você é justo por Seu sangue e é grandemente abençoado, altamente favorecido e profundamente amado!*

Quando você recebe Cristo, está pisando no solo do favor. Você não está mais no solo da condenação. Deus olha para você como Seu filho favorito!

*"Mas, pastor Prince, como Deus pode ter tantos favoritos?"*

Ei, Ele é Deus. Não tente limitar um Deus infinito com sua mente finita. A Bíblia nos diz que Deus conta cada fio de cabelo de nossas cabeças.[4] (Como já disse, eu amo muito minha filha, mas nunca contei o número de fios de cabelo em sua cabeça.) Seu amor para cada um de nós é íntimo e profundamente pessoal. Aos Seus olhos, todos nós somos Seus favoritos!

## A História de Ester

Quando você sabe ser grandemente abençoado, altamente favorecido e profundamente amado, não tem de depender de seus próprios esforços. Veja a história de Ester, por exemplo. Quando o rei Assuero procurava uma nova rainha, todas as mulheres mais bonitas do território foram trazidas ao palácio. Todas as mulheres receberam a oportunidade de se adornarem com o que desejassem dos aposentos das mulheres, antes de serem levadas a uma audiência com o rei. Mas, quando foi a vez de Ester, ela "nada pediu além do que disse Hegai, eunuco do rei, guarda das mulheres". E veja os resultados: "Ester **alcançou favor** de todos quantos a viam"[5] e o rei "amou a Ester mais do que a todas as mulheres, e **ela alcançou perante ele**

**favor e benevolência** mais do que todas as virgens; o rei pôs-lhe na cabeça a coroa real e a fez rainha".[6]

Enquanto as outras mulheres pegaram as melhores vestimentas, perfumes e acessórios para embelezar-se, Ester não confiou em suas próprias capacidades, mas se submeteu a Hegai, o oficial indicado pelo rei para guardar as mulheres. Havia muita sabedoria e humildade em sua decisão. Você é capaz de ver a beleza de Ester? Ela não confiou em seus próprios esforços. Enquanto as mulheres tentavam vencer as demais confiando em seus próprios esforços, Ester se submeteu, sabiamente, à única pessoa que conheceria melhor as preferências do rei; os resultados falam por si mesmos.

Esse incidente também nos demonstra que Ester dependeu inteiramente do favor imerecido do Senhor. Quando você depender inteiramente do favor imerecido do Senhor, estará em uma posição de descanso, confiança e tranquilidade. Ester não teve de esforçar-se. Quando ela descansou no Senhor e se humilhou, o Senhor a promoveu e a exaltou acima de todas as outras lindas mulheres. Deus resiste ao soberbo e concede favor imerecido ao humilde.[7] Quando você se humilha e cessa seus próprios esforços para promover-se, e depende de Jesus e somente dele, o próprio Senhor será sua promoção e seu crescimento. Como Ester, você se destacará em uma multidão e obterá graça e favor diante de Deus e dos homens.

---

*Quando o Senhor promove você, Ele lhe dá a influência para ser uma bênção e proteção para as pessoas à sua volta.*

---

Você sabe por que a história de Ester é tão importante? Leia os detalhes no livro de Ester. Devido a Ester ter sido promovida para tornar-se a rainha, ela ficou em uma posição favorecida para proteger contra o assassinato todo o povo judeu do reino. Quando o Senhor promove você, Ele lhe dá a influência para ser uma bênção e proteção para as pessoas à sua volta. Não existem coincidências, mas apenas Deus-cidências. O Senhor abençoará você para ser uma bênção!

## Ter Favor Não Significa Que Você Não Enfrentará Problemas

Quando o favor imerecido de Deus estiver brilhando sobre você, boas coisas lhe acontecerão. Contudo, ao mesmo tempo, quero que você esteja ciente de que também poderá enfrentar alguns problemas que surgem devido ao favor que está sobre a sua vida. Por exemplo, se você for um empresário, terá mais negócios do que pode dar conta. Se você for um médico, os pacientes formarão longas filas para serem tratados por você. Contudo, esses são "bons problemas".

Enquanto o Senhor continua a abençoar a nossa igreja, nosso problema é não ficarmos sem espaço para acomodar as preciosas pessoas que vêm todo domingo para ouvir o evangelho da graça e a "palavra do agora" que Deus tem para elas. Atualmente, todo domingo já temos quatro cultos sendo transmitidos "ao vivo" em vários salões abarrotados, com muitas pessoas formando fila durante mais de uma hora a cada semana para conseguir um assento em nosso auditório principal. Nosso maior salão acomoda, atualmente, mais de duas mil pessoas. É um "bom problema", mas garantir novos salões permanece um desafio constante enquanto aguardamos o término do salão muito maior que estamos construindo no momento em que este livro é escrito.

Então, favor imerecido não significa que você não terá qualquer problema em sua vida. Porém, lembre-se, mesmo em meio a esses problemas, a todo-poderosa graça de Deus lhe basta e Seu poder se aperfeiçoa na sua fraqueza![8]

## Ter Favor Não Significa Que Todos Gostarão de Você

Desfrutar do favor imerecido de Deus em sua vida também não significa que todos que encontrar gostarão de você. Creio que você terá o favor de uma grande maioria das pessoas, mas poderá haver um punhado de pessoas de quem você não receberá favor. Analisemos a vida de Jesus, porque o mesmo favor que está sobre a Sua vida está, hoje, sobre a sua.

Quando Jesus começou Seu ministério aos 30 anos, multidões se juntavam a Ele onde quer que Ele fosse. Por exemplo, Mateus 4:24 diz: "E a sua fama correu por toda a Síria; trouxeram-lhe, então, todos os doentes, acometidos de várias enfermidades e tormentos: endemoninhados, lunáticos e paralíticos. E ele os curou".

Jesus tinha tanto favor que, ao comparecer perante Pôncio Pilatos, este tentou diversas maneiras de soltar Jesus. De fato, Jesus teve de manter a boca fechada para poder ser crucificado. Ele sabia que, se abrisse Sua boca e falasse com o favor e a sabedoria de Deus, seria libertado.

Preste atenção, meu amigo, Jesus não foi assassinado! Ele entregou Sua vida por vontade própria. Ele escolheu ser levado como um cordeiro ao matadouro. Ele tinha o poder de, a qualquer tempo, impedir os soldados que o prendiam. De fato, os homens que foram prendê-lo no jardim do Getsêmani caíram ao chão quando Ele disse: "Sou eu."[9] Jesus teve de esperar que eles se levantassem para prendê-lo!

Jesus **escolheu** sujeitar-se ao espancamento, abuso e açoitamento. Ele **escolheu** ser crucificado no Calvário. Em todo o tempo, ele pensava em você e em mim. Ele sofreu cada ato de tortura para poder lavar todos os nossos pecados e reconciliar-nos com Deus. Como podemos não amar e adorar o nosso Salvador, que pagou um preço tão grande por nossa salvação?

Embora Jesus desfrutasse do favor de quase todos, havia um grupo de pessoas junto às quais Ele não encontrava favor — os fariseus autojustificados, egocêntricos e legalistas. De maneira semelhante, quando você analisa a vida de José, nota que ele tinha tanto favor com seu pai Jacó, que este lhe deu uma túnica talar de linho fino. No entanto, José não tinha o favor de seus irmãos mais velhos. Eles foram tomados de tanta inveja e ódio de José que o lançaram em uma cisterna e o venderam como escravo.

Infelizmente, os fariseus autojustificados e os "irmãos mais velhos" ciumentos ainda existem nos dias de hoje. Sua dependência é de sua própria carne e eles operam sob o sistema do "favor merecido" com base na lei. É por isso que eles odeiam e invejam as pessoas que andam sob a graça de Deus, que é favor imerecido e inconquistável. Então, não se surpreenda de não ter o favor de pessoas autojustificadas quando estiver andando no favor de Deus. De fato, você poderá descobrir que, ao crescer no favor de Deus, algumas pessoas escreverão coisas terríveis a seu respeito, tentarão assassinar seu caráter e arrastar seu nome na lama.

*O favor de Deus é como um escudo em toda a sua volta, protegendo-o daqueles que vêm contra você.*

Todavia, não se preocupe com eles. Eles estão se tornando, rapidamente, uma pequena minoria. Existe uma revolução do evangelho em todo o mundo, pois as pessoas estão redescobrindo o evangelho que nosso Salvador morreu para dar-nos. Apenas foque no favor do Senhor em sua vida e creia que, deveras, "Toda arma forjada contra ti não prosperará; toda língua que ousar contra ti em juízo, tu a condenarás".[10] Você não precisa tentar defender-se, porque a proteção de Deus envolve o justo. O salmista diz: "Pois tu, Senhor, abençoas o justo e, como escudo, o cercas da tua benevolência".[11] Que linda promessa da Palavra de Deus. O favor de Deus é como um **escudo** em toda a sua volta, protegendo-o daqueles que vêm contra você. Imagine isso para a sua vida e vivencie Sua amorosa proteção!

## Personalizando o Favor de Deus em Sua Vida

Eu costumava pensar que, dentre os 12 discípulos de Jesus, João era o discípulo favorito do Senhor e o mais próximo a Ele, porque a Bíblia o chama "o discípulo a quem Jesus amava".[12]

Eu tinha a impressao de que João gozava de um favor especial de Jesus e sempre imaginava o que o tornava tão especial, a ponto de destacar-se dos outros discípulos. Você não quer ser conhecido como o discípulo a quem Jesus amava? Eu quero!

Então, certo dia, ao ler a Palavra de Deus, ocorreu-me o segredo do favor de João. O Senhor abriu meus olhos e me mostrou que a frase "o discípulo a quem Jesus amava" está no livro do *próprio* João! Verifique você mesmo. Você não encontrará essa frase nos Evangelhos de Mateus, Marcos e Lucas. Ela só é encontrada no Evangelho de João. Trata-se de uma frase que *João* utilizou para descrever a si mesmo!

Ora, o que João estava fazendo? **Ele estava praticando e personalizando o amor que Jesus tinha por ele.** Todos nós somos favoritos de Deus, mas João conhecia o segredo para acessar o favor imerecido de Jesus por sua própria conta. É sua prerrogativa ver-se como o discípulo a quem Jesus amava e chamar-se assim!

Quando comecei a ensinar que o segredo do favor de João estava em sua personalização do amor de Deus, as pessoas de minha igreja literalmente adentraram uma nova dimensão de vivenciar o favor imerecido de Deus em suas vidas. Vi como algumas delas realmente passaram a viver essa revelação. Algumas delas personalizaram os papéis de parede de seus celulares para dizer: "O discípulo a quem Jesus amava", enquanto outras assinavam suas mensagens de texto e seus *e-mails* com essa frase.

Lembrando a si mesmas todo o tempo de que eram "o discípulo a quem Jesus amava", elas começaram a aumentar sua consciência do amor do Senhor por elas. Ao mesmo tempo, começaram a aumentar sua consciência do favor! Tenho pilhas de relatos de louvor a respeito de como membros de nossa congregação foram muito abençoados apenas por estarem conscientes do favor de Jesus em suas vidas. Alguns foram promovidos, outros receberam aumentos espetaculares de salário e muitos ganharam diversos prêmios em suas funções nas empresas e em outros concursos, inclusive férias com todas as despesas pagas.

Um irmão de minha igreja solicitou certo cartão de crédito durante uma promoção especial, na qual novos solicitantes poderiam ganhar vários prêmios. Provavelmente, centenas de milhares de pessoas participaram dessa promoção, mas esse jovem apenas acreditou que era altamente favorecido e, devido a isso, ganhou o prêmio principal.

*Para o crente, não existe sorte. Só existe o favor imerecido de Jesus!*

Chegou o dia do sorteio e, verdadeiramente, esse jovem ganhou o prêmio principal — um deslumbrante Lamborghini Gallardo preto! Quando escreveu à igreja para compartilhar seu testemunho, ele incluiu uma foto dele mesmo sorrindo de orelha a orelha, posando com seu Lamborghini zero quilômetro. Ele disse que sabia ter ganhado o carro pelo favor imerecido de Deus e, após vender o carro, trouxe seu dízimo à igreja, dando toda glória e honra a Jesus. O mundo chama isso de "sorte", mas, para o crente, não existe sorte. Só existe o favor imerecido de Jesus!

## Como o Favor de Deus me Resgatou

Agradeço a Deus por revelar-me a verdade do favor imerecido de Deus ainda no final de minha adolescência. Durante meu serviço militar, que é obrigatório para todos os cidadãos homens de Singapura, aconteceu-me algo que realmente me estabeleceu no favor de Deus.

Quando eu estava em treinamento na selva, fui colocado sob um comandante de uma divisão militar conhecido como sádico. Ele nos exigia ao extremo. Toda noite, muito depois de as outras companhias terem completado seu treinamento, ele ainda nos exigia um exercício após outro. O regime de punição impactava nossos corpos e esse comandante da divisão nos enchia de abusos verbais ao mesmo tempo, esmagando qualquer estima que ainda tivéssemos em nossos corpos doloridos e ensopados de suor.

Em determinada noite, o comandante da divisão nos forçou a subir uma colina correndo, repetidamente, até eu realmente sentir que não aguentava mais. Vi outras companhias já se aprontando para dormir, enquanto nós éramos forçados a continuar os esgotantes exercícios. Após correr morro acima e morro abaixo incontáveis vezes, finalmente ocorreu à minha rápida mente clamar a Jesus. Então, resfolegando, clamei pelo favor! Antes disso, eu nunca clamara assim a Deus, mas Deus estava apenas esperando abrir minha boca para liberar Seu favor sobre mim. Aquela noite finalmente terminou, mas algo inesperado nos aguardava no dia seguinte.

Na manhã seguinte, o comandante da divisão nos reuniu. Ao sentarmo-nos no chão, com aparência uniformemente exausta, ele nos disse: "Na noite passada eu tive um sonho. Um de vocês apareceu em meu sonho e, quando vi sua face, senti algo acontecer em meu coração... e percebi que tenho tratado todos vocês muito mal. Vocês querem saber quem eu vi?"

Ele apontou seu dedo bronzeado para o meu rosto.

A partir de então, o comandante da divisão passou ao outro extremo. Quando nossa companhia estava a sós com ele, ele sempre nos dizia para relaxarmos e não treinarmos com tanto vigor. Em vez de forçar-nos a executar centenas de agachamentos, agora ele se sentava conosco, contando uma história atrás da outra. Nós não nos interessávamos particularmente pelas histórias que ele tinha a contar a respeito de seu pai, seu avô e pessoas de sabe-se lá quantas outras gerações de sua família, mas nós não tínhamos qualquer queixa. De repente, a vida militar se tornou refrescante!

De qualquer maneira, logo após aquele incidente, fui enviado a outros programas de treinamento militar e não vi aquele comandante durante quase um ano. Mas, no último dia do meu serviço militar, nossos caminhos acabaram se cruzando e ele gritou meu nome de longe. Sabendo que ele tinha centenas de treinandos a cada ano, todos com a mesma aparência (todos usávamos os mesmos uniformes e o mesmo corte de cabelo), eu sabia que deveria ter sido algum sonho que ele tivera comigo. Naquele momento, eu estava plenamente convencido de que o favor de Deus funciona!

> *Quanto mais você estiver consciente de quão precioso é para Jesus e de quão favorecido você é devido a Ele, mais você crescerá em favor diante de Deus e dos homens.*

Amado, eu oro para que você aprenda a **personalizar o favor de Deus** em sua vida. Quando perceber que não é apenas um rosto na multidão, mas alguém por quem Deus — o Criador de todo céu e terra — é apaixonado, você só pode querer viver uma vida que glorifica seu Abba. E, quanto mais você estiver consciente de quão precioso você é para Jesus e de quão favorecido você é devido a Ele, mais você crescerá em favor diante de Deus e dos homens. Prepare-se para ver bom sucesso em sua vida quando você se tornar cada vez mais consciente de Jesus. E, lembre-se, você é grandemente abençoado, altamente favorecido e profundamente amado!

## CAPÍTULO 22

# *O Segredo do Amado*

Amigo, chegamos ao último capítulo deste livro e, antes de terminarmos, desejo certificar-me de que você conhece o segredo do amado, que é saber que você é profundamente, profundamente amado pelo Deus Todo-Poderoso. Conhecer esta verdade fará com que você se estabeleça no favor imerecido de Deus e sempre carregue um senso de consciência do favor onde quer que vá.

Provavelmente, todos os cristãos creem que Deus tem o **poder** para abençoar, curar, proteger, prosperar e tornar alguém um sucesso. Contudo, nós sabemos que nem todos os cristãos creem que Deus está **disposto** a fazer tudo isso por eles. Mateus 8:1-3 registra a história de um leproso que foi a Jesus para ser curado. Ele disse: "Senhor, se quiseres, podes purificar-me". O leproso não duvidou da capacidade de Jesus para curá-lo, mas não tinha certeza se Jesus estava disposto a curá-lo, um leproso banido por todos. Em outras palavras, ele acreditava na onipotência de Deus, mas não tinha certeza se no coração de Deus havia amor e favor imerecido por ele. Estou certo de que você conhece crentes assim. Eles podem crer no poder de Deus, mas estão incertos quanto ao coração de Deus por eles. Eles sabem que Deus pode, mas não têm certeza se Ele quer fazê-lo.

Essa é uma das maiores tragédias da igreja nos dias de hoje. Quando esses crentes ouvem testemunhos de outros crentes curados pelo Senhor, eles não têm certeza se Deus também está disposto a curá-los. Quando eles leem relatos louvando ao Senhor por ter abençoado a outros com promoções e bênçãos financeiras, eles perguntam, em seu íntimo, se Deus também estará disposto a fazer o mesmo por eles. Eles imaginam o que aquelas pessoas **fizeram** para obter suas bênçãos.

Mais tragicamente, eles olham para as suas vidas, imperfeições e falhas e começam a desqualificar-se para receber as bênçãos de Deus. Eles pensam: *Por que Deus me abençoaria? Veja o que fiz. Não sou merecedor.* Em vez de ter fé para crer em Deus para o seu avanço, eles se sentem demasiadamente condenados para serem capazes de crer na bondade de Deus e receber dele qualquer bem.

Amigo, não seja como o leproso que interpretou Jesus de maneira totalmente errada! Vejamos como Jesus respondeu a ele. Isto é importante, porque seria a mesma resposta que Jesus lhe daria se você o abordasse hoje.

## "Eu Quero"

Mateus 8:3 registra que "Jesus, estendendo a mão, tocou-lhe, dizendo: Quero, fica limpo!" Você é capaz de ver quão pessoal é o ministério de Jesus? Ele não tocou todas as pessoas que curou. Às vezes, Ele simplesmente falava e os enfermos eram curados. Entretanto, neste caso, Jesus estendeu Sua mão e tocou o leproso com ternura. Eu creio que Jesus fez isso para curá-lo não somente da sua lepra, mas também das cicatrizes emocionais que se formaram nele ao longo de anos de rejeição.

A lepra era uma doença altamente contagiosa e a lei proibia os leprosos de entrarem em contato com outras pessoas. Isto significa que, durante anos, esse leproso fora escorraçado por todos que viram a sua condição, até mesmo os membros de sua própria família. Provavelmente, ele fedia devido à carne em putrefação e à negligência recebida, e sua aparência devia ser repulsiva.

---

*Seja qual for a transformação para a qual você esteja crendo que Jesus promoverá, Ele lhe diz: "EU QUERO".*

---

Porém, sem hesitar, Jesus tocou-o, dando-lhe o primeiro toque humano que ele recebera desde que contraíra a doença. A Bíblia nos conta que, imediatamente, sua lepra foi eliminada e o homem recebeu sua cura.

Jesus é o mesmo ontem, hoje e para sempre.[1] Seja qual for a transformação para a qual você esteja crendo que Jesus promoverá, Ele lhe diz: "EU QUERO". Pare de duvidar do Seu coração de amor por você. Pare de ocupar-se com as suas próprias desqualificações e seja completamente absorvido em Seu amor e graça (favor imerecido) por você!

## Venha Para Jesus Como Você Está

*"Mas, pastor Prince, por que Deus iria querer me abençoar? Minha vida está uma bagunça."*

Amigo, você é favorecido e aceito por Deus hoje devido ao **Seu** favor imerecido. Ele pode pegar a sua desordem e transformá-la em algo lindo. Chegue-se a Ele exatamente como você está.

Anos atrás, repentinamente, um dos membros de minha igreja deixou de vir à igreja durante um longo tempo. Encontrei-me com ele para saber como ele passava e para ver se tudo estava certo. Ele foi muito sincero comigo e me disse estar passando por muitos problemas em seu casamento, e que ele desenvolvera dependência de álcool. Então, ele disse: "Assim que eu acertar minha vida, voltarei à igreja".

Sorri e perguntei-lhe: "Você se limpa antes de tomar banho?" Por sua expressão, percebi que ele fora impactado por minha pergunta;

então, disse-lhe: "Chegue-se ao Senhor como você está. Ele é o banho. Ele limpará você. Ele colocará sua vida em ordem para você e fará com que você seja libertado de toda dependência. Você não tem de usar seus próprios esforços para limpar-se antes de tomar banho!"

Alegro-me em compartilhar que esse precioso irmão logo retornou à igreja e Jesus transformou sua vida. Hoje, ele tem um casamento feliz, é abençoado com uma linda família e é um de meus principais líderes. É isso o que o Senhor faz quando você se chega a Ele como você está e permite que Seu amor o conduza à integridade. Ele fará todas as coisas lindas em sua vida.

Existem, hoje, muitas pessoas como esse irmão. Elas querem colocar suas vidas em ordem por si mesmas antes de se chegarem a Jesus. Elas têm a impressão de precisarem santificar-se antes de poderem entrar na santa presença de Deus. Elas sentem estar sendo hipócritas se não colocarem em ordem suas vidas antes de vir à igreja.

Nada poderia estar mais longe da verdade. Você **nunca** será capaz de se tornar santo o bastante para estar qualificado para receber as bênçãos de Deus. Você é santificado, justificado e purificado pelo sangue de Jesus Cristo, e é a **Sua** condição de justo que o qualifica — nada mais e nada menos. Portanto, pare de tentar se limpar antes de vir para o Senhor. Venha para Jesus com todo o seu caos, todos os seus vícios, com todas as suas fraquezas e com todos os seus erros. Deus o ama assim como você é. Entretanto, Ele também o ama demais para permitir que você continue o mesmo. Meu amigo, quando você vem para Jesus, Ele se torna o seu "banho". Ele o limpará, e o tornará mais alvo do que a neve! Pule para dentro do banho hoje e permita que Jesus o faça perfeito, justo e santo aos olhos de Deus!

## Altamente Favorecido no Amado e Agradável a Deus

Efésios 1:6 (AMP) diz: "... para louvor da glória de sua graça [favor imerecido], pela qual nos tornou **aceitos** gratuitamente no Amado". É impossível fazermo-nos aceitos. Somos feitos aceitos pela glória do favor imerecido do Senhor. No capítulo anterior, aprendemos que a palavra "aceito" de Efésios 1:6 é a palavra grega *charitoo*. Ora, a palavra raiz de *charitoo* é *charis*,[2] que significa "graça". Então, *charitoo* significa, simplesmente, "altamente cheio de graça" ou "altamente favorecido". Em outras palavras, você é altamente favorecido no Amado!

Ora, sabemos que "o Amado" de Efésios 1:6 se refere a Jesus. Se você continuar lendo, o versículo seguinte diz: "no qual [Jesus, o Amado] temos a redenção, pelo seu sangue, a remissão dos pecados, segundo a riqueza da sua graça [favor imerecido]". Ora, por que a Bíblia não disse apenas que somos altamente favorecidos em Jesus ou em Cristo? (Não existem detalhes insignificantes na Bíblia.) Por que o Espírito Santo escolheu, especificamente, dizer que somos altamente favorecidos "**no Amado**"?

"Amado" é um termo caloroso e íntimo, utilizado por Deus no rio Jordão para descrever Jesus. A Bíblia nos diz que, quando Jesus foi batizado no rio Jordão, logo que Ele saiu da água, "viu os céus rasgarem-se e o Espírito descendo como pomba sobre ele. Então, foi ouvida uma voz dos céus: Tu és o **meu Filho amado, em ti me comprazo**".[3] Nestas passagens, você pode ver o Deus trino — Deus Pai, Filho e Espírito Santo. Isto nos diz que aqui existe algo muito importante a aprendermos.

Deus Pai falou publicamente e Suas palavras foram registradas para você saber que ser "aceito no Amado" significa que **Deus se agrada de você** hoje. Veja-se intimamente acomodado no seio de Jesus, o Amado de Deus. Quando Deus olha para você, Ele não vê as suas falhas e deficiências. Ele o vê na perfeição e graciosidade de Jesus! Devido a você estar em Cristo, Deus lhe diz: "Você, _____ (coloque seu nome), é Meu amado, em quem me comprazo". Jesus é agradável a Deus porque cumpriu a lei com perfeição. Você e eu somos agradáveis a Deus porque somos aceitos e altamente favorecidos no Amado, que tomou sobre si todos os nossos pecados e cumpriu a lei por nós!

# Lembre-se Sempre de Que Você É o Amado de Deus

Imediatamente após Jesus ser batizado, Ele foi levado para o deserto, para ser tentado pelo diabo. O diabo se aproximou de Jesus e disse: "Se és Filho de Deus, manda que estas pedras se transformem em pães."[4] Ora, não esqueça de que Jesus acabara de ouvir a voz de Seu Pai confirmando-o com as palavras "Você é Meu Filho **amado**". Anos atrás, ao estudar as tentações de Jesus pelo diabo, o Senhor me perguntou: "Você percebeu que o diabo suprimiu uma palavra ao tentar Meu Filho?"

---

*Para as tentações do diabo funcionarem, ele não pode lembrá-lo de que você é amado por Deus.*

---

Eu nunca ouvira alguém pregar isso ou lera isso em qualquer livro, mas Deus abriu meus olhos para ver que o diabo omitira a palavra "amado"! Deus acabara de dizer a Jesus: "Você é Meu Filho **amado**". Mas, pouco depois disso, o diabo aproximou-se de Jesus, dizendo: "Se és Filho de Deus..." Está faltando a palavra "amado"! A serpente suprimiu deliberadamente a palavra "amado"!

Então, o Senhor me mostrou que, para as tentações do diabo funcionarem, ele não pode lembrá-lo de que você é amado por Deus. No momento em que você for lembrado de sua identidade de amado de Deus em Cristo, ele não será capaz de obter sucesso! Não admira que o diabo queira roubar dos crentes seu senso de serem amados de Deus.

## Deus Nunca Ficará Zangado com Você

Há uma advertência em 1 Pedro 5:8 — "Sede sóbrios e vigilantes. O diabo, vosso adversário, anda em derredor, **como leão que ruge** procurando alguém para devorar". Eu sei que um leão ruge para intimidar e amedrontar, mas costumava imaginar qual tipo de medo o diabo tenta instilar no crente. Mas, **precisamos deixar a Bíblia interpretar a Bíblia**. Não podemos basear nossas interpretações em nossos *backgrounds* denominacionais ou em nossas experiências.

Um dia, eu estava lendo Provérbios 19 e cheguei ao versículo 12: "**Como o bramido do leão**, assim é a indignação do rei; mas seu favor é como o orvalho sobre a erva." Quem é o rei a que esse versículo se refere? Ele é o nosso Senhor Jesus! Então, quando o diabo anda em derredor **bramando como um leão**, ele está tentando personificar o Rei. Ele está tentando fazê-lo sentir-se como se Deus estivesse zangado com você. Toda vez que você escuta uma pregação que lhe dá uma sensação de que Deus está zangado com você, adivinhe? Você acaba de escutar um rugido! Mas, saiba isto, amado: Deus NUNCA voltará a ficar zangado com você. Ele apenas tem de nos dizer isso, mas quer que tenhamos a certeza de que Ele jurou, em Sua Palavra, que nunca voltaria a ficar zangado conosco. Quero que você leia a seguinte passagem:

> Porque isto é para mim como as águas de Noé; pois jurei que as águas de Noé não mais inundariam a terra, e **assim jurei que não mais me iraria contra ti**, nem te repreenderia. Porque os montes se retirarão, e os outeiros serão removidos; mas a minha misericórdia não se apartará de ti, e a aliança da minha paz não será removida, diz o Senhor, que se compadece de ti.
>
> — Isaías 54:9-10

Esta passagem de Isaías 54 vem logo após o famoso capítulo messiânico dos sofrimentos do Cristo, Isaías 53. Portanto, Isaías 54 decifra os triunfos e os despojos dos Seus sofrimentos.

Você sabe por que Deus nunca mais ficará zangado conosco? É devido ao que Cristo realizou por nós! Na cruz, Deus derramou toda a Sua ira sobre o corpo de Seu Filho. Jesus exauriu toda a feroz indignação de um Deus santo contra **todos** os nossos pecados e, quando todo o julgamento de Deus dos nossos pecados se esgotou completamente, Ele bradou: "Está consumado!"[5] E, devido aos nossos pecados já terem sido punidos, Deus, que é um Deus santo e justo, não nos punirá hoje quando cremos no que Cristo fez. A santidade de Deus está, agora, do nosso lado. Sua justiça está, agora, a seu favor, não contra você. Você é Seu amado, em quem Ele se compraz!

---

*Quando você souber que é o amado de Deus,*
*será capaz de derrotar todos os gigantes de sua vida!*

---

Que poderosa revelação. Isso significa que, sempre que **você** estiver cheio da revelação de que é altamente favorecido no Amado, poderá superar qualquer tentação lançada sobre sua vida. Na próxima vez em que o diabo tentar roubar de você seu senso de ser amado, fazendo-o pensar que Deus está zangado com você, ignore-o. Ignore-o quando ele disser: "Como você pode denominar-se cristão?" Você é amado por Deus! A propósito, você sabia que, em hebraico, o nome de Davi significa "amado"? Quando você souber que é o amado de Deus, será capaz de derrotar todos os gigantes de sua vida!

## Proximidade de Deus no Amado

Após revelar-se aos seus irmãos, José lhes diz para retornarem a seu pai e lhe dizerem: "... desce a mim, não te demores. Habitarás na terra de **Gósen** e estarás **perto de mim**, tu, teus filhos, os filhos de teus filhos, os teus rebanhos, o teu gado e tudo quanto tens."[6] O nome "Gósen" significa "aproximar".[7] Deus quer que você esteja em "Gósen", que é um lugar de proximidade a Ele, e não existe lugar mais próximo a Ele do que estar no Amado. O coração amoroso de Deus não se satisfaz com apenas remover seus pecados de você. Não, Ele quer mais. Ele quer você em Sua presença. Ele quer você no lugar em que Ele possa dar-lhe generosamente o abundante amor de Seu coração!

Veja o que acontece quando você se chega a Jesus. José diz a seus irmãos para também dizerem a seu pai: "**Aí te sustentarei**, porque ainda haverá cinco anos de fome; para que não te empobreças, tu e tua casa e tudo o que tens."[8] Quando você se chegar ao seu José celestial, Ele proverá para você e os seus. Em meio à fome financeira do mundo, em meio aos custos crescentes de combustíveis e alimentos, não se desespere. Chegue-se a Jesus, pois em "Gósen", naquele lugar de proximidade, Ele proverá para você e sua casa. O seu Deus suprirá TODAS as suas necessidades segundo a SUA riqueza (não segundo o saldo da sua conta bancária ou da situação econômica do mundo) em glória por Cristo Jesus![9]

## Proteção no Amado

Isso não é tudo, amigo. Outra bênção de que você pode desfrutar quando está no Amado é a proteção divina. Em anos recentes, novas ameaças de vírus mortíferos têm sido manchete nos noticiários. Mas, qualquer que possa ser o vírus, seja a gripe aviária, a gripe suína ou outra nova peste, você pode clamar com segurança o Salmo 91 para si. Você pode declarar: "Caiam mil ao meu lado, e dez mil, à minha direita; eu, o amado de Deus, **não** serei atingido!"[10]

Quando houve pragas e pestilências em todo o Egito porque Faraó recusou-se a deixar o povo de Deus ir embora, veja o que Deus disse a respeito dos filhos de Israel: "… separarei a terra de **Gósen**, em que habita o meu povo, para que nela não haja enxames de moscas, e saibas que eu sou o SENHOR no meio desta terra. Farei distinção entre o meu povo e o teu povo…"[11] Há uma diferença entre as pessoas amadas de Deus e as pessoas do mundo. Embora o Egito fosse afligido por enxames de moscas e outras pestilências, os filhos de Israel estavam seguros na terra de Gósen, completamente intocados pelas tribulações!

Assim, mesmo que existam coisas ruins acontecendo hoje no mundo, lembre-se de que, como filho amado de Deus, você está **no** mundo, mas não pertence **ao** mundo.[12] Nenhuma praga, nenhum mal e nenhum perigo pode aproximar-se de você e da sua moradia, porque você está seguro no lugar secreto do Altíssimo. Assim como os filhos de Israel foram mantidos seguros e protegidos em Gósen, assim estaremos você e eu, a quem Deus chama de Seus amados!

## Sustento Diário no Conhecimento de Que Você É Amado de Deus

Agora, vejamos a resposta de Jesus à tentação do diabo no deserto. Jesus disse: "Está escrito: Não só de pão viverá o homem, mas de toda **palavra** que procede da boca de Deus".[13] Existe uma poderosa revelação escondida na resposta de Jesus. No texto original em grego, a palavra aqui utilizada para "palavra" é *rhema*, que significa "aquilo que é ou foi dito pela voz viva, coisa falada".[14] Eu chamo isso de "palavra do agora" ou "a palavra em seu tempo". Jesus se referia a uma palavra muito específica. Você é capaz de lembrar qual era ela? A palavra do agora para Jesus era que o Pai acabara de dizer-lhe no rio Jordão — "Você é Meu Filho amado, em quem me comprazo". Cada palavra dita pelo Pai aqui foi pão para Jesus. Elas também são pão para alimentar a nossa vida. E, devido a estar consciente de ser o Filho amado de Seu Pai, Jesus foi capaz de superar toda tentação trazida pelo diabo.

> *Viva cada dia alimentando-se do amor, graça, perfeita aceitação e favor imerecido de Deus por você.*

Jesus disse que o homem "não viverá só de pão, mas de toda palavra que procede da boca de Deus". Aqui, "pão" fala de alimento físico. Jesus estava dizendo que não é suficiente apenas a nutrição física. Precisamos, também, tirar nutrição e viver de *rhema*. Precisamos saber qual é a palavra do agora de Deus específica para nós. Tão importante para nós quanto obter nutrição física dos alimentos é obter nutrição espiritual de Jesus e de Suas palavras para nós.

Meu amigo, Deus quer que você viva cada dia sabendo que é Seu filho amado, em quem Ele se compraz. Essa é a sua nutrição diária proveniente dele — saber, crer e confessar que é Seu amado e que você é agradável a Ele em todo tempo.

Viva cada dia alimentando-se do amor, graça, perfeita aceitação e favor imerecido de Deus por você. Quando você fizer isso, estará lembrando a si mesmo que é Seu amado, independentemente do que acontecer a você. Quando você está constantemente cheio da consciência do Seu favor em sua vida, nada pode abalá-lo. Você terá tal confiança da bondade de Deus por você, que, mesmo quando o diabo começar a lhe atirar tomates, você saberá que Deus transformará esses tomates em uma refrescante salada! Você começará a ter uma confiante expectativa do bem, mesmo quando as circunstâncias no natural não parecerem tão boas. Isso é andar pela fé na bondade de Jesus, não pela visão. Você não está mais olhando para os seus desafios. Você está olhando para a face de Jesus resplandecendo sobre você e transmitindo graça à sua situação.

---

*Se é importante para você, é importante para Deus.*

---

Quando você está confiante de ser amado de Deus, não somente superará as tentações do diabo, mas também ousará pedir a Deus para abençoá-lo até nas pequenas coisas. Muitos anos atrás, Wendy e eu fomos jantar em um restaurante quando ela estava grávida de Jessica. Quando nos preparávamos para fazer nosso pedido, um homem sentado não muito longe de nós pegou um maço de cigarros e se preparou para fumar. Eu realmente não queria que Wendy fosse fumante passiva, mas não havia uma seção para não fumantes naquele restaurante. Então, adivinhe o que fiz? Orei! Em um sussurro, eu disse ao Senhor: *Senhor, eu sei que sou teu amado. Por favor, impeça aquele homem de fumar neste restaurante.* Isso foi tudo que eu disse — uma oração rápida e simples.

Adivinhe o que aconteceu? O homem tentou acender o cigarro, mas não conseguiu fazer o isqueiro funcionar! Ele persistiu e continuou tentando, mas, independentemente do que fizesse, o isqueiro simplesmente não funcionava. Após algum tempo, guardou os cigarros no bolso da camisa, frustrado. Jesus seja louvado! Mesmo nas pequenas coisas, Deus escuta e responde às orações dos Seus amados. Nada é demasiadamente grande ou pequeno para o nosso Papai Deus. Se é importante para você, é importante para Deus. Quando você sabe que é Seu amado, pode andar em constante expectativa do Seu favor imerecido em toda situação!

## Pois Deus Amou Você de Tal Maneira

Alguns anos atrás, eu estava em um táxi em Nova York e aproveitei a oportunidade de compartilhar com a motorista o amor de Jesus. Sua resposta foi bem típica. Ela disse, com irreverência: "Deus ama a todos, cara!"

É absolutamente verdadeiro que Deus ama a todos, mas para experimentar o Seu amor em primeira mão em sua vida, você precisa personalizar o Seu amor **por você**. Jesus morreu por você, mas você sabe que, mesmo que fosse a única pessoa na face da Terra, Deus ainda teria enviado Seu Filho para morrer na cruz por você? Isso mostra quão precioso VOCÊ é para Ele!

Você precisa personalizar João 3:16, declarando: "Pois Deus amou _____ (coloque seu nome) de tal maneira que deu o seu Filho unigênito para morrer na cruz por _____ (coloque seu nome)". Seja como João, que personalizou o amor do Senhor por ele denominando-se "o discípulo a quem Jesus amava".

O sol brilha sobre toda folha de grama de um campo. Mas, se você colocar uma lente de aumento sobre determinada folha de grama, ela concentrará o calor do sol sobre a folha e esta se queimará.

Foi essa a minha intenção ao escrever este livro. Coloquei a lente de aumento do amor de Jesus e do favor imerecido sobre a sua vida. Quero que você esteja tão consciente do favor imerecido de Jesus, que seu coração possa ficar em chamas com o Seu amor incondicional por você.

*Deus, que ama você profundamente, está ao seu lado e, devido a isso, você pode desfrutar de bom sucesso em tudo que faz!*

Jesus disse em Mateus 8:20: "As raposas têm seus covis, e as aves do céu, ninhos; mas o Filho do Homem não tem onde **reclinar** a cabeça". A palavra grega para "reclinar" aqui é *klino*.[15] Ela é a mesma palavra utilizada em João 19:30 — "Quando, pois, Jesus tomou o vinagre, disse: Está consumado! E, *inclinando* a cabeça, rendeu o espírito". A palavra grega para "inclinando" nesse versículo também é *klino*. Em outras palavras, após Jesus dizer "Está consumado", Ele reclinou Sua cabeça para descansar. Jesus finalmente encontrou Seu descanso em AMAR VOCÊ.

Que ao fechar este livro, seu coração possa arder com a revelação de que Deus, que o ama profundamente, está ao SEU lado. E, por isso, você **pode** desfrutar o bom sucesso em tudo que faz!

# *Palavras Finais*

Ao longo deste livro, esforcei-me para mostrar-lhe como Deus tem prazer em abençoar você com o bom sucesso em todas as áreas de sua vida, através do Seu favor imerecido. Embora para o mundo o sucesso seja obtido por meio de esforço próprio, força de vontade e luta com as próprias forças, o caminho de Deus para o sucesso sobrenatural e sem esforço é você depender totalmente de Seu favor imerecido. Esse favor, que você não merece e não pode conquistar, aperfeiçoará toda imperfeição em sua vida e transformará todas as áreas de fraqueza e luta que você estiver enfrentando em testemunhos da Sua graça e do Seu poder.

Muitos crentes estão vivendo derrotas nos dias de hoje porque estão dependendo da própria obediência à lei para serem abençoados. Eles não sabem que o favor imerecido de Jesus *é* a nova aliança da qual podemos desfrutar hoje, possibilitada somente por meio da cruz e da obediência de Jesus Cristo. Isso significa que podemos deixar de meramente experimentar um pouquinho do Seu favor imerecido aqui e ali, para vê-lo preencher todos os aspectos de nossas vidas.

Creio com todo o meu coração que enquanto você me acompanhou nesta empolgante jornada ao coração do nosso Pai celestial para abençoá-lo por meio da obra consumada de Jesus, Deus criou em você um forte fundamento que o preparará para todo tipo de sucesso na vida. Cada vez mais você verá o favor imerecido de Jesus manifestar-se em sua vida familiar, carreira e relacionamentos, e cada vez menos você se contentará com menos do que o melhor de Deus para você. É o desejo do meu coração ver multiplicadas a graça e a paz de Deus em todos os aspectos de sua vida. Uma vez mais, deixe-me chamar sua atenção para 2 Pedro 1:2, que diz: "Graça [favor imerecido] e paz vos sejam multiplicadas, no pleno conhecimento de Deus e de Jesus, nosso Senhor." Quanto mais você conhecer e vir Jesus, mais o favor imerecido e a paz de Deus serão multiplicados em sua vida. É por isso que, de capítulo em capítulo, eu procurei revelar a pessoa de Jesus e a perfeição da Sua obra consumada. Quanto mais você o vir, mais deixará a ocupação consigo mesmo, que acarreta estresse, frustração e derrota, e abraçará a ocupação com Cristo, que libera paz, alegria, sabedoria divina e capacidade sobrenatural para lidar com todos os desafios da vida.

Quero que sua vida seja radicalmente abençoada e isto só poderá ocorrer se o favor imerecido de Deus for radicalmente pregado a você, e oro para que eu tenha feito isso neste livro. Aquilo que o Senhor me disse em 1997, quando eu passava férias com minha esposa nos encantadores Alpes suíços, continua igualmente vívido hoje: "Se você não pregar a graça (favor imerecido) radicalmente, as vidas das pessoas nunca serão radicalmente abençoadas e radicalmente transformadas."

Meu amigo, espero que você tenha gostado de ler este livro tanto quanto eu gostei de escrevê-lo. Se você foi abençoado pelas muitas verdades que compartilhei e está faminto por mais, poderá encontrar mais dessas poderosas verdades e revelações a respeito da graça (favor imerecido) de Deus em meu livro anterior, *Destinados a Reinar*. Nele, explico em mais detalhes como interpretar corretamente a Palavra de Deus, como a nossa nova aliança da graça gera vida abundante e como podemos reinar em vida simplesmente por recebermos uma abundância da graça de Deus e do Seu dom de justiça. E, como muitos cujas vidas foram maravilhosamente abençoadas e transformadas por meio da leitura de *Destinados a Reinar*, que você também possa ser tremendamente abençoado pelas verdades fundamentais e transformadoras que encontrará nesse livro.

Como afirmei em meu livro anterior, *Destinados a Reinar*, tudo que compartilhei opera com máximo poder e eficácia no ambiente da igreja local. Essas verdades são para o bem maior do corpo de Cristo e nunca devem fazer com que você se torne um legalista. Amado, quero vê-lo desfrutando da segurança da cobertura de uma igreja local em que haja prestação de contas e submissão. É ali que nossas bênçãos são tremendamente multiplicadas.

Foi uma tremenda jornada! Gostei verdadeiramente da sua companhia. Oro para que eu tenha depositado em seu coração um forte senso de ser grandemente abençoado, altamente favorecido e profundamente amado pelo nosso Senhor. Lembre-se de que Ele está com você como esteve com José. E, quando estiver com você, Ele fará prosperar tudo que suas mãos tocarem. Como fez por José, Ele fará você ver o bom sucesso em todas as áreas da sua vida para a glória de Deus. Desejo ansiosamente ter notícias de como as palavras deste livro abençoaram você e lhe deram poder e bom sucesso na vida.

Até nosso próximo encontro,
JOSEPH PRINCE

# *Notas*

INTRODUÇÃO
1. Lucas 12:32; Salmos 35:27.
2. João 8:7.
3. João 8:10-11.
4. Marcos 4:37-39.
5. Hebreus 9:13-14.
6. Hebreus 8:7.
7. 1 Coríntios 15:10.

CAPÍTULO 1
*A Definição de Sucesso*
1. Mateus 1:19.
2. Mateus 1:20-21.
3. Mateus 1:22-23.
4. Josué 6:20.
5. Hebreus 13:5.

CAPÍTULO 2
*Tudo Que Você Toca É Abençoado*
1. Filipenses 4:6-7.
2. Jamieson, Fausset, and Brown Commentary, Electronic Database. Copyright © 1997, 2003, 2005, 2006, Biblesoft, Inc. Todos os direitos reservados.

3. Gênesis 37:8.
4. Gênesis 37:19-20.
5. Salmos 127:1.
6. Gálatas 5:4.
7. Hebreus 13:5.

CAPÍTULO 3
*Garanta o Seu Sucesso*
1. 1 Timóteo 6:10.
2. Gênesis 12:2.
3. Gálatas 3:29.
4. Isaías 53:5.
5. 2 Coríntios 8:9.
6. 2 Coríntios 3:18.
7. Lucas 5:6-7.
8. João 6:13.
9. Mateus 6:33.
10. Mateus 6:25-32.
11. Gênesis 39:4-5.
12. Gênesis 39:10.
13. Gênesis 39:9.
14. Êxodo 20:14.
15. Hebreus 8:10.

### Capítulo 4
*Sucesso Além das Suas Circunstâncias*
1. Marcos 2:1-12.
2. Isaías 54:17.
3. Provérbios 3:5-6.
4. Hebreus 13:5.
5. Salmos 37:23-24.
6. Provérbios 18:24.
7. Mateus 27:46.
8. Hebreus 13:5-6.
9. NT:3364, Biblesoft's New Exhaustive Strong's Numbers and Concordance with Expanded Greek-Hebrew Dictionary. Copyright © 1994, 2003, 2006, Biblesoft, Inc. e International Bible Translators, Inc.
10. Gênesis 41:39-41.

### Capítulo 5
*Praticando a Consciência da Presença de Jesus*
1. Salmos 97:5.
2. Salmos 3:3.
3. 1 Pedro 5:7.
4. Lucas 12:7.
5. João 10:3, 14.
6. Êxodo 15:25.
7. 1 Samuel 16:18.
8. Provérbios 22:1.
9. Tiago 1:17.
10. Salmos 34:3.
11. Salmos 68:1.

### Capítulo 6
*Seu Direito ao Favor Imerecido de Deus*
1. 1 João 4:17.
2. Gálatas 2:21.
3. Isaías 53:5.
4. Filipenses 3:8-9.

### Capítulo 7
*A Paz de Deus para o Seu Sucesso*
1. Salmos 91:1,4.
2. Isaías 54:17.
3. João 6:35.
4. Provérbios 4:20-22.
5. João 14:27.
6. OT:7965, The Online Bible Thayer's Greek Lexicon and Brown Driver & Briggs Hebrew Lexicon, Copyright © 1993, Woodside Bible Fellowship, Ontário, Canadá. Licenciado pelo Institute for Creation Research.
7. 1 João 4:18.
8. Isaías 54:9-10.
9. Filipenses 4:7.

### Capítulo 8
*Aliançado para Ser Bem-sucedido na Vida*
1. Hebreus 8:7-8.
2. 1 Samuel 13:14; Atos 13:22.
3. Salmos 103:1-5.
4. 2 Timóteo 2:15.
5. Hebreus 10:12-14.
6. Mateus 8:16-17.
7. Romanos 8:3.
8. Gálatas 3:24-25.
9. Hebreus 13:5.
10. Hebreus 8:6.
11. Marcos 2:22.
12. Coverdale's Dedication and Preface, Coverdale's Bible. Acessada em 23 de abril de 2009 em www.bible-researcher.com/coverdale1.html

### Capítulo 9
*A Aliança do Favor Imerecido de Deus Conosco*
1. Êxodo 14:11.
2. Êxodo 15:23-25.
3. Êxodo 16:3.

4. Romanos 4:2-3.
5. Êxodo 19:4-6.
6. Êxodo 19:8.
7. Êxodo 19:9-13.
8. Êxodo 20:3.
9. 1 Coríntios 15:56.
10. Números 21:6.
11. Deuteronômio 28:13-14.
12. Hebreus 10:1.
13. Colossenses 2:17.
14. Êxodo 20:25.
15. Êxodo 20:26.
16. João 19:30.
17. Provérbios 25:2.
18. Romanos 6:23.

## CAPÍTULO 10
### Aperfeiçoado pelo Favor Imerecido
1. Êxodo 29:38-39.
2. Marcos 15:25; Lucas 23:44-46.
3. Tiago 2:10.
4. Mateus 5:22.
5. Mateus 5:28.
6. Mateus 5:29-30.
7. Romanos 7:7-8.
8. Romanos 7:24.
9. Romanos 7:25.
10. Romanos 8:1.
11. Romanos 4:6.
12. João 8:10-11.

## CAPÍTULO 11
### Transformando a Próxima Geração
1. Mateus 22:37-40; Marcos 12:29-30.
2. João 3:16.
3. Romanos 5:7-9.
4. 1 João 4:10.
5. Romanos 13:10.
6. Gênesis 39:9.
7. 2 Timóteo 2:22.
8. Gálatas 1:6-7.

9. Gálatas 3:2-3.
10. Carl Stuart Hamblen, "Is He Satisfied With Me?" I Believe, Hamblen Music Company, 1952.
11. João 19:30.
12. Hebreus 8:7-9.
13. Hebreus 8:13.
14. Karen Lim, "I'm Held By Your Love", You Gave, CD da New Creation Church, Singapura, 2005.
15. Hebreus 13:5.

## CAPÍTULO 12
### Nossa Parte na Nova Aliança
1. Hebreus 8:11.
2. Filipenses 2:13.
3. Êxodo 20:5.
4. Oseias 8:7.
5. Lucas 8:11.
6. Hebreus 7:27.

## CAPÍTULO 13
### Como o Favor Imerecido É Banalizado
1. Romanos 14:23.
2. Tiago 2:10.
3. Tiago 2:13.
4. 1 Coríntios 6:19.
5. Efésios 1:1.
6. 1 Coríntios 1:2.
7. 2 João 1:1-3.
8. 3 João 1:1-2.
9. Romanos 3:23.
10. 1 João 1:3.
11. 1 João 2:1-2.
12. Hebreus 10:2.
13. Mateus 22:36-38.

## CAPÍTULO 14
### O Segredo para o Bom Sucesso
1. Deuteronômio 6:10-11.
2. Hebreus 3:11.

3. Êxodo 18:21.

4. Mateus 4:10.

5. Números 14:7-9.

6. Números 13:31-33.

7. Números 14:24.

8. Josué 1:6-7, 9, 18.

9. Romanos 6:14.

10. Josué 1:8.

11. OT:1897, The Online Bible Thayer's Greek Lexicon and Brown Driver & Briggs Hebrew Lexicon, Copyright © 1993, Woodside Bible Fellowship, Ontário, Canadá. Licenciado pelo Institute for Creation Research.

12. Salmos 39:3.

13. Romanos 10:17.

14. NT:5547, Biblesoft's New Exhaustive Strong's Numbers and Concordance with Expanded Greek-Hebrew Dictionary. Copyright © 1994, 2003, 2006, Biblesoft, Inc. e International Bible Translators, Inc.

### Capítulo 15
### *O Homem Abençoado* Versus *o Homem Amaldiçoado*

1. Hebreus 5:13.

2. Provérbios 10:22.

3. NT:1680, Thayer's Greek Lexicon, Electronic Database. Copyright © 2000, 2003, 2006, Biblesoft, Inc. Todos os direitos reservados.

4. NT:266, Thayer's Greek Lexicon, PC Study Bible formatted Electronic Database. Copyright © 2006, Biblesoft, Inc. Todos os direitos reservados.

### Capítulo 16
### *Andando na Bênção de Abraão*

1. Theological Workbook of the Old Testament. Copyright © 1980 The Moody Bible Institute of Chicago. Todos os direitos reservados. Usado sob permissão.

2. Romanos 1:16-17.

3. NT:4991, Thayer's Greek Lexicon, Electronic Database. Copyright © 2000, 2003, 2006, Biblesoft, Inc. Todos os direitos reservados.

NT:4991, Biblesoft's New Exhaustive Strong's Numbers and Concordance with Expanded Greek-Hebrew Dictionary. Copyright © 1994, 2003, 2006 Biblesoft, Inc. e International Bible Translators, Inc.

4. Gálatas 3:13-15.

5. Gálatas 3:29.

6. NT:2889, Thayer's Greek Lexicon, Electronic Database. Copyright © 2000, 2003, 2006, Biblesoft, Inc. Todos os direitos reservados.

7. Gênesis 12:2.

8. Tiago 1:17.

9. 1 Timóteo 6:10.

10. Mateus 6:33.

11. 1 Pedro 3:6.

12. Mateus 14:20.

13. Jewish Virtual Library, A Division of The American-Israeli Cooperative Enterprise. (n.d.). Jewish Nobel Prize Winners. Acessado em 22 de maio de 2009 em www.jewishvirtuallibrary.org/jsource/Judaism/nobels.html

### Capítulo 17
### *Tornando-se Herdeiro do Mundo*

1. Romanos 5:17.

2. 2 Pedro 1:5-7.

3. Mateus 6:33.

4. 2 Coríntios 11:14-15.

5. Romanos 10:5-6.

6. 2 Coríntios 4:13.

7. NT:2842, Biblesoft's New Exhaustive Strong's Numbers and Concordance with Expanded Greek-Hebrew Dictionary.

Copyright © 1994, 2003, 2006, Biblesoft, Inc. e International Bible Translators, Inc.

8. Daniel 9:24.

9. Isaías 54:17.

10. Apocalipse 12:10.

11. Romanos 4:14.

12. Mateus 6:33.

## CAPÍTULO 18
### Ocupação Consigo Versus Ocupação com Cristo

1. 1 João 4:17.

2. Romanos 7:24.

3. 2 Coríntios 3:18.

4. Mateus 6:25.

5. Mateus 6:32.

6. Mateus 6:33.

7. Apocalipse 19:16.

8. Êxodo 16:5.

9. Êxodo 16:20.

10. João 6:35.

11. Colossenses 1:29.

12. Lucas 10:40.

13. Lucas 10:41-42.

14. João 12:3-8.

## CAPÍTULO 19
### A Oração do Servo Sem Nome

1. 1 Coríntios 1:29.

2. 1 Coríntios 1:30-31.

3. Atos 7:22.

4. Êxodo 4:10.

5. Êxodo 3:10.

6. Êxodo 2:11-15.

7. Êxodo 14:26-28.

8. 1 Pedro 5:5.

9. 1 Samuel 17:43.

10. 1 Samuel 17:17-20.

11. Zacarias 4:10.

12. 1 Samuel 17:45-46.

13. 1 Samuel 17:47.

14. OT:7136, The Online Bible Thayer's Greek Lexicon and Brown Driver & Briggs Hebrew Lexicon, Copyright © 1993, Woodside Bible Fellowship, Ontário, Canadá. Licenciado pelo Institute for Creation Research.

15. Hebreus 8:10.

16. O servo sem nome é, provavelmente, Eliézer de Damasco, principal servo de Abraão.

17. Gênesis 24:12.

18. Rute 2:2.

19. Rute 2:3.

20. OT:4745, Biblesoft's New Exhaustive Strong's Numbers and Concordance with Expanded Greek-Hebrew Dictionary. Copyright © 1994, 2003, 2006, Biblesoft, Inc. e International Bible Translators, Inc.

## CAPÍTULO 20
### Sabedoria Divina para o Sucesso

1. Colossenses 2:2-3.

2. João 8:4-5.

3. João 8:7.

4. 1 Coríntios 1:30.

5. João 8:10-11.

6. João 3:17.

7. 2 Coríntios 5:17.

8. Efésios 1:3.

9. Salmos 91:1.

10. Deuteronômio 28:13.

11. 1 Coríntios 1:30.

12. 1 João 4:17.

13. Tiago 5:16.

14. Tiago 4:2.

15. Provérbios 28:1.

16. Hebreus 4:16.

17. 1 Coríntios 8:1.

18. Provérbios 4:7-9.

19. 2 Crônicas 1:7.

20. 2 Crônicas 1:10.

21. 1 Reis 3:10.

22. 2 Crônicas 1:11-12.

23. 1 Reis 3:9.

24. OT:8085, Biblesoft's New Exhaustive Strong's Numbers and Concordance with Expanded Greek-Hebrew Dictionary. Copyright © 1994, 2003, 2006, Biblesoft, Inc. e International Bible Translator s, Inc.

25. João 16:13.

26. 1 Reis 3:15.

27. Isaías 55:12; Marcos 8:24.

28. Isaías 2:20; Cântico dos Cânticos 5:11, 14-15.

29. Prince, Joseph. (2007). Destined To Reign. Singapore: 22 Media Pte Ltd. p. 208-209.

30. Provérbios 3:13-16.

31. 1 Reis 3:14.

32. Gênesis 41:38-41.

33. Gênesis 41:15-16.

34. Tiago 1:5.

## Capítulo 21
### Grandemente Abençoado, Altamente Favorecido, Profundamente Amado

1. Mateus 27:51.

2. Lucas 2:52.

3. NT:5487, Biblesoft's New Exhaustive Strong's Numbers and Concordance with Expanded Greek-Hebrew Dictionary. Copyright © 1994, 2003, 2006, Biblesoft, Inc. e International Bible Translators, Inc.

4. Mateus 10:30.

5. Ester 2:15.

6. Ester 2:17.

7. 1 Pedro 5:5.

8. 2 Coríntios 12:9.

9. João 18:6.

10. Isaías 54:17.

11. Salmos 5:12.

12. João 21:20.

## Capítulo 22
### O Segredo do Amado

1. Hebreus 13:8.

2. NT:5485, Biblesoft's New Exhaustive Strong's Numbers and Concordance with Expanded Greek-Hebrew Dictionary. Copyright © 1994, 2003, 2006, Biblesoft, Inc. e International Bible Translators, Inc.

3. Marcos 1:10-11.

4. Mateus 4:3.

5. João 19:30.

6. Gênesis 45:9-10.

7. Hitchcock's Bible Names Dictionary, PC Study Bible formatted electronic database Copyright © 2003, 2006, Biblesoft, Inc. Todos os direitos reservados.

8. Gênesis 45:11.

9. Filipenses 4:19.

10. Salmos 91:7.

11. Êxodo 8:22-23.

12. João 17:11, 16.

13. Mateus 4:4.

14. NT:4487, Thayer's Greek Lexicon, PC Study Bible formatted Electronic Database. Copyright © 2006, Biblesoft, Inc. Todos os direitos reservados.

15. NT:2827, Biblesoft's New Exhaustive Strong's Numbers and Concordance with Expanded Greek-Hebrew Dictionary. Copyright © 1994, 2003, 2006, Biblesoft, Inc. e International Bible Translators, Inc.

## Oração de Salvação

Se você deseja receber tudo o que Jesus fez por você, fazendo dele o seu Senhor e Salvador, faça esta oração:

*Senhor Jesus, obrigado por me amar e por morrer por mim na cruz. O Teu precioso sangue me purifica de todo pecado. Tu és o meu Senhor e o meu Salvador, agora e para sempre. Creio que Tu ressuscitaste e estás vivo hoje. Por causa da Tua obra consumada, agora sou um filho amado de Deus e o céu é o meu lar. Obrigado por me dar vida eterna e por encher o meu coração com a Tua paz e alegria. Amém.*

## Gostaríamos de Ter Notícias Suas

Se você fez a oração ou se tem um testemunho para compartilhar depois de ler este livro, por favor, envie-nos um e-mail para *info@josephprince.com*